本书编委会

传播与国家治理研究丛书

政务舆情研究

ZHENGWU YUQING YANJIU

黄　灿　戴学东　主编

暨南大学出版社
JINAN UNIVERSITY PRESS

中国·广州

图书在版编目（CIP）数据

政务舆情研究/黄灿，戴学东主编 . —广州：暨南大学出版社，2023. 10
（传播与国家治理研究丛书）
ISBN 978 – 7 – 5668 – 3793 – 6

Ⅰ. ①政…　　Ⅱ. ①黄…②戴…　　Ⅲ. ①电子政务—舆论—研究—中国
Ⅳ. ①D63 – 39

中国国家版本馆 CIP 数据核字（2023）第 199173 号

政务舆情研究
ZHENGWU YUQING YANJIU
主　编：黄　灿　戴学东

出 版 人：张晋升
责任编辑：武艳飞　陈俞潼
责任校对：王莎莎
责任印制：周一丹　郑玉婷

出版发行：暨南大学出版社（511443）
电　　话：总编室（8620）37332601
　　　　　营销部（8620）37332680　37332681　37332682　37332683
传　　真：（8620）37332660（办公室）　　37332684（营销部）
网　　址：http：//www. jnupress. com
排　　版：广州市新晨文化发展有限公司
印　　刷：广州市快美印务有限公司
开　　本：787mm × 960mm　1/16
印　　张：15. 75
字　　数：272 千
版　　次：2023 年 10 月第 1 版
印　　次：2023 年 10 月第 1 次
定　　价：68. 00 元

（暨大版图书如有印装质量问题，请与出版社总编室联系调换）

序

　　政务舆情是社情民意最直接的体现，做好政务舆情管理，是贯彻落实新时代"以人民为中心"的社会治理理念的一项重要工作。党的二十大报告明确要求"提升社会治理效能，畅通和规范群众诉求表达、利益协调、权益保障通道"，指明了做好政务舆情管理的重点和目标。面对日新月异的舆情新形态，想要在处理复杂多变的舆情事件时紧紧锚定这个目标，不仅需要掌握与时俱进的治理理论，运用行之有效的治理工具，还需要从各种实操案例中汲取经验和教训。在这方面，南方舆情做出了许多有效的探索。

　　2014年，为协助广东各地各级党政机关、事业单位做好舆情管理和意识形态安全工作，南方报业倾全集团之力打造了南方舆情。8年来，南方舆情已建成覆盖省、市、县的服务网络，用户总数超过170个。在数据分析、舆情研判、决策参考、业务培训等方面，南方舆情通过丰富的智库产品多维度参与各级党政机关的舆情管理工作，在舆情分析和数据技术方面做了许多领先性的探索，积累了大量的一线实操经验。这次将之系统梳理集纳成书，对于推动政府舆情治理效能的提升，促进舆情行业的规范创新，具有很强的实践意义。

　　《政务舆情研究》一书从理论指导到技术探索、个案解析，多维度进行了深入的系统研究，对各级党政机关做好舆情管理面临的三个核心问题进行了深度解析：一是以什么样的思维对待政务舆情；二是什么样的处置机制更高效；三是具体问题应该怎样具体处理。在上篇中，传播领域的知名学者解构了当前舆论格局整体态势，对意识形态工作与网络治理提出了主张，对完善舆情引导和新闻发布机制提出了新的见解。中篇则集中展示了南方舆情作为舆情行业领军者近年来的探索和创新，其中互联网数据中台、舆情指数体系等技术创新已经广泛应用于广东省各地区的舆情管理工作，"粤治"等已成为引领全国的权威品牌。下篇中含9个类别的17个案例，都是近年来备受关注的热点事件，如广西全州"超生子女社会调剂"事件、河南村镇银行储户被赋红码事件等，完整的复盘不但能够帮助读者全面了解事件背后的演变逻辑，同时也是一堂生动的实操经验课。

政务舆情管理是一项复杂的系统性工作，关于舆情的研判、引导、处置机制等，学术界已有许多著作，但中国哲学有"大道至简"的说法，政务舆情管理之道就在于"以人民为中心"。透过案例我们可以看到，绝大多数负面舆情事件的发生，往往是因为相关干部背离人民的利益、漠视人民的需求，对民意民情缺乏洞察力，对民生疾苦缺乏共情力。希望通过本书丰富的案例，能够给各级党政机关的舆情管理工作带来新的思考，打开新的思路。

杨兴锋
暨南大学传播与国家治理研究名誉院长，教授、博士生导师
2022 年 12 月

目　录

文化旅游

党建活动

制度

重大公共危机事件的舆论引导与新闻发布

张志安

【摘要】本文以深圳抗击新冠疫情期间的舆论引导工作为例，论述重大公共事件的舆论引导机制与新闻发布策略，包括分析和洞察舆情、把握和体悟社会心态，新闻发布的理念、机制与策略，以及正面报道和舆论引导的范式创新。文章认为，把握特定城市和网民群体的社会心态是洞察舆情的关键，新闻发布的关键是要回应社会关切，正面报道要敢于触碰灰色地带、追求引导实效。

【关键词】公共危机事件　舆论引导　新闻发布　社会心态

发生重大公共危机事件，政府部门如何洞察复杂网络舆情及公众社会心态？如何进行新闻发布回应关切、疏导社会情绪？如何把握"时度效"原则、做好正面宣传和舆论引导？本文针对重大公共危机事件的舆论引导和新闻发布工作，介绍相关工作的理念、机制和策略。

一、分析和洞察舆情、把握和体悟社会心态

（一）洞察舆情特点

网络舆论研究，一般有两种路径：作为过程的网络舆论和作为结果的网络舆论。作为过程的网络舆论，关注舆情事件的演变发生、高潮起落，因此可以通过一个话题和事件的完整过程来考察舆论的特征；作为结果的网络舆论，关注大部分公众对重大公共议题相对一致性的看法是什么。但总体来讲，作为结果的网络舆论难以通过数据抓取和问卷调查（民调）的方式了解真实情况，成本比较高。所以，作为过程的网络舆论是网络舆情主要的、常规的分析

方法。

对作为过程的网络舆论进行分析时，我们要考察几个重要的要素：第一个要素是参与的群体规模，即多大规模的用户群体在关注这件事情。第二个要素是群体特征，明确是中层群体还是基层群体，我们要了解不同的社会群体对这个问题的看法，以及他们的看法背后受到怎样的生存境遇、生活水平、社会期待等复杂因素的影响。第三个要素是平台偏向，应注意现在的网络舆论是平台分化甚至区隔的，不同互联网平台的整体氛围和群体倾向会影响这个平台上所呈现的舆论特征。比如 B 站、微博、微信等不同平台的偏向就不同，B 站以年轻人、大学生群体居多，整体爱国，所以我们要了解平台的偏向。第四个要素是意见极化，对网民群体的分析要保持定力、判断和洞察，要了解这个相对极化的意见背后的理性和非理性成分，它到底是偏向于非理性的意见、情绪宣泄，还是偏向于理性的意见表达，或者在非理性的情绪背后是不是有理性的社会问责和问题归因。总之，我们需要通过这些不同的维度来洞察一个特定区域、特定城市、特定国家的舆情特征。

比如，2022 年 3 月深圳发生疫情，深圳市委宣传部和相关政府部门要应对舆情风险、实施新闻发布，就需要准确把握深圳这座城市的公众心态。我们在分析深圳舆情的时候，要有总体方法论把握，要了解深圳网民群体的特征，再进一步深入去探究其后的群体行为特征和群体心理。

（二）把握社会心态

一是在把握舆情的基础上洞察社会心态，即这件事情的切身利益相关者是社会的上层、中层还是基层群体，它涉及怎样的一个群体；二是对这件事情在网上表达意见、呈现网络社会心态的是怎样的利益群体？中国社会是存在分层的，客观的现实阶层差异或主观的阶层认知差异，上层、中层和基层群体对社会问题的利益诉求是不一样的。比如，中层群体比较多地追求安全感，下层群体比较多地追求公平感。不管是中层群体还是基层群体，都比较强调幸福感。

作为一线城市的深圳年轻、充满活力，它的舆论、利益相关群体主要是中层群体。从这个角度来讲，我们要看到整个舆论场背后的结构性群体主要是中产阶层，同时也存在比较大规模的打工群体。中产阶层群体更看重自身生存发展的利益和安全感的寻求。这个安全感除了人身的安全感以外，还包括财产安全等。所以，对这个城市群体的舆论进行分析，舆论的直接利益相关者就是深圳网民，我们应该对网民群体进行分析。比如，他们相对理性，受教育程度比较高，注重自身发展利益问题，比较愿意在网络上公开表达意见。他们比中国的基层群体更能动员新媒体进行公共表达和社会动员，网络表达的意识和能力更强。

（三）辨析意识形态

不同的群体有不同的意识形态偏向，舆论分析也要从意识形态角度切入。第一个维度是从传播学的角度看舆情；第二个维度是从心理学的角度看社会心态；第三个维度是从政治学、社会学的角度看意识形态。

从这三个维度分析，深圳的抗疫舆情跟北方和西部城市的抗疫舆情的不同。中国经济发达城市的抗疫和中国经济欠发达城市的抗疫是不一样的。越是欠发达的地区，政府的权威性越高，政府统合越容易，公众的忍耐力越强，在集体意志被管控情况下的这种集体主义观念就越强。但在深圳，总体来讲，个人主义偏向会高于集体主义，对政府公权力的限制和监督会更多，对法治社会、程序正义的要求会更普遍。

分析网络舆情时，需要把握现实空间不同群体的利益和特征，对网络空间中的平台偏向和网络舆论有总体把握。第一，要有舆情分析的方法论；第二，要有对舆情分析和背后的价值观特征的把握。这个价值观就是我们到底是主张用更开放、更透明、更灵活的方式，还是主张用更封闭、更保守、更管控的方式。回答这个问题不是二选一，它不是非黑即白的，而是既要有总体原则，也要看具体情境。对深圳进行舆论引导的时候，应该是以公开为常态、非公开为例外，以信息透明和回应关切为主要的方法论。但是，对极端敏感问题、黑色地带我们也要进行有效管控，因为深圳跨境意识形态的影响和跨境意识形态风险比其他城市要高。

不管是哪种方法论和价值观，舆情的引导都要有一个关键的基础，就是保持同理心。这个同理心就是换位思考，跳脱我们自己身处的中心位置和内部视角。因为我们身处政府部门、身处行业内部，对很多问题掌握的信息比公众要多、要深、要细，包括接下来要采取的措施和政府已经在研究的动向。但不能因为我们的内部视角和我们了解得多的视角，使得我们在对外沟通的时候缺乏相应的、足够的同理心。所以，分析和洞察舆情，把握和体悟社会心态，关键是从公众风险感知和社会期待角度来理解问题。我们需要有现实空间、心理空间、信息空间或网络空间三个空间的"多空间分析方法"，在舆论引导过程中保持和体现足够的同理心。

在分析和洞察舆情时把握和体悟心态，把握群众的关切，不仅仅是关心的姿态，更要关注切身利益。我们不仅要看到群众的关注，更要把握群众的切身利益，这样舆情引导、新闻发布和新闻报道才能有方法论支撑，才不会是无本之木，才不会抓不住根本，只触及表面。

二、新闻发布的理念、机制与策略

从新闻发布的角度来讲，新闻发布包括回应关切、公开信息、推动治理、建构形象等基本功能。

新闻"发布"很多时候会被理解为"我来说你来听"。如果只是为了公布信息而开新闻发布会，为了通过大众媒体报道来让大家知道，那么政府通过"深圳发布"这样的新媒体权威平台去发布信息就够了。

为什么还要开新闻发布会呢？有两个主要原因：第一，以仪式来公开信息。线下召开一个仪式性的传播活动有一种符号意义，是体现政府公开透明的一种机制，是政府信息公开的一种姿态。第二，以互动来回应关切。就重要的问题进行线下交流，所以必须开发布会，跟记者面对面互动，经由记者提问和报道来为公众解疑释惑。从这个角度来讲，"新闻发布"本质上是要通过回应公众关切来进行"传受互动"。当然，常规的政府新闻发布会组织过程中，提问和回答都是提前安排好的，这不仅使整个发布更加井然有序，也确保政府要突出传达的信息精确输出。但是在这个形式的背后，最关键的是我们有没有实质上触及公众关注的焦点问题。

新闻发布和舆论引导的前提和价值是推动社会治理。我们要在新闻发布的过程中，及时发现群众关注的问题，在舆论引导的过程中发现群众关切的问题，而面对这些问题，我们做到"说得好"的重要前提是"做得好"。我们应该在发布会准备之前，让地方政府和相关部门能够做得更好，把群众关切的问题告诉这些部门。我们希望他们走上前台进行发布的时候，是真正因为"做得好才能说得好"。这一点很重要，也很难做到。

所以，新闻发布前台是回应关切、公开信息，后台是推动治理，提升、促进和完善政府执政水平。舆情处置得好不好，关键是社会治理能力强不强。从新闻发布会实施的前提来讲，必须进行舆情监测，找到公众关切的核心话题，才能实现发布议题和公众议题的有效对接。新闻发布会的内容要充分回应公众兴趣，把套话式、汇报式的语言拿掉，突出公众最关注的问题。新闻发布会对重大公众关切要及时回应，要坚持时效性，重大公共事件至少每天举办一次新闻发布会，让回应公众关切的时间控制在 24 小时内。

新闻发布的最高水平是真诚互动，是要让大家通过媒体看新闻发布会时感觉到新闻发言人的真诚。

新闻发布的最后一个环节是效果评估。实际上新闻发布是一个闭环，从舆情监测、议程设置、内容准备到及时回应、真诚互动，再到效果评估，是一个完整的闭环。只有形成这个闭环，新闻发布才能真正有其效果。因此，新闻发布会的实施过程是舆情监测→议程设置→内容准备→及时回应→真诚互动→效果评估。

从策略来看，新闻发布会有几个关键：信息量是根本，透明性是保障，真诚是最高境界。新闻发布工作最重要的就是回应关切、精准触达、持续公开、话语创新。第一，回应关切是指内容、议程设置是群众所感兴趣的，不能以自我为中心，自己爱说群众却不爱听，新闻发布会的本质是回答群众想知道的。第二，精准触达是指让我们的回应更好地达到公众所关注的问题点。新闻发布要通过主流媒体进行传播，充分有效地到达用户。第三，持续公开是指发布不是一次性的，而是持续进行的。在一个重大公共事件的舆情引导中，体现政府透明度、回应关切、精准触达都需要持续公开。第四，话语创新是指新闻发布要用新闻的话语，而不是用政府汇报材料的话语，如果拿着给上级部门的汇报材料和公文来做新闻发布，往往会效果不好，我们需要把报告文件中背景性的语言、一般性的信息砍掉一些，抓住重点、突出要害，四两拨千斤，从政府话语转变到更贴合的媒体话语和公众话语。

三、正面报道和舆论引导的范式创新

宣传到底是怎么起作用的？宣传的功效是什么？传统的宣传手段就是反复跟你说好，"就是好来就是好"。这种方法论在某个特定阶段管用，但面对深

圳市民的理性，面对他们的切身感受，单纯用"叫好"这种方法就行不通。现在我们需要更新宣传和舆论引导的方法："主体是好的，局部有不好"，"短期不太好，但长期看是好的"，"当下对个体来讲可能不太好，但这种忍受和配合是为了整个城市的好"。

今天的宣传和舆论引导不能用"就是好来就是好"这种方法论，我们需要"有好有坏""坏中有好""好中有坏""局部不好，总体向好""短期不好，长期向好""个别不好，全局是好""个人不太好，为了大局好"等不同讲法。宣传方法论正在改变和更新，要用事实来强化公众的理性认知和接受，用情感来打动和强化彼此的共鸣。人和人之间有利益、有冲突、有矛盾。当利益谈不通的时候，我们可以用情感打动受众，或至少降低冲突。一是用事实强化对现实社会的理性认知。二是用情感打动公众，争取情感上更强烈的共通。

正面宣传报道是一种强化宣传引导的重要方法，那么怎样的正面宣传报道才是有效的呢？这几个要素很重要：第一，题材是典型的；第二，细节是真实的；第三，视角是个体的。宏观的视角往往因为宏大叙事而无法打动人，而个体的视角很真实，很有情境感和代入感。2022年3月，深圳疫情防控中的一些破防瞬间，例如我们一大批"小白"走过街头被拍下，配上音乐后非常具有震撼力。尽管这样的题材会有点敏感，但是观众能从更大层面上看到深圳的严阵以待、全力以赴。像"你以为的世间美好，是因为有人在替你负重前行"这样的小视频，老百姓拍到的镜头，和记者拍到的镜头感觉是不一样的，呈现的效果也不一样。因为老百姓拍的更有代入感，更有现场的突发性和说服力，更加真实，再配上表达个人情感的音乐，情感传播的效果就更好。

正面宣传报道怎样才有效呢？通过有代表性的题材、典型的细节、真实的视角、个体的感受来进行呈现和视觉化的表达，此外，还要注重情感传播的力量。最难的还是宣传话语的创新。过去的宣传话语主要有两种，一种叫"历史正当性"，一种叫"绩效正当性"。"历史正当性"是讲党的历史，从革命历史和成就来强化正当性；"绩效正当性"是讲改革开放以来给老百姓带来的实惠。到目前为止，主流媒体的宣传话语主要运用的就是"绩效正当性"和"历史正当性"话语。但在重大公共舆情的处置引导过程中，"程序正当性"和"价值正当性"就变得格外重要。"价值正当性"要突出党"以人民为中心"的执政理念，"程序正当性"要紧扣不同类型和情境的危机事件，以法治为准绳、以事实为底线、以公开为原则，从程序正义的角度尽全力做到信息透明、以人为本。

面对现实社会存在的灰色地带，主流媒体的报道还要敢于打破非黑即白的传统模式，敢于和善于在"灰色中见亮色"。《习近平谈治国理政（第二卷）·坚持和巩固党对意识形态工作的领导》中提到："思想舆论领域大致有红色、黑色、灰色'三个地带'。红色地带是我们的主阵地，一定要守住；黑色地带主要是负面的东西，要敢于亮剑，大大压缩其地盘；灰色地带要大张旗鼓争取，使其转化为红色地带。"借用"三个地带"的提法，从思想领域延伸到现实问题，就关乎媒体宣传报道所要面对和触及的"灰色"。我们不能只用现实生活中的"红色"、以高度同质化的方式去做宣传，在面对复杂现实中的"灰色"问题时适当地以"灰色中见亮色"的方式去做宣传。因为社会生活很多时候本身就是灰色的，如果我们的报道太单一了，媒体呈现出来的积极面和社会现实的消极面之间就会有太大的鸿沟，这种鸿沟的存在就不会让公众真正相信我们的报道；如果我们报道的积极面和现实社会的消极面之间有所契合，从现实社会光谱来讲，这个色彩是过渡性的、有光谱的，那我们的报道可信度就高了。"非黑即白"的模式很难达到预期的宣传效果。

舆论引导归根结底是"说的工作"。但是"做的工作"比舆论引导更加重要。如果舆论引导能推动"做的工作"，做得好，那我们说的就有底气；做得不够好，那我们说的太好，做和说就脱节了。做七分说到九分，没关系，因为我们锦上添花了，但如果做三分说到七分，人民群众就会不相信我们说的。所以，理想的、前置的舆论引导工作要倒过来助力社会治理。

四、结语

习近平总书记讲过，要坚持以人民为中心，一切为了人民，一切依靠人民。我们做宣传、舆论引导、新闻报道工作，要"脚下有泥土、心中有芬芳"，归根结底就在于以人民为中心。只要以人民为中心，舆论引导就会尊重新闻和传播规律，宣传报道就会实实在在、朴朴素素、真真切切。

关于舆论引导、新闻传播、新闻发布、媒体报道，有这样一句话：心中有万千公众，眼前却只有一人。就是说做报道时、做发布时，心里要装着大众，表达时、交流时却要想着面前是一个人，怎么与这个人进行真诚的交流。我们做新闻发布，难免会准备一些套话，或者虽然严谨大气但群众听不懂的话，但是如果面前这个人都不爱听、听不懂，那么一万人、一千万人又怎么会愿意听、听得懂呢？我们的传播引导，如果不能说服一个人，就不能说服一群人，更不能说服一座城市的人。

【参考文献】

[1] 张志安，晏齐宏．网络舆论的概念认知、分析层次与引导策略[J]．新闻与传播研究，2016（5）：20-29.

[2] 张志安，张美玲．网民社会心态与舆论引导范式转型 [J]．社会科学战线，2016（5）：143-149.

[3] 张志安，冉桢．"风险的社会放大"视角下危机事件的风险沟通研究：以新冠疫情中的政府新闻发布为例 [J]．新闻界，2020（6）：12-19.

（作者为复旦大学新闻学院教授、复旦大学全球传播全媒体研究院研究员，中国公共关系协会常务理事、学术委员会副主任）

国内网络民粹主义言论治理研究

汤景泰

【摘要】近年来，民粹主义思潮在我国网络舆论中持续发酵，有着广泛的影响力，引发了广泛的关注和讨论。网络的民粹主义言论占据底层立场，鼓吹草根价值，制造群体对立，煽动现实不满。具有民粹主义倾向的 KOL 擅长抱团发声，形成明显的舆论圈层，在大数据与智能算法推荐技术助推下广泛传播，并且被境外势力作为策动舆论战的武器屡屡运用。从当前趋势来看，网络民粹主义对内与新左派思潮相融合，对外与极端民族主义相融合，强调底层的同质性，在实践中蜕变为一种煽动草根抗争的行动策略，并为境外反华势力所利用，带来广泛的负面影响。其主要表现在"反精英政治"威胁意识形态安全，"舆论倒逼"侵蚀党政机关权威性和公信力，民族主义民粹化扰乱国家外交关系，西方民粹主义渗透危害国家安全，"泛道德化批判"消解社会共识。鉴于网络民粹主义言论的这些风险隐患，建议进一步加强对国内社交媒体平台具有网络民粹主义倾向账号的分类管理，并且要进一步加强技术应用，"以算法对抗算法"，不断提升针对国外的舆论战能力，不断提高针对国内民粹主义言论的情感治理能力与价值引领能力。

【关键词】网络民粹主义　社会思潮　言论治理　舆论战

对于民粹主义的内涵，目前学界并没有确切的定义。从现实情况来看，民粹主义既是一种社会思潮，又是一种社会运动，还是一种政治策略。民粹主义的基本主张虽然比较复杂，但其核心不外乎三点：第一是极端平民化；第二是反精英主义；第三是抗争意识。由于中国特色的政治体制，民粹主义思潮在中国并没有体现为政党和派系之争，而更多地体现为阶层之争。且与其他国家不同，中国的民粹主义在现实中很难找到生长空间，主要在各类公共事件中以网络舆论的形式出现。因此，本文首先依据典型热点案例，梳理国内网络民粹主义言论的基本情况与特点，总结其发展演化趋势与现实风险，并在此基础上提出治理建议。

一、网络民粹主义言论的基本情况与特点

（一）占据底层立场，鼓吹草根价值，制造群体对立，煽动现实不满

近年来，部分知识分子与网民在各类网络平台上不断宣扬杀富济贫论、民粹民主论、阶级革命论、美化"文革"论、富人原罪论、改革开放失败论等典型具有民粹主义倾向的论调。例如部分知识分子持续发表文章，宣扬带有民粹倾向的民主发展方向，并在互联网平台上招募"粉丝"，解构中央决策的合理性，不断侵蚀我国的主流意识形态建设；有些将我国发展社会主义市场经济过程中出现的问题夸大化、绝对化，并将资本原罪论替换为富人原罪论，把企业家蔑称为"资本家"，作为斗争的矛头所在。这些论调以贫富为标准，故意煽动民众对领导干部、专家与企业经营者的不满，制造群体对立，在网络空间散播了仇恨情绪，抹黑了社会主义市场经济。

（二）具有民粹主义倾向的 KOL 擅长抱团发声，形成明显的舆论圈层

舆论场基于所依托的不同的互联网应用，聚拢了不同的舆论主体，形成了不同的舆论焦点议题，从而使得舆论场的分化成为近年来我国舆论演化中的一个典型特征。当下舆论场的特点不仅有跨地域、全时空的覆盖性，更在于移动互联和算法推荐技术助推下形成的群体细分和议题分化，以及由此形成的舆论的圈层化。民粹主义也基于特定的网络平台，围绕一些 KOL（Key Opinion Leader 缩写，意见领袖），形成了规模巨大的舆论圈层。当网络热点事件发生后，具有民粹主义倾向的 KOL 及其粉丝的舆论表达和社会行动就会被激活，并通过链条式的扩散传播模式，基于"信息茧房"和"过滤气泡"效应，推动舆情的激荡、反复与舆论极化，进而助推网络热点的"巴尔干"化。

（三） 大数据与智能算法推荐技术助推网络民粹主义言论传播

随着数字技术、移动互联和智能算法等技术的迅猛发展，以及用户群体和用户需求的多元化和细分化，各类传播主体要实现内容与用户的精准匹配才能增强用户黏性、提升传播效果。所以各类传播主体利用大数据分析等技术，准确刻画用户群像，深度把握用户特点，根据不同的用户群体制定有针对性的传播策略日趋成为潮流。在这种趋势下，民粹主义在各种力量的支持下利用算法技术迅速壮大。2018 年，*Diggit* 杂志主编伊科·马利提出了"算法民粹主义"[①] 的概念。所谓算法民粹主义，指的是网络平台或其他社会行为体，通过大数据对用户进行精准画像，然后利用算法技术将具有民粹主义倾向的账号或相关内容大规模、精准化地推荐给目标民众，进而增加流量的现象。作为一种策略与手段，算法民粹主义通过大数据分析和算法智能推送实现了民粹动员与算法动员的有机结合，并通过数字媒体平台的广泛链接获得了更巨大的影响力。

（四） 民粹主义成为境外势力策动舆论战的武器

自网络舆论博兴以来，以美国为首的西方国家等对我国使用各种舆论战手段进行分化打击。这些势力常投合民粹主义情绪的需要，利用计算宣传技术，散布虚假信息，制造怀疑、制造不满，严重地搅乱人们的思想，撕裂社会共识。计算宣传是随着大数据和人工智能技术的发展出现的新宣传实践，是在网络尤其是在社交媒体平台上对受体进行定向数据收集、分析和评估的基础上，通过智能机器人等软件程序模仿人类进行信息传播与在线互动，以影响与塑造舆论的宣传手段[②]。例如，在"震旦女教师事件"中发挥关键作用的推特账号"骄傲女孩"，自 2020 年 7 月注册推特账号以来，专注反华宣传。从其对多起

---

① MALY I. Algorithmic populism and algorithmic activism ［EB/OL］. （2019 – 11 – 26）［2021 – 02 – 08］. Diggit magazine, https：// www. diggitmagazine. com/articles/algorithmic – populism – activism.

② WOOLLEY S C, HOWARD P N. Automation, algorithms, and politics | political communication, computational propaganda, and autonomous agents—introduction ［J］. International journal of communication, 2016, 10 （9）: 4882 – 4890.

舆情事件的介入时机和操弄手法来看，核心策略便是炮制政治谣言，引爆民粹主义或极端民族主义言论。

（五）国际范围内网络民粹主义的激荡搅动我国舆论空间

从世界范围来看，网络民粹主义的力量也在日益壮大。全球化进程既加速了现代化，也使得国际经济竞争矛盾加剧，现代化的冲突愈加激烈，为民粹主义盛行提供了土壤。总体来看，当前网络民粹主义裹挟一股乖戾之气，且正处在世界格局多元调整、国际秩序多方建构的风口。谣言的流变、思潮的泛起和不确定性的增加，正通过美国的全球性社交媒体平台进入我国的互联网场域，冲击我国的舆论格局与社会心态。特别是针对香港、台湾、新疆等历史问题，所进行的议题编造、话语勾连与政治隐喻，正呈现出"西方民粹主义→香港、台湾、新疆→中国大陆"的意识形态"曲线渗透"与"边缘突破"路径，对我国的意识形态管理造成了极大风险。

二、国内网络民粹主义言论的发展趋势

（一）网络民粹主义与新左派思潮的融合

20世纪90年代以来，"新左派"在国内开始崛起，出现了有明确的理论主张、相对稳定的言论阵地和清晰的政治规划的代表性人物。新左派思潮以左翼平均主义思想理论为基础，以平等与公平为核心价值，把中国在向市场经济转型过程中的社会分层化、社会失范与其他社会问题，简单地理解为"资本主义社会矛盾"的体现，并以平均主义作为解决中国问题的基本选择。"新左派作为一种学理，在市场经济现代化过程中，强调不受约束的市场经济会导致社会阶层分配失衡，导致社会不公平，有其合理性。"① 另外，作为一种对经济新自由主义的制衡力量，它可以起到学理上的平衡作用。面对社会经济的多元化和社会利益的分化，新左派的存在是社会文明发展到差异化阶段的思想反映。然而，当今中国的新左派在针对现实问题发言时，容易把理论中的应然性强加到现实社会的复杂性之上，在一定程度上也表现出立场决定论的倾向。

---

① 萧功秦. 警惕新左派的极左化危险［J］. 人民论坛，2016（3）：48-49.

民粹主义具有典型的"整体取向""政治取向""激进取向"和"本土取向"。在这四重基本面向上，网络民粹主义与新左派思潮一拍即合。网络民粹主义对平民的界定从来都是整体主义的，而不是基于个体独立的。网络民粹主义好走极端，缺乏包容与平和，走向激进主义是其固有的偏向。民粹主义与新左派思潮的融合，带来了网络民粹主义政治能量的叠加。网络民粹主义思潮具有了明确的规划、专门的领地和明确的倡导者，基层民众也具有了组织化的"理论代言"。网络民粹主义具有"以民为粹"和"为民之粹"的双向维度①，与新左派思潮的融合凸显了"为民之粹"的精英主义维度。"以民为粹"通常被理解为一种"平民主义"，代表了社会底层、草根和民众的抗争意识和表达诉求。"为民之粹"在本质上则是"精英主义"的，即社会精英宣称为平民代言，把平民至上作为一种道德理想、政治策略和口号。他们借此来表达自己对于当下和未来中国发展道路的主张，最为关键的是凸显了对平民尤其是社会弱者的推崇，谴责社会分配不公，把社会不公和民生问题归因于市场化、自由化等，并在很大程度上诉诸人民的持续革命、煽动人民的高亢热情来纠正"走资派"的偏向，因而出现了立场激进、主张激进、指向激进的典型趋向。

（二）网络民粹主义与极端民族主义的融合

从对外维度来看，网络民粹主义与网络民族主义结合的趋势值得关注，二者结合的结果往往是走向偏激的乃至极端的网络民族主义。民粹主义的敌我对立和固化思维发生在民族的边界之处，就必然导致一种偏激的乃至极端的民族主义。20 世纪初期，民粹主义与民族主义在欧洲合流衍生了"民族社会主义"怪胎——纳粹主义，这种极端的民族复仇主义摧毁了德意志民族务实、理性的民族精神，更把其意识形态属性发挥到极致，使德国走向军国主义道路。由此，民粹主义的大众认同转变为民族认同，"平民的—反平民的"逻辑转变为"国内—国外"的逻辑；其批判的重点也随之从国内的政治精英转变为外部敌人，从上层阶级转变为"吃里扒外"的"内奸"②。

当前中国的民族民粹主义可以被看成是一种走向偏激的民族主义，它具有

---

① 刘小龙. 网络民粹主义的内涵、张力与特征［J］. 探索，2016（5）：59 - 65.
② 俞可平. 现代化进程中的民粹主义［J］. 战略与管理，1997（1）：88 - 94.

爱国主义的积极内涵，但也潜伏着民粹主义激进和极端的危险种子①。它容易助长狭隘的爱国观和极端的大国心态，在对外关系上坚持民粹主义的否定、批判维度，倡导二元对立思维，强调中国和他国（敌国）在利益和价值观念上的相互冲突的关系。由此也容易导致其信奉者尊崇弱肉强食与零和博弈的外交原则，一味强调强硬，不妥协、不退让，一旦与他国发生纠纷则发酵为群情汹涌、民意滔天的抵抗浪潮。阎学通教授曾在第五届政治学与国际关系教学共同体年会上发言认为，"00 后"大学生常以中国与外国两分的方法看待世界，将中国之外的其他国家视为同一类国家，将和平、道德、公平、正义等人类的普世价值观视为中国独有的传统，认为只有中国是正义的和无辜的，其他国家特别是西方国家是"邪恶"的，西方人对中国有着天然仇恨。另外，"00 后"大学生深受网络观念影响，把经济决定论、阴谋论、债权武器等"网红"们的观点当作常识②。

三、国内网络民粹主义言论的风险和危害

（一）"反精英政治"威胁意识形态安全

民粹主义借助于互联网极力弘扬平民至上历史观，并公开叫嚣精英原罪论，使得崇拜平民、批判精英的价值理念在互联网场域中大肆发酵扩散，容易使一些网民对执政党政治权威的态度由信任危机转为抵触抗拒进而公开谩骂。这种反执政党政治权威的社会心理逐渐演变为社会意识，就容易走向反执政党的无政府主义意识形态。一方面，网络民粹主义通过群氓的狂欢解构了我国执政党的理性权威，冲击了我国主流意识形态的主导地位；另一方面，网络民粹主义对市场经济深化、社会转型中存在的社会问题进行夸大式批判，并把批判矛头指向现有经济制度与政治制度，弱化了民众对社会主义市场经济的政治认同，更在一定程度上瓦解了中国特色社会主义的道路自信、理论自信与制度自

---

① 刘小龙．当前中国网络民粹主义思潮的演进态势及其治理［J］．探索，2017（4）：48 - 56.

② 马子倩．50 后阎学通：帮助 00 后认识更复杂世界［EB/OL］．http：//news. youth. cn/jy/202201/t20220113_13388583. htm.

信，极大地威胁着我国的意识形态安全。

（二）"舆论倒逼"侵蚀党政机关权威性和公信力

保护正当的新闻报道和舆论监督是我国宪法规定的公民言论、出版自由在新闻活动中的体现，但真理多走一步就会变成谬误，"舆论倒逼"也是如此。"舆论倒逼"是指在公众中形成的对官方、主流媒体、企业等进行质疑、批评的舆论，从而迫使相关主体对涉及的问题做出回应，并做出相应的处理。近年来，一些具有民粹主义倾向的KOL打着"为民请命"的旗号精心选择热点事件，抓住网民的心理"痛点"，煽动情绪、制造对立，放大对黑幕的想象，从而引发大规模的社交媒体分享行为，进而制造社会热点话题进行"舆论倒逼"的方式极为流行。表面看来，通过制造影响广泛的新媒体事件进行"舆论倒逼"，一方面可以帮助某些新媒体账号完成"吸粉"和提升商业价值的任务，另一方面可以成功聚焦公众和政府相关部门对某些社会问题的关注，一举多得。但在社会转型期，这种情绪主导的"舆论倒逼"也会产生诸多问题，容易流为一种空泛的社会批判和对社会情绪的消费。

（三）民族主义民粹化扰乱国家外交关系

如果民族主义成为压倒一切的优势话语并走向极端化，而国内的困境和摩擦又与国际争端彼此互动，将产生极大危害。带有民粹主义色彩的民族主义在西方国家抬头，产生了很大的负面效应。近年来，德国右翼分子制造的暴力案件不断增加，德国司法部称其互联网上种族主义和排外的煽动性言论泛滥成灾；部分中东欧国家由于诸多经济和社会问题无法得到妥善解决，以种族主义、排外主义为特征的极右思潮在普通民众特别是年轻人中得到越来越多的呼应。带有民粹主义色彩的民族主义以维护民族、国家利益为招牌，打着"爱国家、爱人民"的旗号，很容易得到公众的认同，反对者往往顾忌被扣上卖国的大帽子而不得不保持沉默；政府在管控民粹主义者非理性行为时也更加谨慎，甚至不敢作为。带有民粹主义色彩的民族主义极具传染性，容易在全世界扩散开来。当前，我国面临的国际形势错综复杂，各国之间尤其是大国之间的竞争和博弈日趋激烈。同时，我国正处在由中等收入国家迈向高收入国家的关键阶段，经济社会发展面临着前所未有的深刻转型，收入差距拉大、反腐败斗争形势严峻等一系列深层次的矛盾问题日益凸显。在这种背景下，民族民粹主义不断就中国的国际关系敏感问题进行发声，鼓动舆论，实际是对国家决策的绑架，必将危害深远。

（四）西方民粹主义渗透危害国家安全

从世界范围内来看，网络民粹主义的力量也在日益壮大。一方面，全球化带来的国际经济竞争加剧，冲击了西方国家，导致大量欧美蓝领工人陷入拮据处境，而这一人群正是支持特朗普和英国脱欧的中坚力量；另一方面，西方国家昔日"橄榄型"社会正在向"水桶型"社会发展，阶层之间出现分化，政治上出现极化……外部冲击和内部对立交织，为民粹主义盛行提供了滋生的土壤。在美国，前任总统特朗普将社交媒体视为胜选的一大利器，上台后继续"推特治国"；在欧洲，极右翼政治势力利用网络，正将整个政治光谱向右移动；在日本，"推特""脸书"正成为右翼否认历史、发表谬论的新舞台。特朗普本人曾说，"善用媒体，还要学会虚张声势"，"好名声比坏名声强，坏名声比没名声强"①。这种"网络民粹主义"持续冲击西方传统的舆论体系和民意渠道，加剧了西方国家政治生态的不稳定性，加大了其在内政外交上极端化的可能性，同时也容易通过各种渠道渗透进我国，对我国的国家安全造成严峻挑战。

（五）"泛道德化批判"消解社会共识

网络民粹主义言论对社会的批判以对社会问题的夸大化、绝对化与狭隘化为基础，缺乏历史的视野、发展的眼光和辩证的思维，并且呈现出泛道德化的倾向。因为在民粹主义盛行的网络空间，对事件的判断不是基于清晰的事实和逻辑，而是基于事件当事人的身份。在具体的事件中，民粹主义者大多利用贫富差距、身份阶级等特征来分辨"敌我"。不仅如此，民粹主义言论泛道德化批判的对象不仅针对个体的道德品质本身，它还蔓延和深入到政治、经济、思想、文化和社会生活的各个方面，最终形成政治审丑论、经济崩溃论、文化虚

---

① 刘莉莉. "网络民粹主义"何去何从［EB/OL］. http：//www.xinhuanet.com//world/2017－01/12/c_1120298228.htm.

无论、社会黑暗论等。例如，微信公众号刷屏文章《盛世中的蝼蚁》分析了社会如何对待弱势群体的问题。但从逻辑来看，在根本不清楚杨改兰杀子的真正原因的前提下，该文就将这样一个刑事问题直接用社会道德框架进行改写，存在着明显的逻辑漏洞。由于该文充满了浓烈的、对底层社会的同情以及对社会不公的控诉，直接调动了网民最敏感的情绪，受到了广泛的追捧，形成了对社会的强力批判。社会的稳定与发展基于每一个体对社会与他人的信任、信赖与依赖。在利益多元化和价值观念多样化的当今社会，比以往任何时候都迫切需要形成基本的社会价值共识与信仰，凝心聚力。由于民粹主义者的泛道德化批判不能理性地、辩证地对待发展中的问题，将这些问题放大化、道德化，最终难免会走向其愿望的反面，事实上却使人对我国社会主义的未来失望，成为掣肘社会发展的消极力量。

四、国内网络民粹主义言论的治理策略

通过上述分析发现，网络民粹主义形成动因复杂，话语表达多样，演化趋势不一，由此形成的舆论风险和社会风险非常突出，已经严重危及当前主流意识形态的建构与传播，并对社会主义核心价值观的形塑带来严峻挑战。鉴于这种情况，需要多措并举，全方位、立体性地综合施策，营造风清气正的网络空间。

（一）加强对国内社交媒体平台具有网络民粹主义倾向账号的分类管理

第一，提升境外网军账号的识别与管理能力。由于民粹主义已经成为境外网军进行舆论战的主要武器，因此要特别重视对境外舆论战账号的识别与管理。具体可以从内容特征、用户特征以及综合特征等多个维度入手，提升网军账号识别能力。建议宣传部门、网信部门与专业研究机构进行深度合作，不断提升网军账号识别的精准性。在此基础上，通过高频次筛查，并协调各类主流社交媒体平台，进行全方位封禁。

第二，加强商业自媒体账号和普通网民账号的管理。网络不是法外之地，加强对网络言论的合理规制，防止民粹主义言论的泛滥也是法治的应有之义。网络是言论犯罪的载体，尽管"利用信息网络实施的犯罪与使用传统手段实

施的犯罪相比有一定特殊性，但都必须严格按照刑法规定的犯罪构成要件定罪处罚"。对于境内自媒体账号或普通网民账号涉嫌发布民粹主义倾向言论，频次较高、影响较为恶劣，触及法律底线的，必须依法依规处理。

（二）"以算法对抗算法"，提升针对境外的舆论战能力

信息传播向着精准化、智能化的方向演进，舆论引导的观念也要从大水漫灌的大众传播观中超脱出来，以受众为本位，根据受众的特性实施更有针对性的有效传播。从国际维度来看，网络民粹主义已经成为境外舆论战熟练运用的意识形态武器。因此，在针对网络民粹主义言论的治理中，要针对其具体风险，围绕对象精细定位、精心策划、精准传播，"以算法对抗算法"，有效破解敌对势力舆论战的攻势。特别要注重引入自动事实核查新技术与复杂网络技术，提升应对境外政治谣言的攻击能力，同时积极探索面向国际的事实核查协同机制。

（三）提升针对民粹主义言论的舆论引领能力

国内网络民粹主义言论的治理本质上属于意识形态工作的范畴，不能就事论事，需要着眼于长远战略，以价值引领为核心，以情感治理为重点，将针对民粹主义的舆论引导的各个方面、各个环节、各个阶段、各个层次、各种策略加以系统的规划和整合，形成有机的、整合的、系统的引导策略体系。

第一，提升针对网络民粹主义言论的情感治理能力。正如网络中所流传的那样，就改变普通网民的观念而言，观点不如事实，事实不如故事，故事不如熟人之间相互的态度传染。因此，针对民粹主义言论主导的舆情，必须提升情感治理能力。针对民粹主义的舆情治理，除了关注显性的舆情信息文本和网络传播行为，还应该发掘隐藏在舆情信息文本和在线传播行为背后的情感逻辑与社会动因，把情感治理与社会心态管理提升到战略性的重要地位，增强对社会情感的隐性引导与潜在疏解能力。

第二，提升针对网络民粹主义言论的价值引领能力。无论哪种社会形态，在舆论焦点事件中，都寻求公平、正义、关爱和安全。这些关注点不仅是个体的根本追求，也是一个国家舆论引领的价值核心，更是个人、各类组织机构和国家达成共识的关键触点。因此，针对民粹主义舆论引导的关键在于准确把握

并妥善解决舆论表达中关注的现实问题来传播核心价值，建构社会认同。从价值引领的维度来统筹针对民粹主义的舆论引导实践，重点是需要锚定能够有效化解民粹主义价值诉求的核心话语。基于当前舆论引导的实践，我们可以从伦理价值、公共价值、权利价值等价值类型出发。

　　总体而言，国内网络民粹主义言论的治理是一个长期的系统工程，需要综合运用舆情治理和意识形态建设的各项经验，需要在发展过程中以对现实民生问题的妥善解决与普通民众权益的充分尊重与保护为基础，在多元价值观的碰撞中，建构价值"同心圆"，凝聚社会共识，进一步完善符合中国国情的网络民粹主义治理机制与路径策略。

（作者为复旦大学新闻学院教授、博士生导师）

媒介化社会的舆情五边形

曹　轲

【摘要】媒介化社会意味着新的连接方式和组织形态，意味着新的社会连接力。专业分化的跨界融合与重新组织，需要重视内外连接的新逻辑、内外有别的双循环。从城市治理、社区治理到企业管理，从疫情防控、应急管理到节假日管理，没有单边的舆情、没有单向的输出，舆情处置的治理原则再也无法简单地"就事论事""一事一议"。提出媒介化社会的"舆情五边形"，既是针对五个维度的关联性思考，也是治理体系和治理能力现代化的系统性挑战。

【关键词】媒介化　连接力　文本管理　内外有别　平战结合

导言：数字化即媒介化，数字力即连接力

其一，对数字化时代的总体判断：数字技术和数字平台的不断进化和优化，广泛应用于生活的方方面面。从数字经济、数字政府到数字社会，从数字公民到数字生活，包括数字公益、数字服务、数字舆情等，表现为两个现代化特征：数字赋权、数字赋能。

其二，数字化带来新的媒介化社会，数字力产生新的社会连接力，包括平台的力量、连接的力量、嵌入的力量、融合的力量。从数字新闻、数字传播的角度来看，就是媒介化社会的形成和媒介化治理的趋势。这就要求参与其中的任何组织机构和个人，要重视内外连接逻辑，形成内外两个大小闭环，通过数字化连接、媒介化组织，达成行动中两个显明的社会形象：界面友好、沟通良好。

其三，从城市治理、社区治理到企业管理，都涉及"内外有别"问题、

疫情管理问题、应急管理问题、突发灾难问题，以及节假日管理问题。这五方面的异常情况，说起来都是千头万绪、千针万线，连接成特定情境下或者异常时期的"舆情五边形"。而与之相应的城市传播、社区传播、企业传播，以及与人的健康和生命密切相关的健康传播、应急传播，互为表里又互为因果，互为镜像又互相响应，同样适用于"舆情五边形"的分析框架。

重叠交织的五边形关系，如果处理得好，就像五对翅膀，用互联网游戏语言，叫就能"起飞了"。反之，如果处理不当，则像五把尖刀，会把社会肌体刺出一个个痛点。本文依据这五个维度的连接与转换关系，进行异常舆情关联分析，每个维度又细分为三块：案例分析、难点探讨、治理原则。

一、文本管理：治理策略与传播策略

（一）案例分析："从严限制非必要出境"引发种种猜测

2022 年 5 月，出入境管理局官方微博发出一篇文章，提到"从严限制非必要出境"，同时指出，"未来一段时间里，国内外疫情形势依然严峻"，以及"为了迎接党的二十大"要做进一步严控的部署。

这个新闻发出之后，在社会面引起不小风波，很多公众号、视频号都对"出入境管理从严"进行了"深度"甚至"过度"的解读，绘声绘色地演绎"自己"在关口如何被剪了护照，又如何拿不到签证，引发了很坏的影响。之后，官方不得不出来辟谣，澄清并没有停发签证，更不会剪公民的护照。

这是一篇源自内部工作会议总结的报道。但是这些内部正确的话，不能不经翻译过滤，直接公之于众。比方说，有网友质疑，"未来一段时间里，国内外疫情形势依然严峻"，这不应该是出入境管理部门能判断的事，怎么能说，因为你们判断未来形势严峻，所以要"从严控制出入境"。

后来媒体不断配合辟谣，国务院联防联控机制新闻发布会也再次澄清说明。

（二）难点探讨：如果做错了，如何向公众道歉

政府机构、企业组织出现舆情，多为人为事故危机，组织的责任大。从信息控制的角度看，主要的沟通策略在于辩护和致歉。这类事件最易引起媒体强

烈关注，也最易激起民众强烈情绪。此时应该保证信息渠道的畅通，及时并连续公布事件的真实信息，不给小道消息和自媒体传播以可乘之机。应启动对事件原因的调查，向社会公众致歉。

人民网舆情研究部门的一项"企业道歉类"分析显示：企业发布回应的时间间隔、处理力度和舆论场反馈出的回应并没有直接关系。企业做出回应的文本的内容才是关键决定性因素。

传统思维认为积极迅速的回应容易获得舆论场认可，但研究发现这种认知在多数案例中并不成立。因为随着互联网的发展，网民对于企业回应的要求逐步提高。不少网民已经意识到迅速发布回应表明立场是公关策略，因而并不简单"买账"。并且，有时迅速的文本可能内容欠妥，反而容易激发舆论场的不满情绪。企业需要注意回应速度和层级与舆情事件的配适性：

第一，随着网民素质整体提高和对公关文案了解程度的提升，"套路"回应效果逐渐下降，真诚承认问题可能效果更佳。

第二，"减少敌意"常常是首选策略。"减少敌意"策略的目的是减轻舆情事件带来的负面影响。有时已经出事了，还在强调"自己其实做得很好""之前做得很好"，这种"自我吹捧"和"自我捍卫"，往往会产生相反效果。

第三，涉及社会心态的舆情往往由于网民的价值观差异较大而引发长时间的争议，需要谨慎处理。舆情文本涉及的群体巨大，有可能"溢出"当下事件，引发第二波舆情。

（三）治理原则：从"文件管理"到"文本管理"

要注意"内外有别"，别把内部文件报告原封不动地照搬出来。当群体极化现象出现后，"自证清白"的文本越复杂，细节越多，越难被接受，而分散的事实论据力量不足，很容易就会被"压制"和"排除"。所以，公开发布的文本，每一个字眼都要重新推敲，每一张图片都要重新审视，每一句话都要重新组织。也就是说，舆情管理要从"文本管理"开始，做好预期管理。

二、平战兼备：应急管理与应急传播

（一）案例分析：郑州水灾中应急传播严重失策

2021年7月20日"郑州发布"更新的微博称，响应级别在当日下午5时由Ⅱ级提升至Ⅰ级。值得注意的是，7月21日，"郑州发布"最新的微博显示，应急响应级别于20日上午11时提升为Ⅱ级，而提升为Ⅰ级的时间调整为下午4时。两条微博针对应急响应级别从Ⅱ级提升至Ⅰ级的时间相左。这些信息的发布还出现了前后不一致的情况，影响了自身的权威性，降低了受众的信任度。

郑州气象台表示，水灾当天就连发了5条红色暴雨警报。言下之意，气象局已经尽职尽责了。但是郑州其他部门并没有及时响应，没有停工、停课、停运。出事之后，国家发改委宣布，各个地方一旦出现类似情况，有权马上停工、停课、停运。

所以，这类消息的发布应该被纳入应急管理体系的统筹中。换言之，应急传播应该成为应急管理系统中的一部分。第一时间公开、明确地发出信息，相应的部门才能及时做出反应。

一个月后，气象预告新一轮的强降水要来了。在应急传播上，一条所谓的重要措施不过是："滚动发布信息：省内各媒体要加密频次，发布气象预报和安全避险提示，提醒广大群众做好自我保护、自我避险。"

（二）难点探讨：应急传播怎么做到忙而不乱

新时期应急传播体系应该具有三个特点：全媒体的格局、全社会的参与、全数字化的信息处理。

首先，全媒体格局是指一种模式的创新。应急管理体系中的应急传播要打通不同性质（政府发布平台、官媒、自媒体、"意见领袖"、"明星网红"、受灾群众）与不同形态（文字、图片、音频视频、抖音、微博、游戏、网站）的媒介点，从预期管理、信息发布、受众互动、信息反馈等全环节入手，形成跟应急管理体系"防灾—救灾—复健"功能时时对应、环环相扣的综合性的传播体系。

2019 年 1 月 25 日，中共中央政治局就"全媒体时代和媒体融合发展"到人民日报社进行第十二次集体学习时，总书记指出，全媒体不断发展，出现了全程媒体、全息媒体、全员媒体、全效媒体。二十大报告也再次强调，加强全媒体传播体系建设。

全程、全息、全员、全效，用在应急管理、应急传播上也十分贴切，理应成为应急传播体系搭建、应急传播能力提升的方向和目标。

其次，应急传播要做到全程、全息、全员、全效，并不意味着各种媒体的"随意"组合与"自由"发挥。这需要全社会的参与和"共同传播"，也就是传播机制与舆情管理的系统创新。

2021 年河南水灾救灾中，一名河南籍大学生在腾讯文档上建立的在线协作文档《待救援人员信息》，一天时间访问超过 250 万次、在线编辑记录 2 万余次。

在公众社会事件面前，全媒体参与趋势已成，只能因势利导，充分利用。既不能任其"随意"发挥，影响了整体传播，也不可强行暂停、掐断这种"参与"。

（三）治理原则：以人为本要靠数据支持

全过程数据化，是对系统和能力的创新。应急信息一般有着影响区域集中、短时间内信息密度较大等特征。因此确认信息发布源的地理位置以及信息发布的时效性，是应急信息管理的重要组成部分。突发事件发生后，几乎所有的信息传播渠道都会被铺天盖地的相关信息所淹没。对于普通群众来说，这些信息真假难辨。因此相关管理机构需要在第一时间对信息来源做出判断，对不同的信息源区别处理，集中资源核实来自事件核心区域内的信息，并做出积极反馈和响应。这种精细化的管理很难通过人力搜集完成，只有通过长期的体系建设，才可以做到数据搜集和分析智能化。

在应急事件没有发生的时候，相关部门就应该主动进行体系建设，充分调研可以调动的不同的传播方式，对不同的传播力量进行有效梳理，把握住关键节点，建立数据库，重点关注一部分具有一定社会影响力的传播节点，必要时还需要与之保持沟通，以确保在事件真正发生后，能够充分调动，积极配合，形成传播的合力。

与此同时，建设官方信息发布渠道也需要在平时下功夫，应急信息，尤其是预警信息发布的有效性，主要取决于群众对于该信息源的信任度和关注度。相关机构应该重视日常活动中与公众的沟通，通过反复线上和线下的互动，提升自身的可见度和可信度。

力争做到：平时有预告，战时有公告，复建有报告。而不是一到掌控舆论的时候，总是说要"内外有别"；危机过后发布消息的时候，又忘了"内外有别"。

三、人命关天：灾难现场与搜救报道

（一）案例分析：东航空难的争议和问题

2022 年 3 月东航空难事故报道引发的讨论，包括三个争议：

一是东航董事长的回答。人民日报官方微博的人民热评讲了：多一些社会关切，少一些答非所问。在事故发生之后，把规章制度写一遍，强调过往的成绩，强调一直的努力，好像都是"正确的"，但是这些正确的话有可能会形成反效果。

二是产生了一条重要的假新闻。《第二个黑匣子已找到》来自 3 月 25 日《中国民航报》公众号。媒体同行质问：7 个记者、1 个编辑、1 个校对、1 个审核，为何没有挡住一条假新闻？

三是关于死难者的家属要不要采访报道。传媒业界和学者展开了激烈的讨论：

《敬畏生命，莫为流量丧失良知底线》（《南方日报》3 月 22 日）；

《不报道逝者才是最大的伦理问题》（褚朝新公众号 3 月 23 日）；

《正常报道与空难营销，绝不能相提并论》（红星评论公众号 3 月 23 日）；

《先别急着批评：关于东航空难人物报道的答问》（进观传媒公众号 3 月 24 日）；

《"去中心化"时代新闻媒体的意义何在？——由 MU5735 空难报道谈起》（探索与争鸣公众号 3 月 26 日）。

这里必须提到南香红的《巨灾时代的媒体操作》（南方日报出版社，2009 年）。这本书详细梳理了《南方都市报》汶川地震报道的台前幕后。当时前往灾区报道的一部分记者后期都产生了不同程度的心理问题，接受了心理辅导。在灾难/事故工作派遣中，应该充分考虑个人的心理因素、承受能力，并不是每个记者都能做战地记者。

（二）难点探讨：如何甄别那些并非恶意的"诈"

不管天灾还是人祸，人们总是关心生存与安全。对于事故、灾难来讲，预警、沟通、报道、传播的难点在于信息甄别和舆论引导。

无可回避的是，人们总是对负面信息更加感兴趣。《科学》杂志 2018 年发布了麻省理工数据科学家 Soroush Vosoughi 的一项研究成果：《网络中真实与虚假信息的传播》（*The Spread of True and False Information Online*）。研究结论是：谣言的传播速度不仅远远超过辟谣速度，甚至会超过正常新闻的传播速度，而且传播谣言的主要载体并不是恶意的"第三方"或"机器人"，而是大量怀着朴素情感的一般人。一条具有"吸睛"元素的"爆款"谣言，在短时间内可以快速波及数万人，其中参与传播的人中有一成以上都是被瞬发的情绪裹挟的不明真相的普通人。

在社交媒体时代，恶意炮制谣言、曲解事实的人利用本意善良、关心周边生存环境的普通人，使"谣言之诈"呈放大之势，不仅会侵害已有的社会共识，甚至会侵害社会常识。

特别是人命关天的时候，灾难传播的伦理观和灾难传播的沟通原则都会成为关切点、争议点。

（三）治理原则：伦理冲突需要克制和平衡

正因为与正面宣传甚至应急报道相比，称得上"灾难"的事是极少遇到的，所以更应该了解和把握一些基本的沟通和传播原则。

遗憾的是这个领域缺乏理论的"共识"。在知网搜索关于"灾难传播"和"城市治理"的关系，一个现成的答案都没有。

一些大的灾难报道中会出现的问题是有共性的，在小一点的事故中，同样会遇到。比如，新闻从业考试里有一道题问：有群众被倒塌的房子掩埋，还没救出来，但能听到声音，记者就去采访救援者，去问群众："你感觉怎么样啊？"这样的操作和应对都是不正确的，没有站在受灾的当事人的角度考虑问题，是有违伦理的。再比如，事故发生了，最好不要第一时间策划"寻找英雄"，而应更关注仍在困难中的群众。

只考虑灾难处理内部之难，忘记灾难感知的公众关切，这就是没有真正明白，什么叫"内外有别"。

四、减少不安：防疫报道与健康传播

（一）案例分析：慢直播治愈生活的焦虑

2020年初，中央广播电视总台央视频5G新媒体平台创新推出《疫情24小时》慢直播产品。从医院建设到投入使用，24小时不间断直播一共持续了117天，累计在线直播超过6 000小时。这使当时面对未知疫情的人们及时掌握和知悉了疫情防控进程，并且起到了消除恐慌、缓解焦虑的作用。（狄丹：《论突发公共卫生事件中的移动慢直播传播——以央视频App"疫情24小时"为例》）

此后两三年来，《新闻联播》一直开设栏目、专题报道，通过故事化的形式呈现事实。（毛俊杰：《〈新闻联播〉抗击新冠肺炎疫情报道的故事化——以栏目专题报道为例》）

（二）难点探讨：科学与公众的隔离有多远

疫情宣传有两难：一方面，科学共同体习惯采用范式表达；另一方面，群众的科学素养可能达不到理解科学论文的水平。如何在较短时间内缩小科学共同体与公众的认知差距成为宣传的难点，比如疫苗、病毒或一些病因病理。

关于疫情政策的宣传报道、卫生健康的科普报道，往往关乎个人切身利益，受到高度的关注。随着新媒体时代的发展，尤其是大量自媒体的涌入，这类高热度话题得到了更多的舆论关注。越来越多的人抢着去做"健康宣传""科普引导"，甚至对于健康相关事件的捕捉也跑在了官方媒体前面。同时在追求实时发布、夺取先机抢发消息的背景下，不少新闻报道由于缺少深入的调查，成为"假新闻"和"伪科学"。这不仅造成社会舆论，引发大众焦虑情绪，而且造成社会恐慌。

官方权威的发布和报道，扮演着社会"灯塔"的作用，在加强正确科学指引方面发挥着重要作用，并呈现出新表达、新形态、新传播的特点。比如大数据时代下，各地融媒体中心助力基层社区防疫的"新闻＋服务"模式，各类融媒体产品对于传递最新疫情信息、缓解大众信息焦虑的效果明显，同时对提高信息的受众触达率与传播影响力产生了重要作用。

突发公共事件具有紧急性、社会性、复杂性、不确定性等特征，而互联网平台中的病毒式传播能够加大负面情绪扩散。这时主流渠道及时发出准确声音，及时精准引导舆论，对于安抚大众负面情绪起到了良好的作用。（林淑苑：《突发公共事件中大众负面情绪传播研究——以微博平台为例》）

与此同时，健康传播应该更加具备服务性，从最为常见的健康误区、健康问题、健康疑惑入手，为受众带来更为实用的信息，尽量减少或抹去报道中掺杂的商业因素和猎奇新闻，做到不误导、不刺激、不夸大。

医学是一门自然科学，尽管现代医学技术迅猛发展，但它依然有无法解决的疑难杂症，具有不可知性。大众传媒应该认识到医学科学的特殊性，尊重其规律，不任意误导公众、歪曲事实。专业与普及中，文本的"翻译与转换"，也是一种"内外有别"，长远来看，必然殊途同归，必须目标一致，让更多的科学知识与健康知识成为常识和通识。

（三）治理原则：语言的规范性与场景的适配性

城市新闻、城市报道与城市传播，细究起来也有区别。角色角度有所不同，但在某种情况下也是通用的，可以互换。健康报道与健康传播也可以，但我们不会说"疫情传播"，甚至"社区传播"在新冠时期的大背景下，会被理解为"病毒在社区形成传播"。病毒的亲和力与病毒的毒性就是歧义最多的两个词例。

2022 年 7 月 11 日腾讯发出《关于整治不规范使用汉字行为的公告》。语言的规范化、含义的特定化、表述的含糊化，在新时期尤其突显。疫情关乎民生，一条消息发布出去，被社区住户、企业反复琢磨，反而增加沟通成本，其原因在于语言的僵化/刚化、通胀/膨胀、模糊/含糊。

规范信息发布，就要从规范语言开始，不能让专业的规范性与特定场景下的感受产生错位，让公众产生错觉。

五、劳逸结合：节假日安排与休闲报道

（一）案例分析：更忙碌的节假日，更容易出错

对基层工作者、社区管理者，节假日非但不轻松，甚至比平时工作日还忙，还要紧张。

普通人一年有多少个休息日？答案是：一年52周乘以2，有了100多天的休息日。国家公共假期一年是11天，节假日跟双休日叠加之后，一个人一年有近120天的可供自由支配的"休闲天"。

在"休闲天"里，怎么策划和宣传、记录和总结是一方面。另一方面，为了保证普通人放假过节，那些坚持节假日值班的人会更加忙碌。工作与休闲之间有了冲突，闲情就变成了新舆情。

跟应急报道对应的抢险救灾不一样，当假日成为常态，一些人在假日必须更为紧张地工作也成为常态。我们记录这些行业和人物的感人故事时，选择的角度应该是让社会上更多的人"看到"他们的存在，关注他们的成绩，表达对他们的敬意。可惜效果经常适得其反，人为地制造矛盾与不公，无形中形成对立面。

现代人的生活是由工作、休息和休闲这三部分组成的。这对于中国人来说是一个新的观念。对于从劳动生产率水平较低的年代中走来，以工作为生活重心的人来说，是一个比较"奢侈"的概念。但如前面所言，这恰恰是社会进步的象征。休闲也不再是消极、偷懒的代名词。

"休闲的观念"是一个新的观念。事实上，很多人通过休闲助推了经济消费，充实提升了自己，做了有利于增进亲情、稳定家庭的事。退一步，放到更大的社会系统中来看，这些跟工作本身具有同等的社会价值。高效、稳定、和谐，都是社会发展追求的指标。

从全社会范围来说，如果我们认同"休闲的观念"和个人时间的意义，我们可以正向地理解，休闲时光展现了每个人的人性特点。同时，对个体而言，休闲不等于休息。

现在社会上有很多职业培训，人社厅的网站上也有很多技能培训班，这些培训相当一部分就是利用"休闲"时间来完成个人技能的提升。

中华民族是非常讲究亲情的。休闲的时光在家陪陪老人小孩、给全家做顿饭、一起看场电影，实际上都是非常正面的。现在社区的很多公益机构，通常利用节假日组织各种福利院的公益活动；图书馆也常常利用周末举办公益性质的名家讲座。无论是做分享的嘉宾还是参与的社会公众，利用的都是他们的"休闲"时间。而这些"休闲"的行为、"休闲活动"的策划，恰恰是社区文化文明的反映，一定程度上也带动了消费。而这些，都应该包括在我们的社区宣传策划中。

（二）难点探讨：过节吃饺子还是吃面都成了问题

北京烹饪协会在 2021 年国庆前发了一个倡议，叫作"国庆吃面，国泰民安"，提倡国庆期间人人去吃面，听说很多北京的高级饭馆都特别推出了他们的特色面食。但有人就不同意了，说"国庆吃面""国泰民安"两句不对仗，也不对应。这句话要用北京话念才押韵，普通话讲是不押韵的。"面"跟"安"看似谐音，其实不一样。所以一个比较知名的"大V"就说："什么节都说吃饺子也就忍了，但国庆吃面我不奉陪。"我想他也代表了很多老百姓的声音：能不能不要随便"代表"我啊？

社区休闲文化品牌的策划和打造是需要"因地制宜"的，要和当地的地域文化特色相结合，要有"群众基础"。北京烹饪协会发的倡议，是希望国庆假日可以形成一个新风俗或者新风尚，但是没有考虑南北差异，显得有点突兀，如果想变成全国性倡议的话，就会显得很尴尬。

（三）治理原则：不妨做一个舆情日历

媒体也有自己的二十四节气和新闻日历。有一种说法叫作"四季歌"，就像农民一样把报道分成四季，到什么季节有什么报道，到什么节点有什么策划，一年四季都有不间断的规律性的关注点。

作为节假日的守卫者、工作者和活动策划者、项目执行者，都可以制定自己的行业年历。当然首先是共享的公众假日、法定节日，其次是各行各业的特定周期和关键节点。如果只顾自己的生日庆典，不考虑更大的节日节点，难免冲突和冒犯。如果不考虑其他行业领域的重要时间节点，也会被连带卷入是非热点，受到不必要的牵连。更重要的，有了一份里里外外的大小节日节点，一年到头就有做不完的策划，以及节奏可控的工作和休闲。

媒介化治理，也就是网状联结的现代治理、复合治理，参与其中的任何机构、组织和个人，可以也必须考虑整合内外资源，构建一个网状体系。没有人可以自成一体只搞内循环，不顾周边的关系和所处的大环境，不去参与社会生态系统的大循环。这就是最大的"内外有别"。

（作者为暨南大学新闻与传播学院教授、博士生导师，暨南大学文本实验室主任，暨南大学传播与国家治理研究院城市治理与传播研究中心、数字创新与公共传播研究中心主任）

舆情引导与意识形态：三类问题的辨析区别以及在舆情引导中的运用①

张　宁

【摘要】 本研究以十九大报告中提出的"正确区分政治原则问题、思想认识问题、学术观点问题"为主题内容，在先行研究的基础上通过理论分析厘清三个重要问题的内涵、外延和边界，从理论体系上、话语语境上、实践运用上辨析三类问题的不同表现和实质所在，并形成对基层的舆情引导有实践指导意义的区分原则和应对策略。

【关键词】 舆情引导　提示形态　三类问题　辨析

舆情可以视为社会意识形态在网络舆论中的一种表象。而意识形态则指的是人们的思想观念、价值判断、人生观、世界观等内在价值体系。习近平总书记在十九大报告中明确指出："落实意识形态工作责任制，加强阵地建设和管理，注意区分政治原则问题、思想认识问题、学术观点问题，旗帜鲜明反对和抵制各种错误观点。"这不但表明意识形态工作的跨领域特性，还表明在坚持主流意识形态建设的同时，需要坚持抵御和批判反面意识形态的侵蚀，包括其在网络舆情中的显露，在引导方法上要正确区分"政治原则问题、思想认识问题、学术观点问题"。"三类问题"的提法对意识形态建设工作，尤其是舆论引导工作的具体范畴、方法方式和执行能力都提出了科学的要求，要求我们既要在思想理论层面上把握原则，坚持真理，有所分辨和区别；也要在实践工作中守原则，能识别、会判断、善执行。

---

①　本文是 2019 年广州市宣传思想文化工作委托课题"正确区分政治原则问题、思想认识问题、学术观点问题，加强重大思想理论问题的辨析引导研究"项目成果。

一、三类问题的内涵辨析和学术区分

当下反应社会意识形态的网络舆情随处可见，舆情本身就是意识形态的一种社会文本。习近平总书记指出："注意区分政治原则问题、思想认识问题、学术观点问题，旗帜鲜明反对和抵制各种错误观点。"这是要求我们在引导社会舆情，具体处理意识形态建设过程中的细节和问题的时候，要把握原则，清醒、辩证、科学地处理不同性质的问题，拿出不同的解决对策和引导方法。

这个问题十分关键，但是在以往的意识形态相关研究中没有被重视，只有周良书教授发表的一篇短文章①谈及这个问题，主要观点有三个：第一，在不同的历史条件下三个问题会相互转化；第二，三个问题各自有其范畴和语境，不能混淆；第三，如果三者未能清晰区别，将会产生不良的政治后果。可惜的是，周教授对该主题并未进行深入探讨和研究。那么，如何从本质上科学地辨析三种不同的问题？

（一）政治原则问题

1. 政治原则的定性、作用和特点

所谓原则是指"行事所依据的准则"。政治原则是指政治范畴内的基本原理、准则和主张，用于指导、规限一个政党组织或者国家、社会发展的明确方向。任何一个政党都有其特定的政治原则，这些政治原则对于保证政党的政治方向、组织属性和发展导向具有重要的指导和规限作用。政治原则作为党的基本政治观点和主张，能确保党的建设和发展方向上的正确性，一如"校正仪"来防止党的建设偏离正确方向，二如"稳压器"确保党的发展始终处于稳定状态②。

政治原则问题是主流意识形态的根本问题和原则性问题，体现为中国共产党和中国特色社会主义的最根本、最基础的政治原则问题。这些问题的根本性

---

① 周良书. 如何区分政治原则、思想认识和学术观点问题？[J]. 半月谈，2017（23）：10－11.

② 黄清迎. 全面从严治党视域下党的政治原则探析 [J]. 大连干部学刊，2018（8）：5－10.

和重要意义不容置疑、更改和讨论，只能坚持和贯彻执行。这些基本政治原则具有以下特点：

第一，绝对性与一致性。正如马克思所说的"所谓政治原则就是意志"，政治原则和党性原则是我党我国政治范畴内的最高原则，体现在社会主义建设实践的方方面面则是要与政治原则和党性原则保持思想上的高度一致，实践上的坚决执行。

第二，指导性与普遍性。政治原则和党性原则是党员党性建设的最基本要求，也是党对各项基本工作要求的具体、集中的体现。这些原则对于我国社会主义的各项建设工作、各个领域都有指导作用。尤其要求党员群体把党性原则作为实现新时期总任务的基本准则和保障。

第三，标志性与代表性。政治原则是一个国家政治生活和政治文化的标志性导向，是党组织和党员的党性贯彻的首要标志，也是分析社会问题、研究具体工作、解决各种矛盾的基准和出发点。

上述几个特点也是当下基层意识形态建设工作和舆情引导工作中必须遵守的政治底线，是分析具体舆情问题的言行底线。

2. 政治原则问题的实践准则

违背我国政治基本原则和党性原则的问题，都是政治原则层面的问题，需要我们重视，保持敏锐的察觉能力和分析、识别能力，以及应对处置能力。习近平总书记对全体党员提出"在政治立场、政治方向、政治原则、政治道路上同党中央保持高度一致"，这个"高度一致"就是我们识别政治原则问题的一个尺度。要保持"高度一致"，就要聚焦政治立场、遵守政治原则、负起政治担当、严守政治纪律。具体来说，如何在复杂多变的网络舆情中发现、判断和识别政治原则问题？

第一，聚焦政治立场。时刻保持一种对政治立场的敏锐的观察意识，一旦发现现实生活中属于立场、原则性的问题，分析其处于哪种政治立场，带有怎样的思想意识出发点。如果有悖于最高政治原则，那么就可判断这属于政治原则问题。第二，遵守政治原则。时刻保持政治警觉性，发现问题之后要根据政治原则的要求对问题的本质进行研判分析，发现其根源、实质和程度，根据党内制度和法律规范进行处理。第三，负起政治担当。党组织、党的干部和党员个人是政治原则最重要的承担者和体现者，所以在面对有违政治原则的言行时要有勇气、有应对、敢担责，不能畏畏缩缩或犹豫不决。

（二）思想认识问题

1. 思想认识问题的特点、具体表现和解决思路

思想认识问题属于社会人群中个体的认知、思维问题，社会成员个人的文化知识、社会经历等个体要素有较大的差别，因此基于个人的经历和认知出现有违主流社会主义意识形态的想法也是可能的。思想认识问题与上述的政治原则问题相比，其政治导向差异不明显，属于个人想法，尚未付诸具体的社会行动，但是会在个人言行、观点表达和公共发言中体现出来，也会通过日常社会交往影响周围的人，被他人所认同和赞成。

思想认识问题的具体表现可能有：对社会主义建设的具体政策和日常制度、管理方式和治理办法、党和政府的形象、社会重大问题等存在不同于主流意识形态的价值判断，属于知识不健全、教育不到位、理解不全面、沟通不充分导致的认知方面的问题。在思想认识问题面前，我们要以学习教育、引导沟通、解释说明为解决问题的思路，针对思想问题做好细致的说明和沟通，促进其向正确的价值观和思想意识靠近，也要通过社会化和组织化的多层次学习教育，提高其思想认识的层次。对于这种思想认识问题，要敏锐区分其与政治原则问题的不同，慎重采用政治原则问题的处理方法。原则上，思想认识问题属于人民内部沟通问题，正确的处理手段是学习教育、思想沟通、引导感化。

2. 思想认识问题的三种界定方式

由于存在于人们的思维深处，思想认识问题需要通过人的具体言行表达出来才能认知，所以首先需要对具体的人群性质和所在的场域性质进行具体的界定，才能有所区别。具体来说，根据人群的性质来划分，有人民内部性质和敌我性质两种。

首先，人民内部性质又因社会场域不同分为两种层面。

第一种是人民群众的思想认知和思维方式层面。国内各个阶层的民众由于价值观、人生观和世界观的认知方式存在个体差异，从而形成了与政治原则问题有所差异，或者不理解，或者认识不到位的言行表达，属于人民内部性质。

这种问题虽然通过个人表达显露出来，也是一种意识形态的个体异化现象，但是其根源是社会个体根据自己的文化知识、社会经验和人际影响形成的认知层面的问题，是一种可以调和、可以引导、可以解决的认识问题。可以通过辩证唯物主义、历史唯物主义的科学世界观和方法论来教育、引导和说服，提高他们的马克思主义理论素养和社会科学知识容量，提高他们的客观辩证能力和具体分析能力。

第二种是人民群众的社会环境和不同阶层的利益层面。这也是舆情最为关注的热点问题。社会各个阶层的生活环境和利益存在差异，导致不同阶层人群的思想意识和政治水平存在不同的认知情况，由此引发的矛盾和问题也是人民内部矛盾和问题。中国处于社会主义不断发展阶段，不同地域有不同的国情，各个阶层的利益主体多元化且关系复杂，但是这些主体都属于我国社会群体的组成部分，他们的诉求也是中国社会发展整体利益的一部分，并不和整体利益相违背，只是有所差异。因此，在辩证统一、爱国团结的导向之下，要充分认知到不同个体、群体思想层面存在差异的普遍性，注意到我国社会各阶层之间是有根本利益的一致性的，要尊重各个阶层的正当利益，建立广泛的统一战线意识，寻找发现社会利益的最大公约数。相关问题发生后，必须充分考量不同社会阶层的利益导向，以教育、引导、沟通、说服为手段，促进最大化的社会共识达成。

其次，人民内部矛盾问题之外的敌我矛盾需要我们特别警觉。不同社会发展阶段都存在着刻意破坏我国社会主体建设的敌对分子及其破坏行为。他们与人民群众之间属于对立的敌我矛盾，其挑起的破坏行为和意识形态斗争具有明显的政治目的，是基于与我国主流意识形态完全不同的政治主张和思维意识，两者之间存在根本的立场分歧。对于这种问题我们的处理应对态度一直是鲜明的，即大是大非问题面前不能动摇，坚持主流意识形态价值观不能迷失，政治原则问题面前不能含糊，敌我矛盾必须通过法制手段坚决处理。

（三）学术观点问题

1. 学术观点的主体及其特性

学术观点的生产者一般来说是知识分子，包括哲学社会科学工作者、大学教师、作家、评论家、医生、记者、科学家或者其他类型的社会精英人士。其一般特点是具有较高文化水平，从事脑力劳动，并且有知识产出。知识分子与其他社会人群相比，他们的突出特点是承担着大众启蒙的职能，代表着社会的正义、良知、科学和理性。他们除了要献身深度的专业工作外，还要热爱祖国和本土文化，心系国家建设和社会发展，关注公共利益和公共话题并对此有理性和科学的观点。社会对知识分子的期待不但在于他们从事的科学研究和知识生产对人类发展是需要的，还在于期待有一批知识水平和文化程度较高的人来关心社会发展和人群需求，促进公共利益和核心价值的实现。

那么，知识分子群体和他们的学术观点有什么样的特点呢？

第一，学术观点是学术氛围里的理论推断和知识生产，虽然基于理论逻辑推演、社会实践调查和数据实证分析，但还是需要在未来长时间内通过社会实践来证实，不是真理，带有不确定性和可推翻性。

第二，学术观点是学者个人的思考和分析结果，带有一定程度的主观性和片面性，仅供学术参考和后人借鉴，有待于长时间的多人的共同论证和实践考验才能成为定型的学术理论。

第三，由于是在学术范畴内的思考和知识生产，学术观点带有思考范围和认知程度的自由性。任何人类社会现象和问题都可能成为学术研究分析的对象，而反思、质疑、批判、论证则是学术研究的基本思维方式。学术观点问题是生成于特定的学术场域中的，与政治原则问题的社会普遍性、思想认识问题的个体遍在性有所区别。

2. 学术观点问题的内涵和边界

学术观点问题是学术界人士在纯理论层面上对于更广泛的社会问题和现象进行探讨、分析、归纳和提升的知识性研究。一般来说因为属于理论层面的知识生产，所以并没有明确的认知界限，可以百花齐放百家争鸣，允许不同思想意识进行讨论和碰撞。但是，要注意学术观点也会对社会认知产生影响，对社会实践发挥引导作用。学术观点和讨论虽然没有明确的界限，但是其最终结论和主导观点不能违背我国基本的政治原则问题，也要规范在重大政治原则的范畴内。对于涉及意识形态的学术研究和讨论，还是要本着尊重学术民主，活跃学术氛围的容差异、求大同的心态。不能过于敏感，草木皆兵，也不能毫无警觉之心，放任生长。

在厘清和辨析了政治原则问题、思想认识问题和学术观点问题各自的特点和场域边界后，我们来探讨一下三类问题的区分方法及其在舆论引导中的实践原则。

二、三类问题的区分方法和舆情引导的实践原则

在舆情引导和意识形态建设工作中，这三类问题之所以难以辨析和处理，是因为至今在理论层面上尚未对三类问题的具体表现、发生场合、区分方法和应对原则做分析和梳理，而这三类问题在表面上看来又有相似性，可以相互转化，因此针对三类问题的应对原则也要有针对性。

首先，政治原则问题是涵盖所有社会场域的最为宏观的原则问题。政治错误无论出现在什么场合都是属于需要严肃应对的问题，其具体表现是"明确地质疑、反对、批判我党政治原则和我国政治制度、重大方针政策的观点、主张和行动"。如果这种观点出现在重大会议、庆典、集会等活动上，重要的大众传播媒介上，或者在互联网上已经被广泛传播引发较大反响的，则问题的严重程度和预警都应该升级，并且应该做出迅速、明确的处理行动以及带有社会示范效应的处置。

其次是思想认识问题。与上述政治原则问题相比，这种问题的最大特点是非公开性。这类问题的应对原则则要注意处置分寸和应对方法。应对方法不能过于偏激和敏感，应采取不直接涉及个人的原则性批评方式。既尊重个体的思想，也纠正错误的认识问题，还要避免反应过激，不断上纲上线式的应对举动。针对这类问题，采取全面杜绝、制造监督检举的氛围也是不合适的。这类问题需要平时通过长期细致的思想政治工作、学习和教育提升其意识形态的高度和深度，通过不断启发、引导和沟通来提升个人的精神境界，提高政治思想觉悟和理论水平。

最后，学术观点问题则又是一个更加特殊的场域问题。学术场域具有其特定的学科性、思维开放性和场域封闭性，一般来说学术观点问题是仅限于学术杂志发表、学术会议范围内公开、学术小群体内讨论的问题。因此，属于发表于学术刊物和理论建构层面上的观点、言论要尊重学术民主，包容学术的多样性。只要该言论表明是"学者个人观点""学术讨论商榷"或"学术探索、尝试性分析结果"的，基本属于学术民主范围。这些观点在学术杂志上、学术会议上的发表是被允许的。

但是学术研究也不能触犯基本政治原则，作为整体性原则，政治原则是统揽所有场域的。虽然学术讨论没有思想边界的限制，但是所有观点都属于"学术观点"，而非正式的、公认的、有代表性的观点。一些著名的社会科学学术理论即使被运用到实际工作中去作为指导，也只具有局部的指导意义。学术观点最容易出问题的地方是被学术界以外的场域所误读、误解或者被误解后扩散传播。例如一位知名学者在学术会议上的发言本来属于学术讨论范畴，但是被大众传播媒介作为新观点、新思想传播到社会上引发争议；一篇学术论文提示的相关数据和分析结果本来只有部分的代表性，被媒体作为有代表性的数据公开传播，导致舆论关注。这提示我们，学术观点有时也会具有较大新闻传播价值和社会影响力，容易引发学术观点的媒介误读和社会泛化。所以大众传播媒介对知名学者的观点引用、专访和点评，也要把握政治原则的底线。

综上所述，我们当下面临的网络舆情观点多元且分化，多种非主流意识形态的观点不断出现，让人们对重大议题进行判断和辨识时可能会产生偏差。本文在先行研究的基础上通过理论分析和梳理，厘清了三个重要问题的内涵、外延和边界，从理论体系上、话语语境上、实践运用上辨析、归纳了三类问题的不同表现和本质所在，并针对当下网络舆情的特点提出了可供基层舆情引导工作参考的实践准则。三类问题的辨析可以使我们在舆情引导中始终清晰地把握最高原则和问题边界，不踩底线、避免传播风险。

【参考文献】

[1] 周良书. 如何区分政治原则、思想认识和学术观点问题？[J]. 半月谈, 2017 (23)：10-11.

[2] 黄清迎. 全面从严治党视域下党的政治原则探析 [J]. 大连干部学刊, 2018 (8)：5-10.

[3] 程同顺, 张文君. 互联网技术的政治属性与意识形态传播：对互联网与意识形态研究的批判与反思 [J]. 江苏行政学院学报, 2013 (6)：68-73.

[4] 田海舰, 黄逸超. 关于互联网的意识形态属性及其论争 [J]. 河南师范大学学报（哲学社会科学版）, 2017, 44 (6)：60-64.

[5] 王爱玲. 中国网络媒介的主流意识形态建设研究 [D]. 大连：大连理工大学, 2012.

[6] 陈建波，庄前生．作为意识形态技术的互联网：执政党的视角[J]．新闻与传播研究，2016，23（11）：16－22，126．

[7] 张静，周三胜．论网络传播条件下党的意识形态建设[J]．毛泽东邓小平理论研究，2005（6）：61－66．

[8] 张骥，方晓强．论网络文化对我国社会主义意识形态建设的影响[J]．求实，2009（2）：40－43．

[9] 高静．新媒体传播视阈下实现党的意识形态领导权的时代逻辑与策略转型[J]．理论月刊，2015（6）：22－25，31．

[10] 郑萌萌．互联网背景下意识形态宣传工作创新初探[J]．传媒，2014（16）：73－74．

[11] 刘世衡．自媒体领域我国社会主义意识形态传播策略[J]．湖南社会科学，2016（4）：42－45．

[12] 田海舰．习近平互联网意识形态建设思想研究[J]．社会科学家，2017（10）：18－22．

（作者为中山大学新闻传播学院教授、博士生导师，中国新闻史教育学会公共关系史分会副会长，中国高等教育学会公共关系教育专业委员会副理事长，中国国际公共关系协会学术工作委员会副主任委员）

深度媒介化社会意识形态工作的实践形态

邓理峰

【摘要】习近平总书记在 2013 年全国宣传思想工作会议中提出，"意识形态工作是党的一项极端重要的工作"。在现代社会向深度媒介化社会转型过程中，传媒日益成为意识形态工作的重心。但是，目前存在两个突出问题：一是对于"意识形态"概念的理解和使用，仍旧存在着矛盾用法。"意识形态偏见/幻象/渗透"等一些负面消极的词汇和"意识形态工作"概念并置，反映出意识形态工作者对于这一概念的不同理解甚至是矛盾理解。二是意识形态工作的论述多源自宏观社会学及其宏大概念，而对意识形态工作的微观社会基础重视不够。鉴于此，若不辨析和厘清"意识形态工作"概念的含义以及意识形态工作的微观基础，对于做好和改进意识形态工作将不可避免会是一种障碍。本文尝试融合不同理论流派对意识形态进行界定和理解，从实践理论的角度出发，以意识形态工作作为讨论的焦点，关注意识形态工作的实践转向和媒介化转向及其对于当下深度媒介化社会里意识形态工作的现实意涵。本文区分了描述性、批判性和建设性的三种意识形态概念及其实践情境。

【关键词】深度媒介化　意识形态工作　实践转向　传媒作为实践

习近平总书记在 2013 年 8 月 19 日全国宣传思想工作会议中提出，"意识形态工作是党的一项极端重要的工作"。此外，习近平总书记在多个场合强调管住"刀把子、枪杆子、印把子、笔杆子、钱袋子"的极端重要性，其中"笔杆子"主要就是指意识形态工作。

传媒在深度媒介化社会里日益成为意识形态工作的重镇。深度媒介化

（deep mediatization）是指社会及公共生活与媒介和技术深度融合、交织互嵌的状态和过程，媒介因此成为几乎所有社会过程的塑造力量。传媒日益卷入和参与到日常生活和公共生活中的社会交往和沟通、话题和主题的生成、意义和知识的生产和传递等社会过程当中，这给意识形态工作提出了重大挑战。

但是，目前存在两个突出问题。第一个问题是对于"意识形态"概念的理解和使用，仍旧存在着矛盾用法，反映出意识形态工作者对于这一概念的不同理解甚至是矛盾理解。做好、加强或提升"意识形态工作"是在党宣传思想战线工作中普遍使用的表述。与此同时，"意识形态偏见""意识形态幻象""意识形态渗透""意识形态工具"等消极负面的词汇和"意识形态"概念并置。第二个问题是意识形态工作的相关论述多源自宏观社会学及其宏大概念，而缺少对具体情境中个体认知、话语和情感等意识形态工作之微观基础的注意。这和意识形态的概念演进史有关。因为意识形态的经典论述多出自马克思、恩格斯、韦伯、涂尔干等宏观社会学传统里的社会理论家。但是，意识形态工作的对象是个体，因而我们需要关注处在特定历史文化传统和社会政治结构等现实社会情境中个体的认知、情感、话语等微观社会基础，否则意识形态工作将难以落地。鉴于此，若不辨析和厘清"意识形态工作"概念的含义及其微观基础，对于做好和改进意识形态工作将不免会是一种障碍。

本文首先对意识形态工作的概念做出了辨析；其次区分了意识形态的三种概念及其实践形态；最后简要地阐述了意识形态工作三种实践形态的相互关系以及意识形态工作的媒介化转向，也即在深度媒介化社会里传媒如何在微观社会基础、中观组织基础和宏观社会结构三个方面重塑意识形态工作的基本条件。

一、意识形态作为一种社会实践及其实践转向

意识形态（ideology）已经成了一个意涵非常丰富的复杂概念。从 18 世纪末法国思想家崔西（Destutt de Tracy）创立至今，经历了 200 多年的演化嬗变。意识形态的概念不是原创于马克思主义者，其使用和演化也没有止步于此①。但是，在马克思主义涉及文化和观念的所有讨论中，意识形态无疑是一

---

① WILLIAMS R. Marxism and literature ［M］. Oxford：Oxford University Press，1997：55.

个重要的概念。马克思并没有对意识形态概念做出正式的界定，而且在马克思使用到此概念的不同经典文献中，马克思对于此概念的表述并不连贯和一致。这样的多义性留给后来马克思主义者很大的发挥空间，而且这也成为意识形态概念一直具有因情境不同而具有多重含义的重要原因之一。

但是，无论将意识形态界定为观念体系、虚假意识、理论知识或思想，还是将意识形态批判作为一种方法，都是对意识形态概念的重要贡献。阿尔都塞（Althusser）认为，这并没有完整地囊括意识形态作为一种社会现象的全部内涵。作为一种社会再现的体系，意识形态不同于科学的地方在于意识形态之实践和社会功能的重要性远大于其理论功能（也就是意识形态作为知识的功能）[①]。在《阅读〈资本论〉》一书中阿尔都塞还提出了一个新的概念"意识形态实践（ideological practice）"，提出从社会实践的角度来理解意识形态。"意识形态实践"的概念对于我们理解中文语境里频繁使用的"意识形态工作"的概念内涵和实践情境有着极大的启发。

意识形态工作是一种塑造人们心思意念的社会实践。意识形态不仅仅是观念和信念，更是一种复杂的社会实践。阿尔都塞认为在资本主义体系之下存在一系列不同但关联的"实践"，包括经济实践、政治实践和意识形态实践等。经济实践是以自然为原材料转变为具有使用价值之产品的过程，政治实践是以社会行动为原材料转变为社会关系的过程，意识形态实践则是以个体的生活经验为原材料转变为人之信念的过程[②]。尽管这些社会实践在一定程度上相对独立，但它们都相互关联并隶属于一个更大的整体，即"社会形态（social formation）或社会"。

在马克思主义的学术传统里，意识形态从来就不仅仅是信念和观念，而始终和社会的变革及改造紧密地关联在一起。如同语言与话语的区分在于语言是静态的符号和结构，而话语一种运用语言来实现沟通和交往的社会实践，意识形态也是一种运用文化和意义于权力运行的复杂社会实践。意识形态会生成影响和塑造现代社会形态及功能的各种社会角色和社会活动，特别是维系社会权

① MCCARNEY J. The real world of ideology [M]. New Jersey：Humanities Press, 1981：64.

② ALTHUSSER L, BALIBAR E, ESTABLET R, et al. Reading capital：the complete edition [M]. London and New York：Verso, 2016：409.

力的结构和运行。如果将意识形态仅仅视为一种精神表征和抽象建构，那将是不准确的和误导的。因为意识形态无时无刻不在塑造着现实世界，常常是现代社会里各种社会矛盾、冲突和影响深远之历史事件的肇因。

意识形态是一种社会实践的微观社会基础。意识形态是深藏于人们心中的信念和意识，因而意识形态始终是无形不可见而难以把握的对象。人的意识和信念如同物理学中的量子，无法直接肉眼观测其存在，而必须借助其他工具方才得以识别。量子测量会对被测量子系统产生影响，导致处于相同状态的量子系统被测量后可能得到完全不同的结果。与此类似，当我们询问他人其信念时，我们的询问已经成了对其施加了干预的外部干扰力量，并将致使其立刻发生变化。我们常见的习语，比如人死不知心、人心叵测，以及圣人之心如珠在渊，凡人之心如瓢在水等，都描述了精神世界的难以认识和把握。事实上，人心和行动始终是动态不定的。正如波普尔（Popper）所说，在人文世界中，人行动中的意义追寻、反思能力和利益涉入等都是人文社会世界和作为科学研究对象之自然和物质世界截然不同的特征①。

人被认为是同时活在两个世界，即物质世界（bioshere）和精神世界（semisphere）。17世纪的英国作家托马斯·布朗爵士（Thomas Browne，1605—1682）曾有一句名言：人是真正伟大的两栖生物，既生活在自然物质世界，也生活在由感知、信念、意图等主观意义所构成的精神世界。物质世界是由水、空气、动植物、人造物等有形物质所构成的自然物质世界，是看得见摸得着的世界。而精神世界是无形的，看不见摸不着，但是可以感知得到。精神世界是通过话语和行动等象征符号来识别、察觉、体悟和感知的人文社会世界。因此，精神世界特别需要借助有形的符号来具象化呈现。意识形态作为无形的观念，总是存在于承载器具当中，尤其是存在于有形可见的个体行动和实践当中。

"实践"是一个学术概念的界定。作为学术概念的"实践"指的不是日常生活中通过重复地做好一件事以便学习如何或改进完成特定任务之能力的活动，而是指一种人们普遍参与、具有特定意涵，以及在特定文化中人们普遍熟

---

① GORTON W A. Karl Popper and the social sciences［M］. Albany：State University of New York Press，2016：41.

悉的活动，比如篮球实践、投票实践、宗教实践等。西奥多·夏兹金
（T. R. Schatzki）提出在时间上渐次铺开和空间上离散分布的作为和言说汇结
于此，即为实践①。实践是将各类活动贯穿组织起来的交汇联结点，而将各类
活动贯穿组织起来的纽带则包括对于实践内容（做什么说什么）的理解、规
范实践的规则和准则，以及为实践行动提供参照坐标的实践目的、展望和信念
等目的—情感结构②。

"实践转向（practice turn）"在社会理论中包含两重不同的含义。第一，
社会理论中的实践转向是指要在结构与能动的辩证和交互动态中来理解人或组
织的行动动因和演化状况。实践理论家主要希望在结构约束与个体能动之间走
出一条中间路线来理解人的行动。在方法论上，就是汲取方法论个人主义和整
体主义的优势来理解人的行动。换言之，他们希望将人的能动性，也就是人的
行动和改变世界的能力，从结构主义和系统模式中解放出来，同时又避免方法
论个人主义的陷阱，即把社会现象仅仅视为个体行动的结果，而忽略作为整体
的社会对于个体视野、偏好和行动的塑造。因此，实践理论家将人的身体视为
人们参与世界的界面。第二，实践转向也意味着实践在根本上是规范性的。实
践理性（practical reason）是运用理性来决定如何行动的理由及其推理。实践
理性关注的不是事实及其解释，而是价值以及何为可欲可为的规范性界定③。

鉴于此，本文提出意识形态工作的实践转向具有两重意涵。第一，要重新
建立意识形态工作中的微观基础与宏观结构之间的联系、动力和交互影响。这就
意味着我们需要更多地关注意识形态工作的微观社会基础、个体动因、情感、话
语等因素。与此同时，具体实践的微观研究不应该让我们迷失了物质基础设施、
社会与政治结构等宏观结构性因素如何赋能和约束微观具体的实践。第二，意识
形态工作作为一种实践科学的规范性使命。实践理性融合了工具理性和价值理
性，回答应该怎么办的问题。这也是社会科学不同于自然科学的使命。

① SCHATZKI T R. The site of the social: a philosophical account of the constitution of social life and change [M]. [S. I.] The Pennsylvania State University Press, 2002: 61.
② SCHATZKI T R. Social practices: a wittgensteinian approach to human activity and the social [M]. [S. I.] Cambridge University Press, 1996: 89.
③ MILLGRAM E. Varieties of practical reasoning [M]. Cambridge, MA: The MIT Press, 2003: 3.

二、描述性、批判性与建设性：意识形态的三种概念及其实践形态

马克思从来没有对意识形态的概念做过稳定一致的清晰界定。事实上，马克思是在不同情境里使用意识形态概念的，因而其含义在马克思的经典文稿中存在多种含义。这也为后世的不同解读甚至争议铺垫了基础。在不同的历史阶段，"意识形态"概念之下有非常多不同的理论路径及与之对应的理论概念。比如马克思的商品拜物教、乔治·卢卡奇的物化理论（reification）、葛兰西的文化霸权理论（hegemony）、法兰克福学派以及霍尔的文化研究、各种路径里的批判话语分析，以及阿尔都塞的意识形态理论等。美国哲学家尼尔森（Kai Nielsen）还提出，在意识形态与科学之间并不存在必然的矛盾，因为事物的科学面向与道义面向之间原本是互补而非互斥的①。

意识形态研究历史上的很多理论家都曾对这些不同路径里的研究做过辨析和梳理，区分了大致意识形态的不同概念以及与之对应的实践类型。汤普森（J. B. Thompson）曾将意识形态概念区分为中性的（neutral）、批判的（critical）和隐性的（latent）意识形态概念②。而威廉斯（Raymond Williams）区分了三种马克思主义意识形态概念③，分别是：①意识形态是特定阶级或群体的一种信念体系。②意识形态是一种幻象信念体系，也就是虚假观念或虚假意识，这可以与真实或科学知识形成对照。③意识形态是意义和观念生产的一般过程。而盖斯（Raymond Geuss）也曾将意识形态的概念区分为了描述性（descriptive）、批判性（pejorative）和建设性（positive）三个类别④。而伊格尔顿（Terry Eagleton）则曾将意识形态的界定区分出了六种含义⑤，以及尼尔森提

① NIELSEN K. The concept of ideology: some marxist and non-marxist conceptualizations [J]. Rethinking marxism, 1989, 2 (4): 146 - 173.

② THOMPSON J B. Ideology and modern culture: critical social theory in the era of mass communication [M]. Stanford, CA: Stanford University Press, 1991: 140.

③ WILLIAMS R. Marxism and literature [M]. Oxford: Oxford University Press, 1977: 55.

④ GEUSS R. The idea of a critical theory: habermas and the frankfurt school [M]. London: Cambridge University Press, 1981: 1 - 3.

⑤ EAGLETON T. Ideology: an introduction [M]. London and New York: Verso, 1991: 102.

出了意识形态的三种界定，分别是描述性的（descriptive）、批判性的（polemical）和规范性/修辞性的（normative/rhetorical）意识形态概念①。

综合上述相关文献，本文将提出三种意识形态概念的类型以及与之对应的意识形态实践类型。第一，描述性（中性）的意识形态概念，指向的是意识形态作为一种知识生产或者是群体身份认同的信念和观念特征。第二，批判性的意识形态概念，指向的是意识形态作为一种虚假意识。第三，建设性的意识形态概念，指向的是意识形态作为一种旨在增进共同体利益的思想、观念或主张。区分这三类意识形态的概念及其实践类型和情境，对于我们更为清楚地厘清意识形态工作的内容，更完整地理解意识形态工作至关重要。接下来对这三种意识形态概念及其实践类型和情境分别做更为详细的阐述。

表1　三种意识形态概念及其实践类型和情境②

类型	含义	实践类型和情境	代表人物
描述性	意识形态的科学，是一种知识社会学	关注意识形态作为一种群体意识、信念或知识的生产，指向的是意识形态作为一种特定阶级或阶层的群体意识和信念等描述性的意识形态工作	崔西（意识形态是关于观念的科学）、曼海姆（意识形态是关于思想的知识社会学）曼海姆是重新将意识形态概念设定为中性/描述性概念的关键节点
批判性	意识形态作为工具服务于利己的权力实践和社会控制	关注意识形态的消极负面社会影响，指向的是意识形态斗争和竞争等批判性的意识形态工作	马克思意识形态是虚假意识，是错误和背离政治生活现实的观念。意识形态是作为一种与错误观念论战的概念。意识形态是一套观念体系，表达了统治阶级的利益，是一种虚幻的阶级关系

---

① NIELSEN K. The concept of ideology: some marxist and non-marxist conceptualizations [J]. Rethinking marxism, 1989, 2 (4): 146 – 173.

② 作者根据 Raymond Geuss、J. B. Thompson 和 Terry Eagleton 等人的相关论述做的整理。

（续上表）

类型	含义	实践类型和情境	代表人物
建设性	宣传思想作为工具服务于利他的权力实践和社会进步	关注意识形态的积极正面社会影响，指向的是宣传思想工作等建设性的意识形态工作	列宁 列宁在《怎么办？》（*What is to be done?*）中提出了无产阶级的意识形态概念

（一）描述性的意识形态概念及其实践形态

1796年，法国思想家崔西在创立意识形态这一概念时，其最初的含义是指"观念的科学"。根据崔西所构想的愿景，意识形态是所有科学的知识基础。通过意识形态的研究，人性得到更为充分的理解，并因此根据人的需要和愿景来确立社会和政治秩序。崔西最早试图在实证基础上建立关于观念和行动的科学，并试图建立所有道德和政治科学的基础，聚焦关注的是人的感觉和观念是如何在与所处的物理环境互动中产生的。崔西的这种学术愿景也是受到19世纪法国实证主义运动的影响，试图用自然科学方法中的精准工具来研究社会和文化现象。

马克思及马克思主义者的描述性意识形态概念。在准确理解意识形态的过程中，马克思主义者应该中立地强调意识形态乃是一种观念系统以及与之伴生的各类社会实践。这些观念和实践体现了一群人的自我意识和自我形象。马克思主义者认为意识形态的观念和实践在根本上受到该社会的生产关系所调节和塑造①。生产关系通常构造了该社会的何种利益能被表达及其表达方式，并且该社会的生产关系反过来也在根本上受到生产力的调节和塑造。马克思主义者关于意识形态与生产力及生产关系之间的联系，是意识形态的描述性面向。

意识形态概念的中性或描述性概念的含义，后来被曼海姆（知识社会学）、阿尔都塞（意识形态理论）、范迪克（Van Dijk，意识形态作为一种话语实践）以及盖斯等人继承，都曾在中性（neutral）或描述性（descriptive）的

---

① NIELSEN K. The concept of ideology: some marxist and non-marxist conceptualizations [J]. Rethinking marxism, 1989, 2 (4): 146 – 173.

意义上使用意识形态的概念。这一概念及其所包含的意识形态实践，可以称为描述性意识形态概念和实践。按照汤普森的区分，列宁、卢卡奇、曼海姆等人均曾在中性或描述性的意义上使用意识形态概念①。很多现代理论家是在描述性或中性的意义上使用意识形态概念，比如 Martin Seliger、Clifford Geertz、Alvin Gouldner 和 Louis Althusser 等②。

在使用描述性意识形态概念的经典作家中，本文提出可以大致区分出两种路径，即文化实践的路径和政治实践的路径。在文化实践的路径里，列宁、曼海姆、范迪克等是典型代表。这一路径偏重从阶级意识等群体身份认同的角度来界定描述性意识形态概念的含义。描述性意识形态指的是一个社会群体之社会文化体系的构成部分，可以包括群体成员持有的信念、概念、态度、动机、欲求、价值等，可以表现为政策主张、艺术作品、宗教仪式、行为举止等。这是特定社会团体或阶层与其他团体或阶层相区隔和差异化的信念体系，由话语要素和非话语要素构成③。描述性意识形态的功能被认为是接近世界观的一套相对系统的观念范畴，是塑造个体的信念、感知和行动的一个总体框架。

在政治实践的路径里，塞利格（Martin Seliger）、卢卡奇等人是这一路径里的典型代表。意识形态被认为是"人们用之以定位、解释和证明组织化社会行动等目的和手段的一套观念体系，而无论这类行动的目标是保存、修复、根除或者重建一个特定的社会秩序"。因此，在塞利格看来，所有的意识形态都是行动导向的思想体系，并没有好坏、真伪、开放或封闭、解放或压制等区分，意识形态因情境不同而不同。

在描述性意识形态的政治实践路径里，意识形态的功能可以是服务于革命或改良，也可以是服务于改革现有秩序或维护现有社会秩序。阿尔都塞认为意识形态的核心功能是服务于生产关系的生产④，其功能是通过意识形态机器来

① THOMPSON J B. Ideology and modern culture：critical social theory in the era of mass communication［M］. Stanford，CA：Stanford University Press，1991：54.

② THOMPSON J B. Ideology and modern culture：critical social theory in the era of mass communication［M］. Stanford，CA：Stanford University Press，1991：53.

③ GEUSS R. The idea of a critical theory：habermas and the frankfurt school［M］. London：Cambridge University Press，1981：16.

④ ALTHUSSER L，BALIBAR E，ESTABLET R，et al. Reading capital：the complete edition［M］. London and New York：Verso，2016：9.

践行和实现的。这意味着意识形态不仅仅是人们头脑中的观念，而且也是一种经由学校、教会、家庭、宣传机关等意识形态机器和文学、艺术、影视剧等各种文化形态和产品，从而在公众的身份认同和角色认知等生成过程中发挥作用的观念。此外，在政治实践路径里，意识形态或意识形态实践还被视为一种社会现象，存在于所有的政治活动中。意识形态和意识形态实践未必就是蓄意误导、虚幻虚假，或者与特定集团利益关联捆绑。意识形态之于弱势群体抗争权势集团之宰制的必要性，和权势集团为了维系对弱势群体的主导权之现状的必要性，被认为是相同的。

在描述性（中性）的意识形态概念及其实践中，意识形态是一门关注群体的观念和信念及其如何影响群体社会行动的科学。意识形态工作是在精神世界里，借助荷载意义的符号、话语和行动等象征符号，旨在影响和塑造人的心思意念的工作。意识形态工作以影响、塑造和培养特定群体共享的观念和信念为目标。这就意味着意识形态不仅仅是对外部世界的理解和解释，而且也是对应该怎么办的构想和规范。而维系社会团结被认为是意识形态的一种核心功能。这既包括服务于社会团结或一部分阶级的团结，也包括服务于阶级利益。所有的社会都需要一套社会再现体系，为社会提供必要的凝聚力，从而使社会得以延续和永续发展。没有这种凝聚力，个体将难以社会化，从而融入不了社会①。

（二）批判性的意识形态概念及其实践形态

在概念史的溯源里，拿破仑（Napoleon Bonaparte）被认为是批判性意识形态概念的最早使用者②。拿破仑使用了崔西的意识形态概念，但赋予了负面消极的含义。在1800年的一篇文章里，拿破仑提出意识形态是一种抽象的和臆测的教条，与政治斗争的现实不相符合。此后拿破仑还将其政治对手的思想观念都标签为意识形态，并认为是由于意识形态破坏了国家政权和法治基础，才导致了拿破仑主导的法兰西帝国的衰落。

---

① NIELSEN K. The concept of ideology: some marxist and non-marxist conceptualizations [J]. Rethinking marxism, 1989, 2（4）: 146 – 173.

② THOMPSON J B. Ideology and modern culture: critical social theory in the era of mass communication [M]. Stanford, CA: Stanford University Press, 1991: 31.

但是，批判性意识形态作为一个学术概念，以启蒙的理性精神为方法，来分析社会历史进程和政治斗争实践，则被认为始于马克思。马克思早期使用批判性意识形态的概念，也是和青年黑格尔派的论战中使用的批判性意识形态的概念。马克思和恩格斯认为，青年黑格尔派高估了价值观和思想观念在历史和社会生活中的地位和作用。在这种使用情境里，意识形态是一种理论教条及其相关活动，错误地认为观念在社会和历史进程中是独立且发挥作用的，而没有掌握社会历史演进的真实条件和特征。

总体而言，马克思和恩格斯以及作为马、恩思想继承人的马克思主义者，大都沿袭了批判性意识形态的概念、实践以及相关问题。这也是后来批判性社会理论作为一门学科和学派的重要内容。在批判性的意识形态概念里，意识形态是误导、虚幻、偏向、片面的，与社会和政治现实不符合，在实践中也不可能实现理念或愿景。批判性的意识形态实践关注意义是如何在特定的社会历史情境中服务于建立和维系宰制关系。而宰制关系是一种系统性的非对等的权力关系。在批判性意识形态概念里，意识形态被认为是一套有待被批判或负面审视的价值、意义、思想和信念。之所以如此，有以下原因：

第一，在批判性意识形态概念里，意识形态存在事实错误和认知错误。马克思对于意识形态是虚假意识的界定，在《德意志意识形态》一书中使用了相机里的镜像比喻，以此说明人的意识与物质条件之间的关系被错误倒置和扭曲。马克思认为"假如在全部意识形态中人们和他们环境的关系就像照相机中的镜像一样是倒置的，那么意识形态与人们的历史生活过程之间的关系也是类似的，正如物象在人的视网膜上的倒影是从人们的物质生活过程中产生的一样"。马克思用这一个比喻来描述物质条件与意识之间的关系。马克思认为，物质条件决定了人的意识，人的意识乃是社会历史条件和过程的产物，而不是相反。相机里人像与物质环境之间关系的倒置，比喻的正是在意识形态中，人的观念意识和社会历史条件及过程之间的关系是错误地倒置了。马克思认为这是一种幻想，是错误的。

马克思分析了意识与物质条件之间关系错置的发生，是由于精神劳动和物质劳动的分工，使得精神劳动者误以为思想和观念是独立的存在，不受物质生产过程的约束，并有自己独立的历史和力量。此外，在马克思主义者看来，意识形态的维系是为压制性权力实践提供支撑。在这个意义上，意识形态在根源上就是被污染的观念，因而不可能是真实的。

第二，在批判性意识形态概念里，意识形态存在社会功能的错误和生成过程的错误。意识形态的世界观或观念涉及的是对未来社会的一种构想、愿景或信念，因此，在这个意义上说，意识形态只有适当或不适当的区分，很难在认知意义上说存在真伪的区分。也正是在这个意义上，盖斯提出意识形态的真伪问题不是认知层面的，而是功能和生成意义上的。在功能以上的真伪，指的不是意识形态的观念本身在认知上的真伪，而是指意识形态的观念是如何服务于压制性权力实践，但被压制的人却茫然无知。同样的道理，意识形态的观念可能是源自不值得信赖的且不为人所知的秘密，但持守该观念的人却茫然无知。

在批判性意识形态概念里，意识形态及其实践是通过操纵和扭曲的方式来呈现事实的，其服务于权势集团，从而实现维护其利益和对于弱势集团的宰制关系。法兰克福学派批判社会理论的核心命题是要揭示和除弊在资本主义社会里权势集团是如何通过文化和意义生产等象征实践来正当化和合法化一个群体或个体对于另一个群体或个体的权力、主宰和剥削关系。

汤普森认为，研究意识形态就是研究意义如何服务于宰制关系的维系，这是意识形态与强制的分界。权力谋求其合法性和正当性的策略包括推广于己有利的信念和价值观，自然化和普遍化于己有利的价值观和信念，从而将其视为当然和不证自明的常识或真理。与此同时，污名化对于己有利观念和信念的任何挑战和攻击，排斥对于己有利信念和观念构成竞争性的思想，模糊一部分社会现实（如社会冲突或矛盾），以求自利。

鉴于此，批判性意识形态概念里的意识形态作为一种虚假意识，其"虚假"可能有认知意义上的错误、功能意义上的错误和生成来源上的错误三种不同的含义。与批判性意识形态概念对应的意识形态实践，是一种批判和反思旨在利己和社会控制的权力运作及其潜在问题的社会实践形态。我们可以称之为"批判性意识形态工作"。

（三）建设性的意识形态概念及其实践形态

建设性的意识形态概念也有非常长的演进过程，而且在不同历史阶段有不同理论家为丰富建设性意识形态概念的内涵做出了不同的贡献。

尽管存在差异，马克思和韦伯的分析为此后现代思想家关于意识形态作为现代社会之独特特征的理论阐述铺垫了重要的基础。马克思和韦伯都关注到了工业资本主义的发展和传统社会的价值观念衰落之间的关联性，但是两人对于这种关联性的分析则截然不同。马克思认为以剥削为内容的社会关系/剥削关系，在前资本主义社会里是由宗教信仰和传统信念为支撑，但到了世俗化和理性化的工业资本主义兴起之后日益变成了由世俗信念体系（也就是意识形态）所支撑。简言之，马克思关注的是剥削关系的去神秘化（demystification），并认为这是被剥削阶级实现最终解放的前提条件。而韦伯关注的是现代世界里传统价值观的幻灭（disenchantment），是西方文明中的一部分传统和独特价值（如神圣和超凡）沉降在日渐理性化和科学化的世俗生活之中。

最早明确地提出建设性意识形态概念的是列宁。1902年列宁在《怎么办》一书中提出的"社会主义意识形态"被认为是建设性意识形态概念的肇始。列宁认为当时俄国工人阶级的思想信念和立场都与革命所需要的思想信念和立场不相匹配①。因此必须像播撒种子一样，由党内知识分子等思想先锋队成员对工人阶级开展普及正确的无产阶级世界观②。这种无产阶级世界观就是"工人运动独立的意识形态"，是区别和不同于资产阶级的一种意识形态。

在列宁之后，乔治·卢卡奇和葛兰西都曾在建设性的意义上使用了意识形态的概念。乔治·卢卡奇在《历史与阶级意识》中提出，在革命取得成功之前必须将理论与行动融为一体。而且，"意识的兴起必定是历史过程的关键性一步"。无产阶级的意识革命不是经济革命和政治革命的一种伴随现象，而是当时无产阶级工人面临的首要问题。正如卢卡奇所描述的那样，当资本主义最终的经济危机发生时，人类的命运将取决于无产阶级意识形态的成熟程度。卢卡奇承袭了第二共产国际建设性、非批判性的意识形态概念，提出马克思主义是"无产阶级的意识形态表达"。

葛兰西对于建设性意识形态概念的重要贡献是对有机知识分子等概念和问题的讨论。葛兰西实践哲学的三个关键概念是意识形态、文化霸权和有机知识分子。在比较1917年相对落后的俄国与相对发达的西欧时，葛兰西提出低估

① GEUSS R. The idea of a critical theory: habermas and the frankfurt school [M]. London: Cambridge University Press, 1981: 23.

② LIH L T. Lenin rediscovered: what is to be done? in context [M]. Chicago, IL: Haymarket Books, 2008: 4.

意识形态斗争、经济和政治斗争等阶级斗争总体性中的重要性。因为一个阶级的文化领导权（权力）不仅仅依赖于国家机器，而且还高度依赖于通过意识形态斗争，从下层阶级（市民社会）中获取的正当性和合法性。葛兰西对于意识形态的界定不同于其前辈的贡献，而是更进一步地超越了意识形态作为依附于和源自经济条件与生产活动之附带现象的认识，提出意识形态乃是各类社会实践、原则和信条的场域，是生成公民身份和社会行动者的物质和制度条件。因此意识形态具有生成社会现实、社会矛盾或社会危机的生产性功能。这意味着葛兰西对于意识形态的理解和马克思的理解有所不同。按照马克思的理解，意识是由经济基础决定的。此外，葛兰西提出有机知识分子是为需要发声的人们（如工人阶级）发声，并启发为值得奋斗的事情而努力的特殊个体，承担了有机意识形态的生产和扩散。

在建设性意识形态概念中，意识形态是一套信念和观念，有着内在自洽的逻辑，并启发特定群体或阶层追寻被认为是正当可欲的政治利益。在建设性意识形态概念里，意识形态的内容仍旧是受到人们动机影响的观念，并服务于实现特定的目标。只不过这里的动机和目标都是被广为认可和具有正当性的，而不是不对等的宰制和权力实践。

卢卡奇在《历史与阶级意识》一书中提出，意识形态是永恒的，因为人在性质上是意识形态动物。在现代意识形态理论家这里，建设性意识形态更多地与社会动员及赋予文化和身份认同的构建关联在一起。人是始终追寻意义的动物，人的行动始终受到意义的驱动。传统社会里的宗教之所以能够长期存在，很大程度上归功于宗教为信徒提供了生活之目的和意义的解释，并因此为人们提供了行动、目标、理想和价值等方面广被认可的意义模式，也为人的生老病死等重要的生命节点和事件提供了解释。

人有一个根本需求是追寻生活的意义。而建设性意识形态概念所指向的正是这样一种实践，即文化和意识形态可以如何为人们的日常和公共生活积极地刻入和赋予意义，从而满足人们追寻意义的愿望、需求或兴趣。在这个意义上，建设性的意识形态概念就和描述性、批判性的意识形态概念的内涵非常不同。因为描述性的意识形态概念指向的是人们可以去发现或解释的东西，批判性的意识形态概念指向的是人们发现并与之分离和区隔，从而批判的东西，而建设性的意识形态概念指向的不是有待发现的东西，而是有待建构、创造或发明的东西。从这个意义上说，建设性的意识形态对于任何一个特定社会而言乃是人所共欲的必需品①。

建设性意识形态的功能特征。建设性意识形态的功能包括一体化（unifying）、激发行动（action-oriented）、合理化（rationalizing）、正当化（legitimating）、普遍化（universalizing）和自然化（naturalizing）②。而在中国，意识形态仍然被认为具有丰富普通人精神生活的道德宗教功能。由于中国的绝大多数人缺乏宗教信仰的传统，所以，"党的意识形态就显得更加重要。要人民对党有认同，党的意识形态就必须满足人民的需要，要通过意识形态向人民传达党的发展方向及其和人民的相关性。如果党的意识形态没有这一能力，就会在人民中间产生意识形态的真空，甚至是精神生活的真空"③。

与建设性意识形态概念相对应的意识形态实践，是一种在超越了国家权力的场域，关注公共参与（非政治参与）和日常生活等社会场域中的观念和意义如何服务于利他权力实践及其影响的学问，我们可以称之为"建设性意识形态工作"。

三、结语：意识形态工作三种实践形态的相互关系

这三种意识形态概念及其对应的意识形态实践，并不完全是互斥、矛盾和竞争的关系，而是一种互补、并存和共益的关系。

首先，描述性意识形态的概念和实践，侧重于对群体观念、意识和信念的生成过程和结果做出中性或描述性的呈现。这是一种以科学理性为指南的意识形态研究实践，旨在揭示意识形态在不同社会群体中的培育、生成和演化规律。

其次，批判性意识形态的概念和实践，侧重于分析、揭示和除弊主导阶级或统治阶级对于被统治阶级之间不对等的社会关系。这是一种以价值理性为指南的意识形态批判和反思实践，旨在揭示意识形态如何服务于非利他的权力运

---

① GEUSS R. The idea of a critical theory：habermas and the frankfurt school ［M］. London：Cambridge University Press，1981：23.
② EAGLETON T. Ideology：an introduction ［M］. London and New York：Verso，1991：45.
③ 郑永年. 再塑意识形态 ［M］. 北京：东方出版社，2016：19.

作和社会控制。马克思主义对于意识形态的基本立场（也是与其他非马克思主义有关意识形态的论述立场不同之处）就在于马克思主义认为意识形态存在于阶级社会中，并服务于阶级利益的各类社会和知识建构，以及意识形态通常是通过社会遮蔽来实现其服务于阶级利益的目标①。

最后，建设性意识形态的概念和实践，侧重于宣传、培育和倡导意识形态作为工具服务于利他的权力实践和社会进步。这是一种以实践理性为指南的意识形态建设和管理实践，旨在探寻意识形态如何促进社会改造和进步。

总之，马克思主义与非马克思主义对于意识形态概念的阐述各有所长，对于我们理解社会生活均有独到贡献，但这两类并非竞争关系。马克思主义的意识形态研究侧重关注意识形态如何服务于阶级利益和阶级斗争，以及意识形态如何扭曲我们对于自身及我们所处社会的理解，从而服务于特定历史社会中主导阶级的利益。马克思主义意识形态研究也有必要吸纳非马克思主义相关研究的长项，比如意识形态概念的批判性侧重于意识形态如何服务于权力实践和阶级利益，这些未必一定存在认知意义上的缺陷、虚假和错误。

（作者为中山大学新闻传播学院副教授、公共传播学系系主任）

---

① NIELSEN K. The concept of ideology: some marxist and non-marxist conceptualizations [J]. Rethinking marxism, 1989, 2 (4): 146－173.

中篇

工具

打造互联网数据中台　赋能媒体业务融合转型

——南方舆情技术平台探索实践与思考

肖卓明　陈　琼　戴学东

【摘要】以南方报业传媒集团"数据优先"战略为指导，南方舆情积极推进集团互联网数据中台项目建设。数据中台在舆情数据采集、应用的基础之上，实现数据本地化、服务本地化。通过技术支撑和数据赋能，数据中台为南方舆情业务带来可持续发展的动力，也正逐步整合集团互联网数据出入口，以数据融合推动集团媒体业务融合转型升级。

【关键词】互联网数据中台　舆情技术　媒体融合

南方舆情创办于2014年，是南方报业传媒集团媒体融合转型示范项目之一，也是集团培育新型南方品牌的一个重要着力点。以集团"数据优先"战略为指导，南方舆情积极推进集团互联网数据中台项目建设，搭建以数据为驱动的智慧服务体系，积极探索媒体业务融合转型与创新之路。该项目于2022年成功实施上线，将技术、业务和数据沉淀于中台，提升响应、支撑舆情一线业务和产品需求的时效性、针对性，并为集团各媒体业务开发多形态数据产品、形成数据生产服务新模式、做大做强集团数据资产，提供互联网大数据技术支撑。南方舆情技术平台从南方舆情创办之初即坚持"造船"和"借船"并举，到创新技术产品服务实现反哺，以及围绕互联网数据中台构造舆情技术生态，其发展过程中呈现出来的规律、操作办法、探索经验，对主流媒体融合转型的技术转型路径具备很强的参考价值。

一、坚持以用户需求、业务需求为导向，科学规划、分步推进舆情技术平台建设

南方舆情是国内首家从专业媒体角度专注"治理现代化"研究领域的复合型智库，当前已成为探索广东治理现代化路径的首席舆情服务平台。南方舆情业务的发展壮大与技术平台的强力支撑密不可分，可以说其技术平台的发展过程，就是主流媒体谋求转型发展在技术方面探索过程的缩影。从创办至今，南方舆情技术平台经历了三个阶段：

（一）第一阶段：高度协同内外资源，快速搭建舆情技术体系

南方舆情创办之初，从顶层设计开始就采用了高度协同的建设策略，充分联动内外部资源协同推进"内容一体化生产""技术一体化支撑""经营一体化统筹"。此阶段舆情技术平台建设坚持内外协同，坚持"造船"和"借船"并举，在通用性程度较高的舆情数据平台上与第三方数据服务平台合作，在个性化要求较高的生产服务平台上则主要采用自主研发，搭建覆盖全网的舆情数据平台与生产服务平台，推动整个技术体系的快速形成。快速搭建而成的技术平台支持实时监测数千万个目标数据信源，年均生产舆情分析报告产品3 000多篇，支撑舆情业务快速开展走上正轨。南方舆情创办的首年即实现盈利，南方舆情技术发展也得到业界的高度认可，与集团信息技术部协同建设的"南方报业全媒体资源库和舆情智库项目"于2017年获得传媒界技术最高奖项——"王选新闻科学技术奖"一等奖。

（二）第二阶段：探索技术产品和服务创新，数据赋能反哺业务

随着舆情业务的进一步发展，为应对日益复杂的用户需求与舆情服务场景，南方舆情着手实施技术产品和服务创新升级。此阶段舆情技术平台建设以"更高效、更全面、更快速、更灵活"为目标，一方面积极探索新型舆情产品和服务，建设广东舆情研判中心、多维交叉比对系统、舆堂App等多项产品，对内优化舆情生产流程提升生产效能，对外完善舆情智库服务链条；另一方面打通互联网数据流转通道，借助第三方互联网开放平台先后研发自动简报、自动预警、舆情案例库、舆情选题库、榜单等产品服务，形成自主可控的技术快

速迭代能力。同时，技术升级形成的数据分发与数据分析能力开始反哺集团其他业务，赋能主流媒体传播力建设：一是助力集团媒体智库矩阵建设，年均向其他业务单元推送互联网数据1 000万条以上；二是协同采编业务开展，为新闻报道、内参生产提供数据分析、数据可视化支撑，提升内容创新能力；三是协同集团内容风控管理，应用数据监测和预警等功能提高主流媒体内容风控管理效率。

（三）第三阶段：打造互联网数据中台，初步构建舆情技术生态

在南方舆情创建和初步发展阶段，舆情数据平台采用与第三方数据服务平台合作的方式。为支撑做大做强舆情业务，南方舆情必须对技术进行长远规划，将关键数据和平台抓在自己手里。在集团信息技术部的支持下，舆情技术平台再一次升级，启动互联网数据中台的建设。此阶段的舆情技术平台建设引入中台理念，搭建"大中台、小前台"技术架构。数据中台在舆情数据采集、应用的基础之上，实现数据本地化、服务本地化，整合集团互联网数据出入口，优化集团互联网数据要素供给机制。同时，南方舆情以数据中台的建设为契机，加快构建技术生态，对接多家数据服务厂商，集各家所长为"我"所用，提升数据获取能力，提高系统灵活性，实现更加快速的技术迭代与产品服务更新。

二、互联网数据中台建设内容

为贯彻落实中央关于媒体融合发展的战略要求，积极应对互联网、移动网络对媒体行业传播模式和用户需求的改变，储备生产、传播平台的数字化转型所需的大数据基础设施、数据和技术资源，发挥数据生产要素在媒体融合转型过程中的重要作用，南方舆情与集团信息技术部协同共建南方报业互联网数据中台，打造融合媒体发展的互联网大数据资源基础应用平台，其建设内容主要为以下四个方面：

（一）数据汇聚联通，打造集团互联网数据中心

南方舆情在集团中央数据库建设的基础上，打造集团互联网数据中心，接入多渠道、多类型数据信源，为包括舆情在内的集团各业务部门提供便捷、高

效、完整的互联网数据响应服务。中台定义了数据接入标准，从数据类型、数据字段、数据获取等方面对数据标准进行了详细的定义，从而实现兼容多数据厂商、多信源的数据接入，并存储至本地的数据中心，摆脱以往对单一数据厂商数据源的依赖。各数据服务厂商以云服务的方式提供各类数据，包括新闻、网站、论坛、博客、报刊、客户端、微博、微信公众号、境外媒体网站、视频（含短视频）、电视台、评论数据等十余种。对于微博、微信公众号、客户端等时效性要求较高的信源 5 分钟采集 1 次，特殊情况下时效要求还可进一步提高。数据中心在灵活接入多信源的同时，在本地保持数据格式的一致性。数据中心的建设，极大地提高了数据获取的主动性，有利于把握数据优势，提升数据服务能力。

（二）萃取数据价值，建设集团互联网数据资产

为让数据对于用户"可见、可懂、可用"，需对汇聚的海量数据进行结构化、标签化，以供用户快速检索和分析挖掘，进一步萃取和盘活数据资产价值。为降低数据获取和分析成本，避免大量无效数据本地化，在数据接入流程中，将图片 OCR、语音转译、视频关键帧文本识别等重资产数据处理能力前置在云端处理，并提前设置应用数据过滤条件，通过定义信源地域、信源级别、信源类型、信源标签、文本标签、情感类别等属性，从多个维度配置数据接口，通过技术手段提前预测资产数据样本，提高样本数据匹配准确度，再按需接入并本地化，提升本地应用获取数据效率。通过科学分析和规划，中台内本地化的互联网数据资产可支持大部分的舆情业务和媒体业务应用。

（三）落地数据应用，建设舆情服务和媒体数据服务体系

在数据中心基础之上，中台建立关键词解析体系、数据信源标签化、数据检索、数据分析、数据可视化、组织架构管理、系统管理等基础服务模块。基于这些基础服务模块，搭建本地化的舆情服务系统，建设舆情监测、视频监测、舆情预警、分析研判、跨模态检索、以图搜图、主题发现、热搜监测、报告生产等功能应用，实现对舆情业务的全面支撑。在媒体数据服务方面，中台也同步建设了内容风控、新媒体运营、采编线索发现、传播效果评估等功能应用，推动舆情业务与主流媒体传播力建设的相融共进。

（四） 数据和服务能力开放共享，初步形成舆情技术生态

中台发挥舆情业务数据优势，通过内部协同、项目合作等方式推动互联网数据共享与接口开放。一方面中台以统一标准接口配置接入多个数据服务厂商信源，并逐步提升数据智能化能力，整合上游服务提供商；另一方面中台根据舆情业务和各类新媒体业务需求，提供接口输出互联网数据和数据分析服务，同时中台还具备"多租户"能力，可将舆情应用和媒体数据应用以云服务的方式提供给用户。

三、互联网数据中台建设成效与价值

（一） 沉淀数据资产，繁荣数据服务生态，形成数据价值闭环

舆情业务全流程数据沉淀于中台，通过平台能力和业务对数据的不断滋养，形成了一套高效可靠的数据资产体系。其中全国重点网站数据、报纸数据、微博微信数据、新闻客户端数据、评论数据等，与集团各单位媒体融合转型业务发展所需的数据资产有较高的重合度，可基于中台进行高效输出。在数据资产体系之上，中台又打造了多项通用的互联网数据基础服务，集团内外用户可在此基础上快速实现个性化数据应用定制和创新，从而降低数据服务的门槛，繁荣服务生态，让数据"越用越多"，"越用越智能"，形成数据价值的闭环。

（二） 降本增效，协助业务突破发展瓶颈

互联网数据中台的建设，有助于南方舆情突破目前遇到的业务瓶颈，提升核心竞争力，赢得更广泛的市场：一是降低数据服务成本与销售成本，提升经济效益；二是对接各家数据服务厂商优势信源，形成自己的数据优势，进而扩大产品优势；三是数据系统本地化，有助于增强舆情技术自主性，加速个性化定制开发，实现产品服务快速更新迭代；四是有助于舆情生产流程的优化再造，打造更适合舆情分析师的舆情生产服务平台，提高舆情生产效率；五是有助于沉淀用户服务数据，夯实用户服务基础，提高用户服务黏性。

（三）积累技术成果，为舆情业务打造护城河

在舆情技术平台不断升级的过程中，南方舆情也不断积累技术研发成果，丰富舆情技术知识产权体系。当前南方舆情已获得包括智能分析系统、案例分析研判系统等在内的 32 项软件著作权，正在申请 2 项国家发明专利。"南方舆情数据中台技术和产品体系"等多个技术项目获"王选奖"等行业技术大奖。南方舆情是集团内首家成功通过国家高新技术企业认定的单位，近期又通过了ISO 标准化体系认证，目前正在申请国家级专精特新企业。互联网数据中台建成后，南方舆情技术发展进入快车道，其支撑业务加快创新发展，成为舆情业务新的护城河。

四、互联网数据中台后续建设的思考与愿景

从舆情业务到媒体融合综合产品服务，从"三情融合"到新型媒体智库，南方舆情稳步提升服务大局的能力，积极推动数据治理与精准服务，互联网数据中台将为集团业务带来可持续发展的动力，依托技术支撑、数据赋能，互联网数据中台建设将围绕以下四个重点继续推进：

（一）数据协同，推动媒体融合转型

南方舆情目前已经与集团内多个单位实施数据协同，得到了相关单位的高度认可。在此基础上，可继续扩大数据协同范围，通过互联网数据中台逐步整合集团互联网数据采集入口与数据分发出口，推进建立集团内互联网数据获取常态化机制，进一步从集团整体上降低数据采购成本，降低数据使用门槛，提高数据获取效率，提升数据增值效益，以数据融合推动媒体融合转型升级。

（二）开放共享，助推新型主流媒体传播力建设

通过数据共享与接口开放等方式，互联网数据中台可打通与集团各技术平台的数据获取、数据分析挖掘、数据产品服务的能力通路，与各平台共同形成集团的数据能力"集市"，让数据成为媒体生产力，助推新型主流媒体传播力建设。

（三）技术创新，为政府提供数据治理工具

互联网数据中台整合了舆情业务现有的数据治理工具，如数据分析可视化、热点和主题发现、传播效果分析等，提升政府网络舆情治理效能，并将通过技术创新和产品创新不断完善，继续为政府提供跨模态信息识别与检索、智能校对、内容风控等的数据治理工具，为政企、机构提供更多更全面的解决方案，不断强化"互联网＋政务服务"功能。

（四）链接上下游，推动产业链条上各方的共赢

南方舆情将发挥市场、渠道、媒体等优势，进一步延伸上下游产业链。一方面通过项目合作、实验室共建等方式引入高校、数据技术厂商等的研究资源和技术资源，加快将技术成果转化为中台能力，推动技术研究落地于应用，实现优势互补；另一方面依靠南方舆情对用户和市场需求的把握，基于中台能力，为客户提供更具个性化和智能化的产品服务，提升服务质量，加强用户黏性，挖掘市场潜力，拓展业务合作空间。

【参考文献】

［1］黄常开．传播力重建，融合转型转出新格局［J］．南方传媒研究，2021（4）：4-9.

［2］戴学东，洪丹，米中威．南方舆情3.0："传媒＋数据"，打造数据治理与精准服务新型智库［J］．传媒，2017（18）：13-16.

［3］付登坡，江敏，任寅姿，等．数据中台：让数据用起来［M］．北京：机械工业出版社，2020.

（作者为南方报业传媒集团南方舆情数据事业部技术中心总监肖卓明；南方报业传媒集团南方舆情数据事业部首席技术官陈琼；南方报业传媒集团南方舆情数据事业部总经理，南方舆情数据研究院院长戴学东）

基于真实监测的科学统计及反馈体系

——南方舆情指数体系介绍

许冬晖

【摘要】 当前，舆情治理、电子政务等工作趋于精细化，无论是舆情监测分析，还是政务账号的运营，对数据抓取、挖掘、分析和统计都提出了更高的要求。本文对南方舆情指数体系进行介绍，该体系是基于真实监测的科学统计及反馈而搭建的，包括"两微传播力指数""社情风险指数""21 地市社会治理指数"三大指数，为突破当前舆情监测分析工作瓶颈进行探索。

【关键字】 舆情指数　舆情监测　舆情分析　舆情风险

一、舆情监测存在的问题

舆情监测通常以时间周期或事件为导向，以定量作为主要手段、定性作为辅助手段。虽然数据真实可信，但在实际运用中仍存在一些局限性。一是在统计区间较长的情况下，数据难以捕捉和反映短期内被监测对象的特点和变化；二是部分重要指标无法通过一般的统计手段获取或无法获取到可靠的数据，如舆论场对某个现象或议题的非显性的倾向（散见于各个平台的评论区和较为封闭的聊天群或朋友圈）。上述局限性使得舆情监测统计面临着较多的数据约束，一定程度上制约了舆情研判和对策建议的准确性和专业性。当前，舆情治理、电子政务等工作趋于精细化，无论是舆情监测分析还是政务账号的运营，都对数据抓取、挖掘、分析和统计提出了更高的要求。只有建立起一套更加科学的指数体系，才能对其进行更加准确的描绘和评价。

二、南方舆情指数体系概述

南方舆情指数体系是一套基于真实监测的科学统计及反馈体系，是南方舆情产品布局中的重要组成部分。该指数体系包括"两微传播力指数""社情风险指数""21 地市社会治理指数"三大组成部分。

"两微传播力指数"以广东政务"两微榜单"为主要产品形态。该榜单以两微（微信和微博）传播力指数为基础构建，采用一套具有南方舆情特色的政务指数评价体系，对政务微博及微信在运营、传播及引导等方面的能力进行多维度考察，通过科学计算生成兼顾学术性与话题性的指数榜单，为各级政府及职能部门运营政务新媒体、建立和完善政务新媒体体系及强化舆情应对的实效提供决策参考。

"社情风险指数"基于南方舆情特殊渠道信源搭建，是在综合考虑单位时间内单个事件风险值、风险最高值与最低值、风险事件总数的基础上，运用标准化数据处理手段来度量日度、月度、年度的社情总风险。

"21 地市社会治理指数"是南方舆情的智库类指数舆情产品，由改革创新、数据应用、政务公开、社会安全、社会公平、社会保障、社会参与、社会发展 8 个二级指标、42 个三级指标构成。该产品既评估政府治理举措，也评估政府治理效果；既用客观数据反映真实情况，也用主观指标反映实际效果，评估方法兼具便捷性和实用性。

三、南方舆情指数体系介绍

（一）两微传播力指数

1. 微信传播力指数

南方舆情微信传播力指数（SGWI）权衡了发布文章数、阅读数和点赞数等指标，从而形成活跃指数、阅读指数和点赞指数。其中，活跃指数是发布文章数量的标准化，具有主动特征；阅读指数是综合考虑篇均阅读数、头条篇均阅读数和最高阅读数；点赞指数是综合考虑篇均点赞数、头条篇均点赞数和最高点赞数，分别与文章的吸引度及认同度相关。计算公式为：

$$\mathrm{SGWI} = \{10\% \times \ln(n+1) + 70\% \times [40\% \times \ln(R/n+1) + 30\% \times \ln(TR/Tn+1) + 30\% \times \ln(R_{max}+1)] + 20\% \times [40\% \times \ln(Z/n+1) + 30\% \times \ln(TZ/Tn+1) + 30\% \times \ln(Z_{max}+1)]\} \times 100$$

其中，n 为评估时间段内账号所发文章数；R 为评估时间段内所有文章（n）的阅读总数；TR 为评估时间段内头条文章（Tn）的阅读总数；Z 为评估时间段内所有文章（n）的点赞总数；TZ 为评估时间段内头条文章（Tn）的点赞总数；R_{max} 和 Z_{max} 为评估时间段内账号所发文章的最高阅读数和最高点赞数。

表1 微信传播力指数（SGWI）指标体系

一级指标	二级指标	预处理
活跃指数（10%）	发布文章数 n（100%）	$\ln(n+1)$
阅读指数（70%）	篇均阅读数 R/n（40%）	$\ln(R/n+1)$
	头条篇均阅读数 TR/Tn（30%）	$\ln(TR/Tn+1)$
	最高阅读数 R_{max}（30%）	$\ln(R_{max}+1)$
点赞指数（20%）	篇均点赞数 Z/n（40%）	$\ln(Z/n+1)$
	头条篇均点赞数 TZ/Tn（30%）	$\ln(TZ/Tn+1)$
	最高点赞数 Z_{max}（30%）	$\ln(Z_{max}+1)$

表2 微信传播力指数（SGWI）产品样例——微信榜单

地市	公众号	发布文章数	篇均阅读数		篇均点赞数		SGWI
			总体	头条	总体	头条	
A	A发布	109	18 062.92	100 001	138.80	1 012	896.74
B	B发布	139	19 075.81	100 001	193.12	3 060	922.38
C	C发布	168	7 440.90	64 988	54.99	452	840.08
D	D发布	130	7 789.65	48 937	44.79	359	828.21
E	E发布	78	4 779.24	24 888	27.82	102	759.41
F	F发布	130	1 588.21	12 819	10.55	60	690.22
G	G发布	122	2 956.48	13 919	11.86	48	720.29
H	H发布	92	2 046.33	11 875	11.01	107	698.01
I	I发布	95	3 051.21	28 395	19.60	203	749.10
J	J发布	91	2 029.05	13 259	13.56	106	701.41
K	K发布	156	673.52	9 026	5.14	51	641.05
L	L发布	146	622.54	6 146	5.41	40	619.85
M	M发布	18	208.06	877	2.11	12	478.58
N	N发布	87	252.20	3 465	1.86	11	535.20
O	O发布	145	399.79	9 604	4.33	38	604.21

（续上表）

地市	公众号	发布文章数	篇均阅读数		篇均点赞数		SGWI
			总体	头条	总体	头条	
P	P发布	111	518.93	1 703	8.23	41	576.02
Q	Q发布	138	321.86	4 875	2.61	39	579.97
R	R发布	0	0.00	0	0.00	0	701.41
S	S发布	3	285.33	408	3.33	4	454.54
T	T发布	0	0.00	0	0.00	0	0.00
U	U发布	0	0.00	0	0.00	0	720.29

2. 微博传播力指数

南方舆情微博传播力指数（SGBI）权衡了发微博数、原创微博数、转发数、评论数、点赞数等指标，从而形成活跃指数、转发指数、评论指数和点赞指数。其中，活跃指数是综合考虑发微博数和原创微博数，具有主动特征；转发指数是综合考虑转发总数、原创总转发数和最高转发数；评论指数是综合考虑总评论数、原创总评论数和最高评论数；点赞指数是综合考虑总点赞数、原创总点赞数和最高点赞数，这三大指数与传播度相关。计算公式为：

$$SGBI = （20\% \times W1 + 30\% \times W2 + 30\% \times W3 + 20\% \times W4）\times 100$$

其中，活跃指数 $W1 = 20\% \times \ln(n+1) + 80\% \times \ln(p+1)$，用以突出原创的重要性；转发指数 $W2 = 35\% \times \ln(T+1) + 45\% \times \ln(pT+1) + 20\% \times \ln(T_{max}+1)$；评论指数 $W3 = 35\% \times \ln(C+1) + 45\% \times \ln(pC+1) + 20\% \times \ln(C_{max}+1)$；点赞指数 $W4 = 35\% \times \ln(Z+1) + 45\% \times \ln(pZ+1) + 20\% \times \ln(Z_{max}+1)$。

n 为评估时间段内账号所发微博数；p 为评估时间段内账号所发原创微博数；T 为评估时间段内所有微博（n）的转发总数；C 为评估时间段内所有微博（n）的评论总数；Z 为评估时间段内所有微博（n）的点赞总数；T_{max}、C_{max} 和 Z_{max} 为评估时间段内账号所发微博的最高转发数、最高评论数和最高点赞数。

表3　微博传播力指数（SGBI）指标体系

一级指标	二级指标	预处理
活跃指数 $W1$（20%）	发微博数 n（20%）	$\ln(n+1)$
	原创微博数 p（80%）	$\ln(p+1)$
转发指数 $W2$（30%）	总转发数 T（35%）	$\ln(T+1)$
	原创总转发数 pT（45%）	$\ln(pT+1)$
	最高转发数 T_{max}（20%）	$\ln(T_{max}+1)$
评论指数 $W3$（30%）	总评论数 C（35%）	$\ln(C+1)$
	原创总评论数 pC（45%）	$\ln(pC+1)$
	最高评论数 C_{max}（20%）	$\ln(C_{max}+1)$
点赞指数 $W4$（20%）	总点赞数 Z（35%）	$\ln(Z+1)$
	原创总点赞数 pZ（45%）	$\ln(pZ+1)$
	最高点赞数 Z_{max}（20%）	$\ln(Z_{max}+1)$

表4　微博传播力指数（SGBI）产品样例——微博榜单

地市	微博名	微博总数	转发总数	评论总数	点赞总数	SGBI
A	A发布	437	8 298	3 137	14 886	777.74
B	B发布	673	3 455	1 123	26 934	743.62
C	C发布	171	100	32	318	411.78
D	D发布	509	1 640	257	850	600.68
E	E发布	447	662	4	1 432	482.69
F	F发布	209	388	166	850	524.77
G	G发布	224	535	175	977	542.95
H	H发布	234	546	36	161	460.55
I	I发布	347	184	163	405	511.21
J	J发布	216	11	0	148	262.74
K	K发布	119	29	32	128	377.19
L	L发布	6	37	21	39	304.37
M	M发布	90	76	4	63	336.13
N	N发布	324	86	31	181	448.91
O	O发布	86	27	16	45	325.56
P	P发布	66	19	0	19	201.52
Q	Q发布	0	0	0	0	0.00
R	R发布	3	0	0	1	30.75

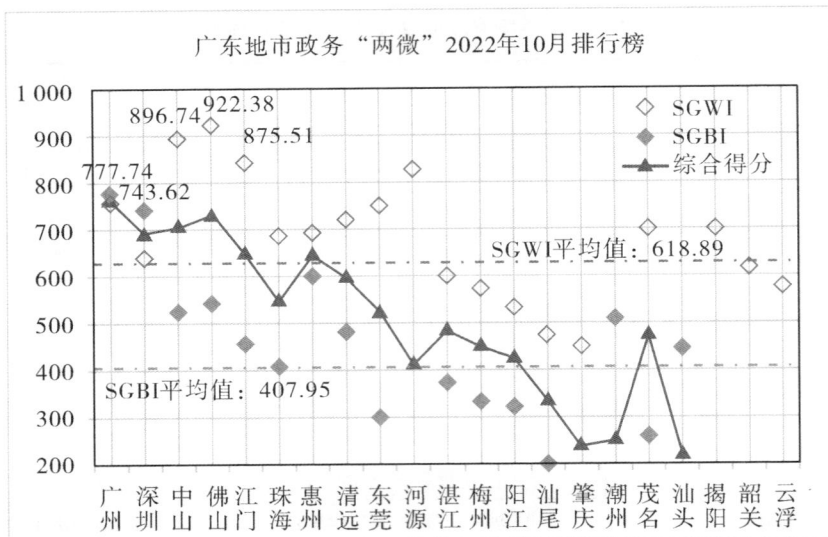

图1 两微传播力指数产品样例——月度走势图

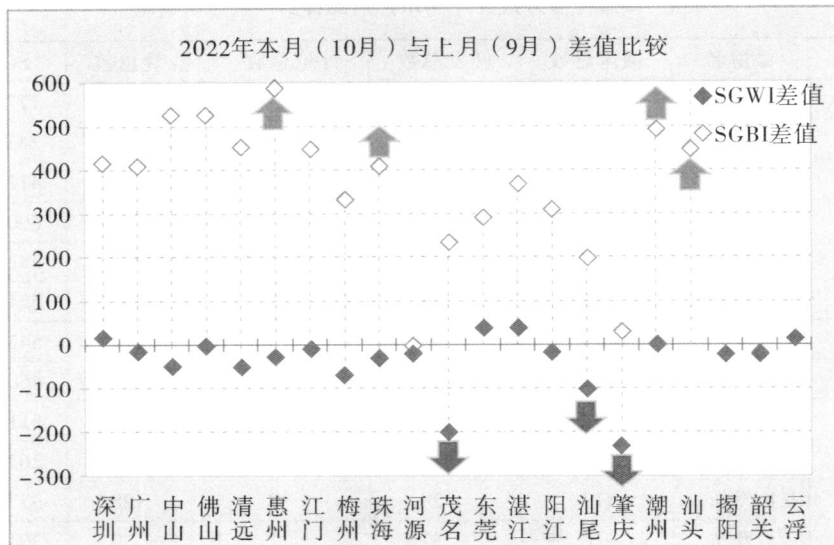

图2 两微传播力指数产品样例——月度差值比较图

（二）社情风险指数

南方舆情社情风险指数（SCRI）是衡量单位时间内社情风险的绝对值指数。在综合考虑单位时间内单个事件风险值、风险最高值与最低值、风险事件总数的基础上，运用标准化数据处理手段以度量日度、月度、年度社情总风险。计算公式为：

$$SCRI = [25\% \times \ln(N+1) + 30\% \times \ln(Max+1) + 20\% \times \ln(Min+1) + 25\% \times \ln(S+1)]\ ^\wedge 2 \times 10$$

其中，N 是风险事件数量，Max 是风险事件最高值，Min 是风险事件最低值，S 是风险值总和。25%、30%、20%、25% 分别为单位时间内风险事件数量、风险事件最高值、风险事件最低值、风险值总和的权重。计算使用标准化处理公式 $\ln(x+1)$。

根据南方舆情既有样本测定，SCRI 日度风险评判区间分为低风险、中风险和高风险三个等级。低风险区间段（小于等于 30 分）表示，单日未发生重大负面社情事件（例如，未见百人以上连续维权事件，或维权事件未发生激烈冲突等），也没有重大负面事件发生可能，且风险事件总数偏低，全天社情平淡。中风险区间段（30～42 分）表示，单日可能有单起重大负面社情事件，但其他社情风险中等偏低；或虽未发生重大风险事件，但有中等风险社情出现，且数量较多。高风险区间段（大于等于 42 分）表示，单日有两起及以上重大风险事件，多起中等风险事件同时出现。就单个事件风险而言，峰值 < 3 为低风险事件，3～5 为中等风险事件，> 5 为高风险事件。SCRI 作为绝对值指标，受样本量不足影响，目前评定区间只可用于日度评判。月度及年度 SCRI 区间未定，其数值仅可用于环比研究分析。

由于风险赋值存在无法避免的主观性，风险赋值表（表 5）有待进一步提高科学性，微调工作将在日后不断进行。此外，SCRI 的考量维度、数据处理与评估方式可为日后延伸至更大范围的舆情指数提供一定参考。

表 5　SCRI 事件风险赋值表

劳资纠纷、教育问题	5～10 人	1.2
	10～30 人	1.5
	31～50 人	2
	51～70 人	2.5
	71～100 人	3
	101～200 人	3.5
	201～500 人	4
	501～1 000 人	6
	1 000 人以上	8
	教育类问题中，涉及集体性食物中毒、甲醛异味、教师操作不当致学生受伤等问题的，提高 2 档分值	+2
	维权活动有连续进行的，每延长一天，提高半档分值	+0.5
土地纠纷	尚未发生集体抗议维权活动，但可能性较高	3
	已发生集体抗议维权活动，未发生冲突或冲突不激烈	5
	已发生集体抗议维权活动，且与执法者有激烈冲突，村民被捕等	7
楼盘物业	单个楼盘业主集体投诉	2
	单个楼盘业主有明显维权意向或有较大维权可能	3
	单个楼盘业主集体维权	4
	2 个以上楼盘业主集体投诉	3
	2 个以上楼盘业主有明显维权意向或有较大维权可能	4
	2 个以上楼盘业主集体维权	5
	开发商延期交楼	6
	开发商跑路，无法交楼	7
	维权活动有连续进行的或在政府门口维权的，提高半档分值	+0.5
公共服务、行政投诉	引发以小区（村）为单位的民众反对	3
	已引发以小区（村）为单位的民众维权活动	5
	已引发以小区（村）为单位的民众连续维权活动且发生较激烈的肢体冲突	7

（续上表）

经济纠纷、违法犯罪、市场投诉	50～100人；金额100万～500万元	2
	101～300人；金额501万～1 000万元	3
	301人以上；金额1 001万元以上	5
	特别重大的、持续时间较长的，如千木灵芝、e速贷等	6～9
	有集体维权意向，提高半档分值	+0.5
	已发生集体维权行动，提高1档分值	+1
其他类型	根据人数、金额等，以上述几大类别赋值为参考	

2017年11月2日SCRI：22.36（低）

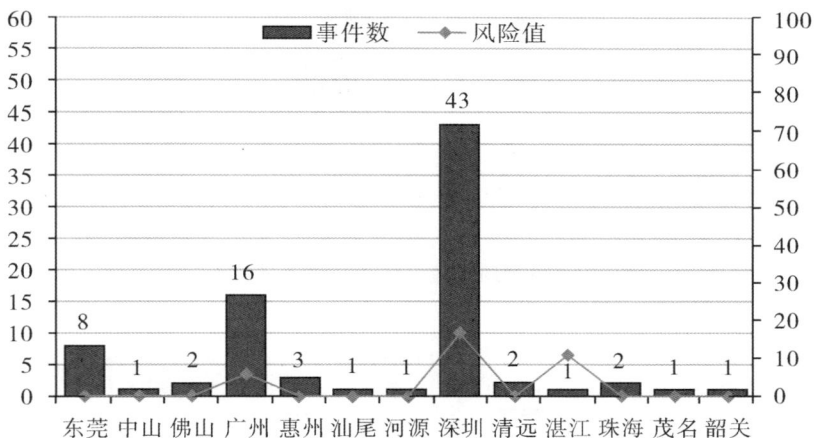

SCRI：用以衡量单日社情风险值
低风险＜30，中等风险30~42，高风险＞42

图3 社情风险指数（SCRI）产品实例之一

2017年10月11日SCRI：30.57（中）

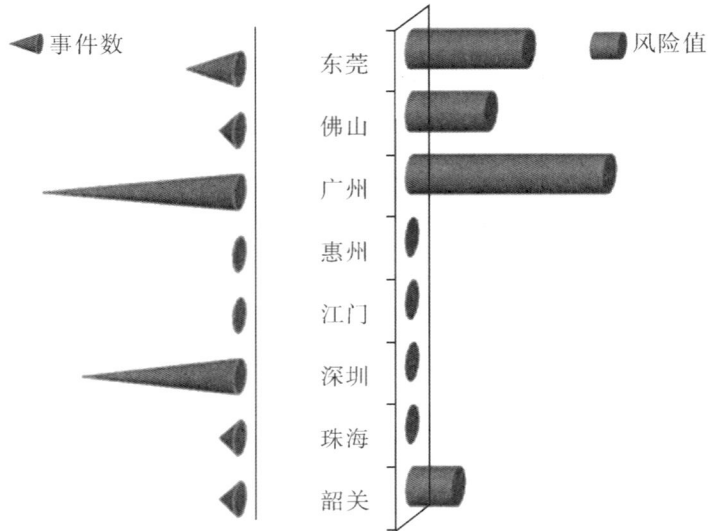

SCRI：用以衡量单日社情风险值
低风险＜30，中等风险30~42，高风险＞42

图4 社情风险指数（SCRI）产品实例之二

2017年11月1日SCRI：45.23（高）

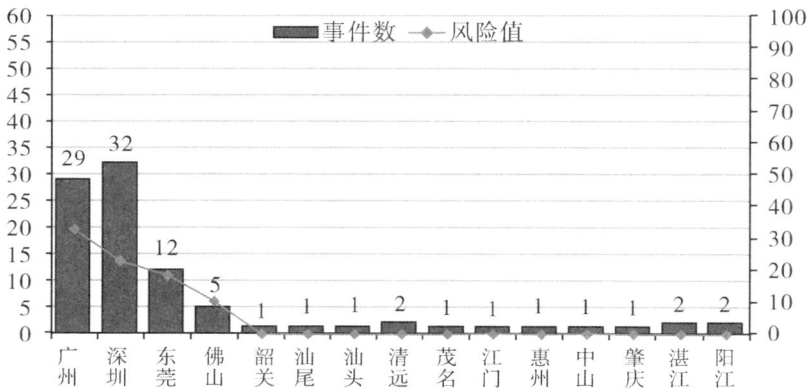

SCRI：用以衡量单日社情风险值
低风险＜30，中等风险30~42，高风险＞42

图5 社情风险指数（SCRI）产品实例之三

（三）21 地市社会治理指数

21 地市社会治理指数（CSGI）是由改革创新、数据应用、政务公开、社会安全、社会公平、社会保障、社会参与、社会发展 8 个二级指标、42 个三级指标构成的综合性指数。每一维度都是构成具体方面的分指数，每个分指数又由若干个指标合成。

其测评方法主要借鉴了联合国人类发展指数的测量方法。基本思路是根据每个评价指标的上、下限阈值来计算单个指标指数（即无量纲化），指数一般分布在 0~100 之间，再根据每个指标的权重最终合成社会治理指数。此种方法测算的指数不仅横向可比，而且纵向可比；不仅可以比较各地市社会治理指数相对位次，而且可以考察每个地市治理现代化的历史进程。计算过程大致如下：

指标上、下限阈值的确定。在计算单个指标指数时，首先必须对每个指标进行无量纲化处理，而进行无量纲化处理的关键是确定各指标的上、下限阈值。指标的上、下限阈值主要是参考广东 21 个地市在基期年份（这里暂定为2016 年）相应的指标最大值和最小值。

指标无量纲化处理。无量纲化，也叫数据的标准化，是通过数学变换来消除原始指标量纲影响的方法。将第 i 个三级指标的实际值记为 X_i（$i=1$，…，42），权重为 W_i，下限阈值和上限阈值分别为 X_{min}^i 和 X_{max}^i，无量纲化值为 Z_i。

（1）正指标无量纲化计算公式：

$$Z_i = (X_i - X_{min}^i) / (X_{max}^i - X_{min}^i)$$

（2）逆指标无量纲化计算公式：

$$Z_i = (X_{max}^i - X_i) / (X_{max}^i - X_{min}^i)$$

分类指数和总指数的合成。将第 j 个二级指标记为 Q_j（$j=1$，…，8），权重为 P_j，某一类的所有无量纲化后的数值与其权重，按加权平均算出每个二级指标 $Q_j = \sum Z_i W_i / \sum W_i$，最后将社会治理评价指标体系中的八大二级指标按无量纲化后数值与其权重加权平均得到社会治理指数 $I = \sum Q_j P_j / \sum P_j$。

表6　21 地市社会治理指数（CSGI）（局部）

二级指标 （Q_j）	二级指标 权重（P_j）	三级指标 （原指标为 X_i，标准化后为 Z_i）	三级指标 权重（W_i）	正指标/ 逆指标
改革创新	20%	全面深化改革推进力度	50%	正指标
		全面深化改革落实质量	25%	正指标
		改革创新项目成果	25%	正指标
数据应用	15%	数据开放共享中	20%	正指标
		大数据资源统筹发展	20%	正指标
		社会治理大数据应用	20%	正指标
		公用服务大数据应用	20%	正指标
		大数据应用项目成果	20%	正指标
政务公开	15%	政府信息公开质量	20%	正指标
		政务回应速度	15%	正指标
		负面清单	15%	正指标
		财政信息公开	10%	正指标
		行政审批信息	10%	正指标
		环保信息公开	10%	正指标
		政务服务创新成果	20%	正指标
社会安全	10%	每万人刑事犯罪率	40%	逆指标
		每百万人交通事故死亡率	20%	逆指标
		每百万人火灾事故死亡率	20%	逆指标
		亿元 GDP 安全生产事故死亡率（备选：各类生产安全事故死亡人数）	20%	逆指标

"舆评"

——给重大决策筑上一道"防护堤"

南方舆情数据研究院

近年来，南方舆情数据研究院和人民网等媒体单位一直在研究和完善"舆评"体系，致力于推动"舆评"与"环评"并举，一齐列入政府公共治理和重大工程的决策环节。

"舆评"即针对地方政府在重大事项决策前进行舆情反应专业评估。"舆评"是对政策、重大项目、各类活动实施后舆论反应进行分析、预测和评估，提出更符合民众需求或减轻不良影响的对策和措施，进行跟踪监测，确定舆情风险等级，编制评估报告的专业活动。从近年来行业的发展实际和舆论反馈来看，重大项目的评估和上马，"舆评"和"环评"同等重要，充分论证和评估重大项目的舆论风险及公众舆论承受力，对于完善项目建设、推动项目落地具有重要意义。

开展"舆评"具有重要意义。一是让群众路线成为社会治理的前置条件。重大政策、项目的实施能够更加充分地汲取民间智慧、尊重群众意愿、体现群众利益。二是完善治理体系，提升治理能力。将舆情反应纳入治理的流程，补齐了重大政策、项目风险管控的重要缺口。三是掌握主动，降低舆情风险。通过对全流程舆情的评估，将风险防范与应对处置充分前置，规避、预防、控制可能产生的舆情风险。四是缓冲民意矛盾，确保顺利实施。评估过程也是民意沟通的过程，可以满足公众知情权和公共决策参与权，推动共识的达成。

近年来，不少地区在上马新项目时，没有对舆情进行充分的评估，引发了民众的集体抗议，甚至群体性事件，导致项目被紧急叫停。如2014年，某市PX项目在信息发布后遭遇民众抗议，最终引发冲突，后被港媒恶意报道为"锁城遏示威"，并描述为"流血冲突"。最终《人民日报》发表辟谣文章才让谣言彻底平息，政府也最终宣布"没有制定开工建设PX项目的具体时间表"。2016年6月，某市垃圾焚烧发电项目，因遭遇民众抗议引发了群体性事件，新闻当时报道称"现场聚集及围观人数约 1 300 人，导致现场交通短暂堵塞"，最后项目在公布仅仅一周便停止征地。

一、国内"舆评"发展情况

目前人民网是省外"舆评"工作的主要推动者。据其发布的数据，从 2013 年到 2019 年，全国有 22 项关于"网络舆情风险评估"方面的实践探索。从地域属性上看，省级占比 5%，市级占比 50%，县级占比 45%，内容涉及自然环境、科技文体、交通运输、文化传播等多个方面。

表 1　近年各地"网络舆情风险评估"实践探索具体情况一览表

序号	时间	地点	内容
1	2013 年 8 月 26 日	云南省富宁县	富宁县首推事前评估机制
2	2013 年 8 月 26 日	云南省昆明市晋宁区	晋宁区针对重大事项舆情风险首推事前评估机制
3	2014 年 8 月 12 日	山东省滨州市	滨州市重大项目网络舆情风险评估实施办法
4	2015 年 5 月 13 日	安徽省六安市	六安市地震局舆情风险评估制度
5	2016 年 4 月 7 日	安徽省六安市舒城县	舒城县公安局建立政府信息公开舆情风险评估制度
6	2016 年 6 月 16 日	宁夏回族自治区固原市彭阳县	彭阳县交通运输局建立舆情风险评估制度
7	2016 年 11 月 17 日	安徽省宿州市灵璧县	灵璧县统计局建立政府信息公开舆情风险评估制度
8	2017 年 1 月 12 日	重庆市	重庆市成立重大决策网络舆情风险评估专家咨询委员会
9	2017 年 3 月 19 日	河南省新乡市	新乡市出台重大决策舆情风险评估办法
10	2017 年 9 月 21 日	福建省福州市罗源县	罗源县科技文体局舆情风险评估应急预案
11	2018 年 3 月 14 日	江苏省宿迁市	宿迁市经信委发布重大事项舆情风险评估制度

（续上表）

序号	时间	地点	内容
12	2018 年 5 月 28 日	北京市延庆区	北京市（延庆区）世园会筹办建立舆评中心
13	2018 年 5 月 31 日	内蒙古自治区乌兰浩特市	乌兰浩特市招商局建立政务公开工作舆情风险评估制度
14	2018 年 6 月 5 日	安徽省淮南市寿县	寿县商务局建立信息公开舆情风险评估制度
15	2018 年 6 月 29 日	安徽省六安市霍邱县	霍邱县交通运输局出台舆情风险评估制度
16	2018 年 9 月 11 日	浙江省温州市	温州市破题网络舆情风险评估机制推进社会治理创新
17	2018 年 10 月 16 日	山东省烟台市	烟台市民政局出台重大决策及项目舆情风险评估制度
18	2018 年 11 月 25 日	山东省青岛市	青岛市出台重大行政决策风险评估办法
19	2018 年 12 月 19 日	安徽省滁州市南谯区	南谯区黄泥岗镇政务公开舆情风险评估制度
20	2018 年 12 月 26 日	安徽省六安市裕安区	裕安区文广新局建立舆情风险评估机制
21	2019 年 3 月 14 日	云南省富宁县	富宁县建立重大事项舆情风险评估制度
22	2019 年 6 月 20 日	甘肃省兰州市	兰州市成立舆评中心

二、广东省"舆评"发展情况

南方舆情数据研究院是南方报业传媒集团旗下专注社会治理研究的智库，从 2014 年成立以来，已成功建起覆盖广东全省的舆情处置网络，也是目前华南地区专注于"治理现代化"领域最具影响力的复合型智库。目前由南方舆情数据研究院提供的"舆评"主要包括三方面内容：一是政策评估，即重要政策施行前的民众满意度评估。二是项目评估，即重要项目建设前的民意接受度评估。三是活动评估，即对举办各种重大活动、会议等的舆情风险评估。

南方舆情数据研究院建立了四套标准进行评估：一是项目基本情况分析，即项目的总体概况，是否与中央、省相关政策、方针、指导性意见有相悖的地方，以及受影响领域、各类参与主体及利益相关主体分析。二是民意接受度评估，分析民众对项目及各阶段行为举措的认知和评价。三是舆情风险值评估，分析项目引发舆情风险的程度及可能存在的舆情风险点。四是舆论反应系统评估，这个主要是针对实施主体的分析，对项目实施主体舆论反应的机制、组织、流程、保障等进行评估。南方舆情数据研究院近年来在广东省内做了若干"舆评"项目，取得了一定的成果。

一是政策评估方面。如受某市司法局委托，对某市养犬管理条例的实施进行舆情评估。该项目委托了南方舆情进行了全面的舆情管理，对各阶段舆情特点进行了全面评估。由于精准评估了舆情反应，根据舆情特点完善了征求意见、论证等流程，并启动全流程的舆情监控和应对处置机制。项目公示历时4个月未引发舆情反弹，最终顺利出台实施。

二是项目评估方面。如受某县政府委托，对某县涉两大科学装置及核电项目进行了舆情评估，南方舆情通过对国内外涉核等重大项目的舆情事件以及近年来该类舆情事件所呈现出来的新特征进行分析，结合某县的实际情况，总结"强流重离子加速器""加速器驱动嬗变研究装置"这两大科学装置以及"某县核电项目"等重大项目建设过程中存在的舆情风险点，提供相应的建议，有效防范了群众抗议及群体性事件的发生，为两大科学装置和核电项目的落地营造了良好的舆论氛围，助推了项目建设。又如受某区政府委托，对该区垃圾焚烧发电项目的落地建设进行了舆情评估，将公示分为若干个阶段，并就每个阶段的舆情特点、潜在风险进行了研究。根据每个阶段的舆情特点制订处置方案，同时对下阶段舆情进行分析预判，建立预案。通过环环相扣的舆情评估，全面掌控了舆情走势，最大程度降低了舆情风险，最终帮助相关项目顺利落地。

三是活动评估方面。如受某市的委托，对下属区县新闻发布工作进行评估，制定出县域新闻发布的标准和流程。

总体来说，目前各地的"舆评"工作，基本仅限政府向智库机构采购用于单个项目、政策的评估，未有地区建立"舆评"专设机构或制定规范制度、流程。长远来看，推进"舆评"工作方面仍有巨大的探索空间。

三、地方领导干部对"舆评"工作的认知

"舆评"工作的开展,补齐了政府公共治理和重大工程的事前短板,让重大决策能够形成舆情的处置闭环,是治理体系和治理能力现代化的一项有效尝试。但目前而言,"舆评"与"环评""稳评"的政府接纳度依然存在巨大差距。许多地方政府没有意识到其重要性,更多只是把它看成一个锦上添花的程序。对部分地市、区县领导干部的调研结果显示,目前地方干部对于开展"舆评",主要有以下几点认知:

一是地方领导对于"舆评"存在一定担忧,多一道程序会导致工程进程受阻,工程在领导在任期间完不成,对政绩产生影响。

二是期望"舆评"能有统一的标准,且要根据各地的实际情况来制定"舆评"标准,通过严格的标准化运作来杜绝可能滋生的舞弊、贪腐行为。

三是地方政府希望通过"舆评"来解决问题,而不仅仅单纯对项目进行风险评估,"舆评"需要承载更多的功能属性。

四是不少领导干部建议"舆评"由浅入深,在一些有现实的利益冲突,但影响不大的项目中先行先试。

四、"舆评"工作的发展方向

(一)鼓励"舆评"的开展和探索,树立"舆评"观念

"舆评"作为化解重大项目、政策实施风险的重要手段,建议广东省鼓励各地市先行先试,积极进行"舆评"的探索实践。鼓励地方探索建立相关的工作流程和工作标准,积极推动"舆评"尽快进入决策流程。鼓励垃圾站、变电站、殡仪馆等邻避项目在上马前,与专业机构合作进行"舆评"评估工作,完善事前舆情预案,规避舆情风险。

(二)探索建立一批"舆评"中心,推动"舆评"落地

建议各地市可依托南方舆情数据研究院,采用多方共建的方式,建立专门的舆评中心。由南方舆情数据研究院提供专业人员、技术支持和智库资源,高

校专家队伍提供研判支持，地方提供各项硬件支撑，通过聚集业界、学界、政界各方智慧和资源，及时、精准、全面地对重大政策、重大项目及重大社会事件进行舆情评估，为各地市提升舆情风险防范与舆论引导、管理能力提供更有力的支撑和保障。

（三）先行先试建立"舆评"标准，确保"舆评"规范化

将"舆评"工作标准化，对于杜绝可能出现的形式主义、评而不用、舞弊贪腐等现象，具有重要意义，也是"舆评"工作能获得各方认可的重要前提。建议可由省应急办、省委网信办等主管机构牵头，联合南方舆情数据研究院等专业机构和高校，成立专业委员会，依照相关法律法规和政策制定科学、规范、严谨的评估标准和流程，推动"舆评"工作规范化、标准化运行。

"粤治—治理现代化"优秀案例推介活动

南方舆情数据研究院

党的二十大报告中指出，要完善社会治理体系，健全共建共治共享的社会治理制度，提升社会治理效能，畅通和规范群众诉求表达、利益协调、权益保障通道，建设人人有责、人人尽责、人人享有的社会治理共同体。

十八届三中全会上，"推进国家治理体系和治理能力现代化"被第一次正式提出。此后，习近平总书记在多个场合提到了这一概念，并且作过详细论述。在省第十三次党代会上，广东继续提出"加快构建共建共治共享社会治理新格局，推动基层治理体系和治理能力现代化建设不断迈上新台阶"。近年来，广东省内各级各部门持续在提高社会治理体系和治理能力现代化水平方面下功夫，不断创新社会治理的新路径、新方法，形成一批走在全国前列、获先进表彰的创新经验。

积极响应习近平总书记的有关指示精神，由南方报业传媒集团主办、南方舆情数据研究院承办的首届"粤治—治理现代化"优秀案例推介活动在2014年成功举办，并连续举办了九届，引发社会广泛关注。这种通过对案例进行评估、选拔、奖励、宣传和推广的形式，鼓励政府治理创新的做法，受到各界好评，并形成了一个党政部门、社会组织、专家学者和新闻媒体多方参与的平台，有力地展示了广东改革开放"排头兵"的形象。

一、"粤治"案例为全国的社会治理提供了参考样本

2014年成立的南方舆情数据研究院，其定位是国内首家从专业媒体角度专注"治理现代化"研究领域的复合型智库，是集团十二大智库之一，致力于建设成为有南方特点的中国特色新型智库。南方舆情数据研究院通过每年举办的"粤治"活动，发掘出更多鲜活案例，为广东乃至全国推进构建共建共

治共享社会治理新格局提供了参考样本。

历届"粤治"活动共推介出228个优秀案例,全面呈现了近年来广东在治理现代化方面建设的成果。这些鲜活的案例,涵盖了政府治理体系的多个维度,许多行之有效的治理好经验推广到全省各地。这些案例紧贴时代和实际,参与主体广泛,科技含量不断提高。案例从解决一个事项到建立一种机制,通过动态的机制和过程调整,助力打造共建共治共享的社会治理格局。

北京大学中国政治学研究中心主任、政府管理学院院长,南方舆情数据研究院专家委员会主任俞可平曾经提到,"粤治"系列活动得到各级党政机关的热烈响应,许多优秀案例得以在广东更大的范围内推广。"有些优秀案例的影响甚至超出了广东范围,中国城市治理创新奖的一些获奖案例,就来自广东的'粤治'优秀创新案例。"

"粤治"活动梳理总结广东各地在治理能力现代化过程中涌现的宝贵经验,不仅体现了广东在推进国家治理现代化方面先行先试的成果,也为全国研究治理体系和治理能力现代化提供了鲜活的案例和有价值的借鉴。

二、"粤治"活动为广东推进治理现代化提供了参考坐标

我国不断深化对社会治理规律的认识,与时俱进加强和创新社会治理,不断创新社会治理方式方法。"粤治"案例类别也在不断地因地制宜、与时俱进,如近几届我们增加了"党建引领社会治理创新""融媒体传播"等案例类别。

"粤治"案例以习近平新时代中国特色社会主义思想为指导,以党建引领各项工作的实施,勇于创新谋求发展,探索出不少全新的治理理念和治理模式,展示了勇立潮头、奋力争先的担当。许多案例因地制宜、因时制宜寻找变革,谋求进步。香港中文大学(深圳)全球与当代中国高等研究院院长、南方舆情数据研究院专家委员会主任郑永年认为,社会治理至少包含三个层面:经济可持续发展、社会可持续稳定、制度可持续支撑。而从世界范围看,社会治理完全由市场和资本力量主导,或者过度依赖政府,都是不可持续的模式,必须同时兼顾。改革开放以后,中国实现了经济、社会、制度比较平衡的发展,如何将这些成功的实践案例上升为概念和理论,还需要进行大量研究。郑永年表示:"希望下一步能形成在全国可复制、可推广的'粤治'理论,在此基础上形成中国的治理理论。"

每年一届的"粤治"案例推介是广东治理体系和治理能力现代化建设的年度展示，通过案例落地，生动呈现广东各地政府创新意识不断突出的工作成效，表现出各地各部门自觉负起创新型政府的责任与担当。案例形态丰富，从省、地市部门到基层组织，从机关、群团到企业，展开了一张全省进行治理现代化探索的雄伟画卷。优秀案例的主创单位，紧扣中央精神、围绕广东省情，有针对性地推出治理措施，展现了广东勇于创新、敢于担当的排头兵精神。

三、"粤治"活动构建了一个政府、企业、高校、媒体共同参与治理能力现代化的研究平台

作为国内首家从专业媒体角度专注"治理现代化"研究领域的复合型智库，南方舆情数据研究院主办并联合了北京大学、中山大学、暨南大学、华南师范大学等国内10余所知名高校机构共同发起举办"粤治—治理现代化"优秀案例推介系列活动，形成了一个党政部门、社会组织、专家学者和新闻媒体多方参与的平台。目前，"粤治"活动已成为国内较有影响力的社会治理领域年度盛会，得到了俞可平、郑永年、周宏仁、何增科、任剑涛等知名专家学者的长期支持。

在首届的"粤治"活动上，还成立了南方舆情数据研究院专家委员会，专家委员会成员由北京大学、清华大学、中国人民大学、上海交通大学、中山大学、暨南大学、华南理工大学，中共中央编译局、国务院发展研究中心、国家发改委学术委员会、国家核安全专家委员会、中国（海南）改革发展研究院、中国纪检监察学院、中国民生研究院以及新加坡国立大学等海内外高校、智库的知名专家、学者以及知名网友组成。南方舆情数据研究院专家委员会主任有三人，分别是俞可平、郑永年、周宏仁。推进治理现代化是一项划时代的伟大工程，需要政府、企业、高校、媒体等多方融合互动，共同发力。专家委员会成员组成了强大的智囊团队，覆盖政务、政法、商业、教育科研、大数据等领域，尤其在政府治理、社会治理、产业安全等重大领域具有高深造诣。

著名学者、南方舆情数据研究院专家委员会主任俞可平充分肯定了"粤治"活动聚焦广东基层创新实践的做法，他认为荣誉能成为激发改革创新的动力，政府对官员的评价标准应及时加以体现。"粤治"活动在积极宣传政府创新的先进经验，营造良好的政府创新舆论环境，增强创新者荣誉感的同时，

也能更好地传播政府创新的先进经验。同时，要加强政府创新的学术、理论研究，用先进的理论为创新指明方向。

著名学者、南方舆情数据研究院专家委员会主任郑永年认为，广东基层的制度及治理创新十分频繁，需有"粤治"这样的活动来推而广之。

四、"粤治"发布了舆情研究最新成果，充实了治理现代化理论体系

历年的"粤治"案例类别有：党建引领社会治理创新、政府治理创新、舆情引导、融媒体传播、网络问政、大数据与公共服务等，涵盖了政府治理管理体系的多个维度。南方舆情以专访、汇编以及合著等方式，陆续出版了《粤治新篇：政府治理能力现代化的广东实践（2013—2014）》《粤治撷英——治理现代化的广东探索》《沟通与善治——参与传播视野下国家治理的广东经验》《治理现代化的广东经验：粤治七年记》等大量研究成果，集中体现了广东各地区、各领域治理现代化成果，积极为广东治理体系与治理能力现代化的成果和工作鼓与呼。

南方舆情通过搭建"粤治"平台，挖掘、总结广东地方治理的新经验、新理念、新举措，破解深化改革过程中的现实问题，为更好地实现国家治理现代化"探路"。这些著作通过总结梳理"粤治"活动的优秀案例，展示了广东推进治理现代化的历程和成果，呈现了全省各地创新亮点，并就进一步推动治理体系和治理能力现代化进行研究。

深入学习领会党的二十大精神，走好中国式现代化之路，推动广东高质量发展，展示、梳理并表彰广东治理能力现代化建设的最新成果。南方报业发挥党媒优势，为治理创新寻找更多优秀经验，为推进国家治理体系和治理能力现代化聚合智慧和力量。南方舆情数据研究院始终坚持围绕中心服务大局，努力为治理现代化贡献力量。历届"粤治"活动的举办，成功构建了一个联系创新实践者和研究者的网络，形成了党政部门、社会组织、专家学者和新闻媒体多方参与的平台，为媒体参与政府治理创造了新的成功路径。

硕果累累的"粤治"案例，反映广东以习近平新时代中国特色社会主义思想为指引，大力推进治理体系和治理能力现代化建设的成绩和进展，充分展现了新时代"广东精神"。

下篇

案例

公职人员

公职人员形象危机事件与社会治理启示

南方舆情分析师：谢映玲　许冬晖

近年来，公职人员被卷入社会舆论场的频次增多，究其原因是公众对于公职人员行使公权、个人素养、消费习惯等容易显现的行为和言论十分敏感，如果公职人员所表现出来的行为不当，就容易引发公众质疑，严重的可能经过网络迅速发酵成为涉及政府形象的危机事件。除了公职人员自身行为言论不当容易衍生危机事件外，公职人员的配偶、子女等亲人也渐渐成为政务舆情高发群体。

2022年6月深圳张某炫夫炫富事件、8月江西周某炫富炫权事件就是当前公职人员及公职人员家属言论不当引发形象危机的典型代表案例。两个事件都是公职人员或其家属主动"炫富炫权"，从而引发公众对公职人员群体的负面讨论。更有甚者，试图通过个案将矛头抬升到整个公职人员群体，最后上升到社会缺乏公平正义的讨论。

由此可见，加强公职人员及其家属对形象危机引发的网络舆情的重视、构建好社会公平正义的舆论生态，已经成为减少公职人员形象危机事件发生的有效途径，值得我们进一步分析和思考。

一、案例回顾

（一）深圳张某炫夫炫富事件

2022年6月4日晚，一则"深圳宾利女车主与劳斯莱斯车主打架"的视频在社交媒体平台上广泛传播。事件原本只是宾利女车主（张某）车位被占，女车主据理力争的事件，但视频中，该宾利女车主（张某）因宣称自己是

"国企书记夫人",并放言"开50辆宾利堵劳斯莱斯"等言辞"成功转移"矛盾焦点,引火上身,引发网友质疑是否涉公职人员家属故意炫夫达到以官欺民用意,作为公职人员有"50辆宾利"是否涉滥用职权、收受贪污赃款等。6月5日,事件在网上广为流传,"因车位纠纷女业主称要开宾利来堵车""国企书记夫人称开50辆宾利堵截被占车位"等多个话题迅速冲上社交媒体热搜榜单。

事件发生后,深圳国资委迅速回应,6月5日晚表示高度重视车位纠纷事件,正在了解核实。6月7日则回应称,经核实,纠纷中涉及的国企高管张某某于2017年离异后未再进行婚姻登记,暂未发现与宾利女车主(张某)及其名下企业有经济联系和业务往来。涉事双方也回应称,两人只是情侣关系,网络流传的摆酒只是确认情侣关系的仪式。官方和涉事双方对于两者关系的定性,受到网友强烈质疑。有网友指出,深圳张某事件暴露出的最大问题是张某某这种公职人员新型婚恋关系的问题。至此,从车位纠纷事件衍生出公职人员新型婚恋关系的问题,成为本次事件的次生危机。这对政府形象是一大抹黑,不利于政府公信力的重塑。

(二)江西周某炫富炫权事件

2022年7月24日,江西男子周某在朋友圈炫富炫权之事引发舆论关注。周某自称在江西省国有资本运营控股集团有限公司上班,其父母为处级干部。周某在朋友圈称,自己经常参加有多位厅级、处级干部的饭局,也曾参与接待会见江西省内一些上市公司、国有企业的"一把手"。事件发生后,迅速引发网民、媒体关注,有关话题迅速冲上社交媒体热搜榜单。此次炫富炫权事件,也被网友誉为"坑爹"的升级版——"坑家族","坑领导",坑了江西国资、江西交通的整个关系网。

事件发生后,各方迅速回应。7月25日,江西省国资委表示,已经责成涉事部门了解核实。当日,江西国控官方微信发布消息承认周某为公司员工,并称网上转载内容是他人截图转发。7月27日凌晨,江西国控再次回应,公布了言论核查情况及员工处置结果,回应内容引发媒体及网民质疑,一度将事件推到舆论高峰。网友主要是质疑通报内容不翔实:一是认为周某的学历水平等档案必备信息未予披露;二是质疑对周某一家名下房产情况的调查结果;三是认为周某多位亲戚均在江西交通系统任职，不符合同一系统不能有直系亲属的原则。

二、形象危机事件成为高发舆情的原因

我国当前正处于社会转型期，社会矛盾凸显。人们对涉官、涉腐等公共事件高度关注，公职人员及其家属"炫富炫权炫身份"等行为尤其容易引发形象危机事件。本报告提及的深圳张某、江西周某的炫富炫权事件，就是当前形象危机事件的典型案例。分析发现，二者引发较大的舆论热潮具有以下原因：

一是公众监督意识提升，自发形成民间舆论场，相关议题出现迅速引爆热度。随着社会的进步与公民监督意识的不断提升，公众参与公共议题兴趣不断增强，迫切想要通过官方反腐宣传进行参政议政，但因为官方对反腐宣传缺乏实感、宣传深度过于浅显，不能满足群众需求，群众自然而然地利用网络和社交平台挖掘贪腐案例议题，最终形成民间舆论场，填补了官方舆论宣传的空白。近年来公众尤其关注炫权炫富的贪腐案例议题，一旦出现便迅速引起关注，并激起公众对相关人员及事件的全方位审视。深圳张某、江西周某炫富炫权事件一经曝光，迅速在网络引发热度，公众讨论意见一致以负面质疑为主，均希望官方核实相关人员有无贪腐情况，并及时公布查处结果。

二是公众对公平正义的追求在疫情防控期间愈加凸显，加剧原本就不乐观的舆论环境。长期以来，有关公权力滥用、官员腐败等负面案例层出不穷，极大地弱化了政府公信力，消减了公众对政府反腐工作的信任度，引发更为复杂的涉社会缺乏公平正义的争议。

这种情况在疫情防控期间愈演愈烈，如受疫情影响，全国乃至全球的经济下行，各行各业也受到了冲击，但不同行业面临的风险大小也不尽相同，有的行业可以居家办公，有的行业只能手停口停，这种职业差距放大了社会不平等现象。不仅加剧了原本就不乐观的官民关系，使手握权力的人滑向公众的对立面，而且也破坏了相对稳定的社会公共秩序，使公平正义的和谐构建之路更加艰辛。这也导致网络一旦出现涉公职系统的负面舆情，群众就容易产生惯性思维，引发舆论热潮。

三是互联网载体加速了负面信息的传播。随着互联网日新月异的发展，微信、短视频等多种互联网载体方式为展示生活提供了便利。一方面，人们在虚荣心的作用下，通过网络展示其奢侈品和高档生活、炫夫炫亲属的风险增大；

另一方面，在媒介素养不高、法治意识淡薄的网络大环境下，网民发现舆论热点、煽动情绪，乃至"人肉搜索"能力提升。互联网又是一个有记忆的载体，使得问题迅速发酵的可能性增强。所以一旦网络中相关话题"露头"，就极易被这些网民习惯性地以泄愤为目标挖掘相关信息，从而快速聚焦，形成热点，给涉事公职人员带来形象危机。

三、社会治理的启示

公职人员形象实际上是公众对于公职人员的行为表现、言谈举止、家庭生活及社会活动等方面的一种综合预期。如果公职人员所表现出来的行为不当，就会伤害其形象，甚至造成形象危机。深圳张某及江西周某事件就是典型的形象危机事件，共同点是公众关注度高、发酵时间短、负面影响力较大，对基层部门形象造成不小影响。为了减少公职人员形象危机事件的发生，改善该领域舆情管理工作，最大程序减轻负面舆情的影响力，应从以下几个方面着手：

（一）利用"正反教材"，加强公职人员形象教育

在教育公职人员队伍时既要善于利用正面典型进行引导，还需合理利用"反面教材"。从古至今，为官清廉的例子不胜枚举，要善于利用榜样故事来加强干部职工的学习，在学习方式上以生动灵活的方式呈现，切不可停留在为完成学习任务开展的形式主义的学。此外，还要加强公职人员及公职人员家属形象舆情案例教育警醒工作，将"炫富炫权"导致形象崩塌公职人员的"活教材"暴露出来。榜样故事培养"荣誉感"，"反面教材"就赋予"敬畏心"，当"正反教材"相结合，教育工作才可能获得较明显的成果，从而减少公职人员形象危机事件，改善该领域舆情管理工作的状况。

（二）公职人员日常需加强自我及其家属的行为监督力度

在网络聚光灯下，每个公职人员及其家属都在接受检阅，不少网民会用放大镜寻找可能的差错，这就要求公职人员及其家属应加强形象管理工作。首先应要求在微信、短视频等互联网载体中注意进行合理表达和展示的分寸。其次应要求时刻谨记身份属性，避免因虚荣心作祟而曝光不合时宜的公权力。在日常对外的行政工作中，更应该要求公职人员关注每一个工作细节，每个言论、

行为可能的风险点。在这一次次的形象危机事件中，公职人员应不断获得经验教训，逐步改善群众对公权系统的负面印象，减少形象危机事件的发生。

（三）加强调查处置和回应引导方面的机制建设

涉及公职人员队伍的舆情，容易被网民关注，互联网对信息有很强的聚焦、放大和引申功能，易引发舆论大潮。炫富引发的公职人员形象危机往往事发突然，对调查处置和回应引导方面的机制建设和能力方法要求都比较高。

首先在合法合规的范围内，要力争抢第一时间，做"第一定义者"。其次在回应内容上，可以采取层层递进的方式，速报事实，慎报原因。先以最快的速度进行初步表态，强调已经关注到相关问题，正在认真进行调查，并承诺尽快给予进一步的回应。如深圳张某及江西周某事件，官方都按此规律进行处置，在缓解公众情绪方面起到了很大的作用。与此同时，相关部门要围绕网络出现的炫富舆情的情节真伪、炫富者与涉事公职人员的真实关系、其获得奢侈生活条件的经济来源是否合法等核心问题展开调查，为后面以合适的方式进行对外公布做好准备。最后，政府机关在进行舆情回应时，不仅应严明处置结果，而且还要释放出将肃清不正之风，加大公平正义的执法队伍建设的信号。通过此举重拾群众信任，避免造成群众刻板印象，加大此类形象危机事件的处置难度。

（四）加强公平正义的法治社会建设，提高人民对干部队伍的信心

通过分析上述公职人员危机事件的网民意见发现，群众对涉及公平正义的事件十分敏感。类似事件出现后，对公权力系统存在负面的刻板印象。公平正义是古往今来人们衡量理想社会的标准之一，也是人类社会发展进步的重要价值取向。就当代中国而言，公平正义在构建社会主义和谐社会的进程中处于十分关键的基础地位。没有公平正义，社会的诚信友爱、安定有序、充满活力等也都无法实现。因此，应加强公平正义的法治社会建设，在日常执法行动中严守公平正义的工作作风，努力让人民群众在每一起案件办理、每一件事情处理中都能感受到公平正义，才能最终实现群众对公权力系统的信任，从而改善对公职人员的刻板印象，重拾信心，减少形象危机事件上纲上线的情况发生，最终构建出和谐社会。

邻避项目

垃圾焚烧项目舆情报告

南方舆情数据研究院

一、舆情概述

近年来，我国城市生活垃圾处理设施建设明显加快，处理能力和水平不断提高，城市环境卫生有较大改善。但随着城镇化快速发展，设施处理能力总体不足，普遍存在超负荷运行现象，仍有部分生活垃圾未得到有效处理。生活垃圾焚烧处理技术具有占地较少、减量效果明显、余热可以利用等特点，在发达国家和地区得到广泛应用，在我国也有近 30 年应用历史。目前，垃圾焚烧处理技术装备日趋成熟，产业链条、骨干企业和建设运行管理模式逐步形成，已成为城市生活垃圾处理的重要方式。

近年我国对垃圾焚烧处理设施的投入逐年增加，垃圾焚烧处理设施数量也呈井喷趋势。2004 年至 2014 年间，我国城市生活垃圾焚烧厂从 54 座增加到 188 座，增长了 2.48 倍。目前，我国在建和运行的垃圾处理设施有 400 多个，其中在建的有 200 多个。

目前运营的垃圾焚烧项目也存在不少问题。有统计数据显示，2016 年我国已运行垃圾焚烧厂达 230 余座，公布自行监测信息平台的企业不足 50%。其中公开数据的 72 座垃圾焚烧厂中，27 座焚烧厂存在超标记录，超标率 37.5%。在 2016 年各地的专项检查中，云南省 13 家垃圾焚烧发电企业，有 7 家企业存在环境违法行为；黑龙江省 4 家垃圾焚烧发电企业，均被查出存在污染物超标排放、烟气污染物自动监控系统运行管理不规范等问题。

2009 年广东省某地焚烧项目遭遇抵制引发的舆论事件开始进入公众视野。随后的数年间，同类事件如同雨后春笋般连续出现，成为一个不容忽视的社会现象。

在"十二五"开始前的 2010 年，粤东西北地区垃圾焚烧发电处理能力还是一片空白。广东省在"十二五"期间要求规划建设的生活垃圾焚烧发电项目有 36 个，多地面临着项目考核压力，并采取了一些措施确保项目推进，也在客观上诱发了垃圾焚烧项目的舆论事件。

二、近年来垃圾焚烧项目的舆情新趋势和新特点

梳理全国范围内因垃圾焚烧项目引发的舆论事件，可以发现一些新趋势和新特点：

（一）垃圾焚烧项目引发的争议从中心城市向三、四线城市扩散

在 2014 年以前，广东省涉垃圾焚烧项目的舆论事件主要出现于珠三角地区。作为经济发达区域，珠三角最先面临"垃圾围城"的现实压力，也最早筹划建设垃圾焚烧项目。而该区域的政府开放程度、媒体发达程度以及市民受教育程度相对较高，也为邻避效应的出现及扩散提供了先天条件。

在珠三角地区的带动下，公众的环境维权意识逐渐增强，舆论事件开始从珠三角向粤东西两翼扩散。从数据来看，2014 年以后，粤东西北地区因垃圾焚烧项目促发的事件逐年增多。在此阶段，鉴于庞大的经济体量、转型升级的现实需求和较大的维稳风险，珠三角地区对于垃圾焚烧项目的引进与立项更加谨慎；而发展相对滞后的粤东西北地区，则有着较为强烈的通过重大项目带动地方发展的刚性需求。

广东舆论事件的扩散趋势是一个缩影。在全国范围内，近十年来，基于经济社会发展程度、城市发展需求、公众维权意识的成熟度等多种因素，因垃圾焚烧项目引发的舆论事件，也从北上广深一线城市逐渐向其他省会及二线城市蔓延，甚至已扩散至三、四线城市。

（二）不同区域舆论事件的传递效应增强，舆论冲突类型化趋势突出

从南方舆情监测数据来看，在垃圾焚烧项目领域，2014 年以后已很少再有单独的事件发展成为舆论的绝对焦点。一方面由于新闻舆论传播秩序的进一步规范，另一方面也由于同类事件的数量急剧上升，出现频率越来越密集，呈现出舆论事件类型化的趋势。

互联网时代带来的传播技术升级和形式创新，让不同地区发生的舆论事件出现了极强的传递效应，"一闹就停"成为公众面对垃圾焚烧项目的心理期待。各地在舆情传播中，均以其他区域项目"一闹就停"作为传播口号和效仿对象。

以上信息显示，垃圾焚烧项目引发的舆论事件有从单一的特殊事件向常态化演变的趋向。其背后有着利益相关方的共性诉求，仅仅靠对舆论管控无法解决根本问题。

（三）利益主体更加多元化，公众诉求更加复杂化

近年来不少舆论事件出现于农村地区，尽管农村空心化趋势已愈发突出，但互联网的普及加深了外出人士与本乡村民之间的联系。在一线城市中的见闻，让这些外出人士较早地认识到环境保护问题，并接触到一些基本的维权经验。

在近年来的相关案例中，这些外出人士在农村地区的舆论事件中承担了策划和咨询的主要角色，这种现象导致以下两方面后果：一是在外商人等利益主体的介入甚至主导，使得村民群体的诉求更加复杂化，部分基层党委政府对于农村舆论的传统管控手段已不能适应新的形势。二是村民抗议行动从松散无序趋向于有组织、有底线、有抗压性。在 2014 年之后发生的多起舆论事件中，村民与政府人员、警方直接冲突造成恶性事件的数量有所减少。

当然，即便没有在外人士的参与，农村地区村民的维权意识也已大为觉醒，但仍然相对缺乏沟通技巧及协商精神，致使群体性事件更容易发生。而一旦酿成较大规模的抗议事件，反对人群中往往混杂着诉求淳朴的普通民众、意有所指的利益人群，以及别有用心的挑拨者。抗议群体的声音中，往往还夹杂着关于土地问题、官员贪腐等历史遗留问题的多元化诉求。比如在湖北仙桃垃圾焚烧项目抗议事件中，地产商相关利益群体有意煽动对立情绪，加剧舆论恐慌，以此促发混乱局面，向地方政府施压。

（四）高速普及的社交网络增大了舆论引导的风险和难度

日新月异的互联网传播方式和新媒体技术，给舆论引导工作提出了新的挑战。民间的维权声音传播手段更加多样化、高效化，在传统媒体环境中，民众

表达诉求、引发关注的手段只有报纸、电视台等相对狭窄的渠道，而社交网络的开放性，降低了信息传播成本，增强了舆情风险的不确定性。

近年来垃圾焚烧项目引发舆论事件的增长，与移动社交网络的普及呈现出同步趋势。近年来，大部分舆论事件中，几乎没有本地传统媒体在第一时间发声，但也无法阻止信息传播和舆情发酵。互联网技术打破了舆论的地域边界，原本可能只是集中于本地区域的舆情，如今能够轻而易举地发酵成为全省乃至全国关注的事件。

（五）坚持高标准运营的垃圾焚烧项目成为舆论引导的正向示范

尽管不少垃圾焚烧项目陷入"落地难"的困境，但也有一些项目坚持高标准建设，成为该领域具有示范和科普价值的典型项目，对舆论的正面引导起到了一定的积极作用。

在一些项目建设地，政府部门主动邀请市民代表参观已建成投产的垃圾焚烧项目，以期通过更加直观的方式消除市民对垃圾焚烧项目的顾虑。一些运营规范的垃圾焚烧项目，也主动参与公众层面的日常科普，积极向公众展示垃圾焚烧发电的处理流程和细节。此外，国家对于政府信息公开的规范要求不断提高，一些地方也倾向于主动披露垃圾焚烧项目选址、环评、修建、运行等各环节的进展情况，以期消解舆情风险，尽力满足公众的知情权。

三、垃圾焚烧项目引发舆情事件的原因探究

本部分按垃圾焚烧项目的推进顺序，从前期决策、中期建设和后期处置三个阶段切入，对舆论事件的产生原因进行深入分析。

（一）前期决策阶段——政府部门存在观念偏差，与公众沟通不足成为后期舆情爆发隐患

在垃圾焚烧项目的引进和选址等前期决策阶段中，一些地方政府部门有意削弱民众参与度，或以形式性参与代替实质性参与，未能保证项目决策的科学性和民众的知情权，可能导致以下风险：

一是个别项目存在引进和选址决策缺乏科学性问题。这些项目虽然具备较大的经济效益，但未必完全符合当地真实的社会和民生需求，项目选址也未必

符合环保标准。对垃圾焚烧项目的社会必要性论述不足，成为诱发群众反对的风险源头。二是前期决策阶段公众参与的缺失，容易让群众与政府因意见分歧而形成对立，既削弱了政府公信力，也在一定程度上催生出群众对项目的抵触情绪，为此后的舆情发酵埋下隐患。三是在现有的政治参与框架下，负责项目具体推进的基层政府、与利益相关者接触最密切的基层干部，往往难以及时参与到项目前期的意见征询和决策工作中，甚至在项目推进过程中的知情权也极为有限，这也直接削弱了基层干部与群众的沟通效果。综观近年来广东省垃圾焚烧项目的失败案例，基层干部对项目推进情况不了解，已成为多起发生在镇村一级的舆论事件所出现的共同问题。

（二）中期建设阶段——试图"低调上马"却适得其反，政府预估不足出现信息发布盲区

在确定引进邻避项目之后，不少地方政府部门试图"低调上马"，尽快推进项目开工建设。而在公众沟通方面，相关部门对于项目推进的信息公开并不到位，民众的知情权未能得到充分保障，必要的科学知识宣传也往往缺失。在近年来垃圾焚烧项目引发的舆论事件中，多数地方政府在信息公开上的表现备受指摘，成为诱发抗议行动的重要原因之一。

一种典型的做法是，前期公示程序走过场，信息公开刻意低调，直到项目临近开工，才将相关信息"突然公开"，令民众"措手不及"。而在邻避冲突出现后，官方会表示履行过相关的公示程序，但显然多数民众并不知情，并倾向于认为政府刻意隐瞒相关信息，这往往会在短时间引爆舆论进而触发舆论事件。

对于公众而言，在信息不对称的情形之下，公众缺乏畅通的资讯渠道，对于垃圾焚烧项目的疑虑与不安也将随之增加。而一旦较大范围的群众感到疑虑并开始搜集相关资料时，将倾向于对负面资讯的搜集，也容易造成政府与群众"各说各话"。

在公众沟通方面，有的地方政府展现出良性沟通的诚意和行动，但对于信息公开和民意协调的涉及范围预估不足或决策失误，致使信息发布出现盲区，公众沟通未能达成预期效果，也成为引发舆论事件的导火索之一。其中原因，主要是部分类型的垃圾焚烧项目所影响的范围已不局限于其落地的行政区域。

由于风险辐射范围较广，其落地的相邻行政区域亦有可能存在较大规模的潜在抗议群体。一些沿海城市与港澳同胞、海外华侨也有密切关联，后者有可能成为持反对意见但被忽略的群体。

此类舆情风险对项目发起地政府提出了更高的舆论引导要求，需要开展跨区域的地方性决策和信息公开，与同级甚至更高层级的相关部门协同展开民意沟通工作。

（三）后期处置阶段——冲突升级的关键时期，综合来看，有以下几种应对不当的方式致使邻避风险增加

1. 舆论事件风险升级，政府沟通反馈应对滞后

在种种前期因素积压之下，冲突一旦酿成，往往易于形成群体性事件。在公众层面，由于正常沟通机制失效或不被信任，群众往往寄希望于依靠集体闹访、越级上访等非常规渠道表达利益诉求，并倾向于借助未经证实的谣言和网络传播的力量，来表达抗争诉求。

网络的开放性使公众的政治参与门槛进一步降低，在此环境下，面对较大规模的舆论事件，政府部门避而不谈、封锁消息的应对方式已然不合时宜。但遗憾的是，一些地方政府部门的危机应对理念滞后，对风险程度的把握不足、判断不准，在舆情危机中陷入进退两难的境地。在维稳压力之下，一些地方政府部门还试图向公众隐瞒、向上级欺瞒、向媒体封锁消息，致使谣言占据话语空间、政府公信力持续下降，进一步增加了舆论事件的处理难度。

2. 应对不当致使矛盾升级，在"强硬"与"顺从"之间进退失据

面对民众对项目的质疑与抗议，有的政府部门未能及时进行风险释疑，而是采取简单、僵硬甚至粗暴的方式处理相关问题和冲突。这也凸显出新形势下有关部门处理舆情危机能力较弱。以下是几种最为常见的不当应对策略：

一是重大项目舆情监测体系欠缺，舆论引导意识落后。梳理近年来垃圾焚烧项目引发舆论事件发生，冲突爆发前相关消息均会在项目周边的村民间流传，并在微博、微信和论坛等网络平台上传播，但相关部门或者回应缓慢，或者在回应中无视民意，导致事件升级。

二是在舆论事件发生后，一些地方政府部门的应对技巧不足。官方的公开

回应简单僵硬，与群众的实际诉求对接不畅，群众工作也不够深入细致。在固有的思维格局下，一些政府部门的公众沟通仍然依赖于传统模式，忽视传播对象的群体特征，不适应互联网的传播规律和形态。

三是面对群体性事件的维稳压力，在"强硬"和"顺从"之间进退失据。一些地方政府部门习惯于传统的维稳思维，试图通过简单粗暴的高压策略来平息抗议行动。这容易诱发严重的逆反态势，导致冲突升级并引发更为不利的舆情。还有一些地方政府为了平息抗议事件，匆忙否定项目。这种应激反应的频繁出现，致使各地反复上演"上马—争议—搁置"的剧情。在邻避冲突出现之后，如何在平息公众抗议和科学评估项目风险之间取得平衡，如何通过深入细致的群众工作和积极有效的公众沟通，推动具备公共效益的民生项目顺利落地，这是一个仍在探索的复杂问题。

四、垃圾焚烧项目建设的舆情应对建议

生态环保治理过程中提高社会治理现代化水平，已成为各级政府共同面对的难题。南方舆情综合分析历年来垃圾焚烧项目建设的经验教训，提出以下舆情应对建议。

（一）公众沟通——从"决定—宣布—辩护"到"参与—协商—共识"

在项目建设的全流程，充分有效的公众沟通是一个重要的基础性工作。在前期决策阶段，要力争全程科学决策，增加决策中的民主性，保证程序合法与公正。在项目建设的方案选择、执行评估等阶段，要尽量做到公开化、透明化、程序化。在整个流程中，要重视引导民众广泛参与，增强上下级部门之间的信息互通，并吸收专家和第三方机构的项目评估意见，使政府决策从自上而下的"决定—宣布—辩护"模式转化为"参与—协商—共识"模式，以减少决策带来的风险和冲突。

要切实引入协商机制，让公众参与垃圾焚烧项目的决策和管理。在项目设施兴建决策前，应该有充分的民意调查和信息公开，让利益相关者知晓并参与到决策议程中去。在引导公民参与过程中，应充分尊重公众的知情权、参与权和监督权，尽可能多地提供邻避设施相关信息以提高公众参与的质量，与公众在平等、尊重的环境下进行对话。

在公众参与人员选择上，要密切关注邻避设施相关利益者的社会网络关系，在邻避设施的立项、选址、评估阶段，选出能反映相关利益者诉求的"真实代表"或在相关公众中德高望重的人作为民意代表，有条件的情况下还可以引入专业性第三方非政府组织的力量，以提高公众参与方的公正性和意见的有效性。在参与实践模式上，可采取网站投票、问卷调查等单向反馈与召开听证会、政策说明会等双向对话机制相结合的参与机制。

（二）科学规划——保障规划的长期稳定性，规范选址的程序合法性

加强规划的科学前瞻并保障其长期稳定，是预防邻避风险的关键。在邻避风险的预先防范上，如果城镇规划能够提前做好科学合理的功能区划分，并且保障规划的长期稳定性，则可以从源头上降低邻避风险。

大多数垃圾焚烧项目在选址阶段就开始遭遇公众强烈反对。一般而言，选址要兼顾到污染、风向、人口密集度以及成本等多方面因素，应尽可能避开城市主干道和人口居住群，并远离环境敏感区。在此方面，更需要考虑提前做好科学规划，并考虑建立健全生态补偿和利益调节机制，兼顾和平衡各有关方面的利益。

由于目前土地资源日益稀缺以及城市规划设计的先天缺陷，使得一些公共环境项目"不得已"出现在居民区周边，选址矛盾愈发突出有其客观原因。一个极易引发争论的问题是，项目选址与居民区之间的安全距离如何确定。根据 2016 年开始施行的《生活垃圾焚烧污染控制标准》，"应依据环境影响评价结论确定生活垃圾焚烧厂厂址的位置及其与周围人群的距离"，但该标准并未明确规定安全距离的数值范围。在缺乏国家统一标准的情况下，地方政府在与当地居民进行沟通协调的过程中，应当紧紧围绕"项目与居民区保持安全距离"这一核心要点，给出科学可信的依据。

在选址过程中，相关部门也应对各关联方进行有效引导，尽可能地在法律框架下解决问题。2016 年 12 月，广东省人大常委会表决通过了《广东省人民代表大会常务委员会关于居民生活垃圾集中处理设施选址工作的决定》。这是国内首个把垃圾处理设施选址问题上升到法律层面的法规，为广东建设居民生活垃圾集中处理设施选址提供了法律保障。该决定明确选址原则为"科学选址、集中建设、长期补偿、各方受益"，要求进行选址方案"比选"，并应当

通过论证会、听证会、公开征求意见等多种方式听取各方意见，依法进行环境影响评价。

（三）利益补偿——"使用者付费、受益者补偿"

在无法完全消除邻避项目对环境产生负面影响的情形下，利益补偿仍是解决邻避冲突的有效手段之一。在此方面，项目建设单位协同政府部门在土地补偿等常规补偿方式外，可以针对项目所在地群众的实际需求，立足于地方经济的长远发展，建立复合型的补偿机制，并提高补偿方案的可选择性和针对性。比如，在项目所在地增加民生投入、改善公共环境、提供就业机会等。

以汕头市潮南区垃圾焚烧发电项目为例，其依照"谁受益、谁付费，谁受损、谁受偿"的原则，帮助项目所在地群众解决生产生活实际问题。在此过程中，政府部门提升了公共服务水平，企业实现"小投入、大发展"，当地群众则真正受益。合法、合情、合理的利益调节机制，使原先的矛盾对立方转而成为利益攸关方，最终达到经济效益与社会效益的共赢。

"十年前内外交困，后来反对者变成了伙伴，再成为合作者。"佛山南海固废处理环保产业园相关负责人如此描述该项目从"邻避"到"邻利"的过程。2016年8月，该园区与一墙之隔的广东轻工职业技术学院签署战略合作协议，共建环保产业学院，组建环保产业孵化器，在产学研基地建设、环保人才职业培训等多方面进行深度合作。垃圾处理项目运行之后，一天要排出500多吨蒸汽，成为吸引工业企业入驻的可利用能源，而企业入驻的土地租金也给村民带来了分红，同时增加了就业机会。

《广东省人民代表大会常务委员会关于居民生活垃圾集中处理设施选址工作的决定》也明确提出，"建立健全长期生态补偿的长效机制"，包括"使用者付费、受益者补偿"的原则，规定"受补偿区"和"补偿区"的范围，明确生态补偿费的用途为设施周边环境整治改善、公共服务设施建设和维护、集体经济发展扶持和村（居）民回馈等，并强调处理设施所在地人民政府和管理运营单位，应当加强对周边村（居）民的扶持和回馈。

（四）传播策略——多方借力"抢占"新媒体话语权，及时消除谣言影响

在舆情风险应对中，宣传沟通团队应有计划、有针对性地加强舆论引导，

并提高沟通技巧和传播能力。

一是注重全媒体传播渠道，拓展官方和建设方在新媒体上的话语主导权，主动且持续地向利益相关群体传递信息，告知垃圾焚烧项目决策的依据、垃圾焚烧项目的建设运行过程和邻避项目可能带来的各种影响。通过全媒体及时有效的沟通，降低沟通不畅造成的误解和谣言形成的负效应，尽可能多地获取公众的正面理解与支持，稳定旁观公众的心态，压缩个别偏激人员组织实施不合作对抗行为的空间。在此过程中，要优化宣传沟通的意识理念，立足真诚合作而非权宜隐瞒；要增强宣传沟通的时、度、效，实现表达有效和理解充分。

二是及时辟谣，消释负面舆情。谣言的形成，除了别有用心者故意为之，也与政府部门信息公开不主动、不及时、不全面有关。针对谣言传播，相关部门应主动发声，及时回应，解疑释惑，澄清事实。要注意的是，一些谣言并不会因权威信息的发布而立刻平息，出于对相关部门的不信任和信息传递的滞后，一些公众会对官方信息仍存质疑。此种情况下，一方面应着重用事实说话，另一方面应引入更具公信力的上级政府部门、媒体或独立机构等发出权威声音。

三是借助"第三方"力量，消解政府公信力危机。在政府部门与公众存在信任鸿沟的情形下，建议引入"第三方"进行舆论引导。如邀请专家学者参观邻避项目，向公众阐释其风险的可控性；发挥公众信赖度较高的乡贤、本土"意见领袖"、舆论影响力较强的网络"大 V"等群体的作用，相比政府单方面的说教，这类群体的正向发声能收到更加积极的效果；注重知乎、果壳、分答等在舆论场迅速崛起的知识分享平台，这些平台上具备专业知识、整体立场较为温和理性的网络人士可以发挥一定的舆论影响力。

（五）舆情应对——设立专门的舆情应对团队，形成完整的舆情应对体系

针对垃圾焚烧项目的传播特征和现实困境，建议设立专门的舆情应对团队，形成一套完整的舆情应对体系，帮助官方在第一时间发现舆情，提前对可能存在的风险做好预判和预防，既为官方危机处置赢得时间，也避免事件爆发后形成难以控制的舆论压力。

一是成立专门的舆情应对团队，加强舆论引导工作的专业分工，统一新闻发布出口。各级政府部门要建立起齐备的新闻发言人制度，成立日常舆情引导协调机构，能够代表各职能单位进行最准确的业务表述；宣传部门回归组织协调工作，统筹发言团队人员安排；同时，在事件发生后，尽快成立舆情引导协调领导小组，引入舆情应急外部专家组，加强对舆情的监测研判工作。

二是准备好风险沟通预案，由风险管理者和风险沟通专家共同参与制定。需要注意的是，民众的质疑和诉求包括合理合法、合理但现有法律框架无法满足、不合理且违法三个层面，对于不同层面的诉求应加以区分对待。在公众沟通环节中，强制手段是最低效且难以服众、副作用明显的手段。在多起事件中抓人后反而引发更大反弹的案例并不少见，强制维稳手段应慎重采取。

三是加大对重点内容、重点网站的监测。随着项目建设信息发布的前移，舆情监测工作也应当前置，建立 24 小时的动态监测预警。监测内容上，以煽动抗议行动等动员性信息、无科学依据传播项目危害的谣言类信息作为监测重点；监测对象上，本地居民聚集的地方论坛一向是地方舆情多发区。此外，面对当前舆情传播阵地从 PC 端向移动端转移、网络社群快速发展的大趋势，对"秒拍"和"梨视频"等短视频分享平台、"斗鱼"等网络直播平台、"知乎"等知识分享平台也应给予重视。

（六）日常科普——将科普宣传贯穿到日常，让优质项目变身为科普基地

公众对于垃圾焚烧项目的恐慌，一定程度上与公众对于项目科学性认识的不足有关；而在抗议行动中一些非理智的行为，更与法治意识淡薄、缺乏协商精神有关。鉴于此，要将科普宣传贯穿到日常。针对垃圾焚烧项目的释疑宣传，需要扩展到更宽泛的时间周期中，如果忽视日常的舆论引导，等到危机出现才应急科普，必然是事倍功半。

政府应进一步开放已建成垃圾焚烧"样本厂"的参观，简化参观的申请手续，方便民众随时随地参观和了解垃圾焚烧的情况。南方舆情实地调研了四川省成都市、江苏省苏州市及广东省内多个垃圾焚烧项目，其都具备此类特点：当地政府主动引导公众到实地了解垃圾焚烧的知识，运营规范的垃圾焚烧项目也成为当地公众的科普基地。

在四川省成都市，当地多个垃圾焚烧发电项目均在厂址门前设置了醒目的"空气质量指数实时监控牌"，公众可以随时浏览。成都祥福焚烧发电项目负责人说，该项目不仅对垃圾处理的相关指标进行实时公示，还将工作人员的办

公室设在烟囱旁边，"我们自己知道技术过硬，就更有底气"。

广东省汕头市潮南区主要领导总结当地垃圾焚烧发电项目的建设经验时表示，与民众沟通的最好方法就是开放企业，大家走进垃圾焚烧发电厂，所有的疑惑、猜忌、排斥都会有一个理性的分析和判断。该项目所在地的村民一开始也存在误解和疑虑，为此当地政府先后组织了70多名群众代表到成都等地实地参观考察垃圾焚烧发电厂，深入了解垃圾焚烧发电的原理以及对周边环境的影响。

"共组织三批村民外出实地参观，花费超过100万元，从项目的顺利推进与维稳的账目来算，这100万元能够打消村民的质疑，那就值得。"潮南区主要领导表示，通过几轮参观，村民们对于垃圾焚烧发电项目的疑虑开始消除，政府得以和心静气的村民坐下来协商补偿问题，最终推动了项目落地。

在国外，新加坡最初建设垃圾焚化厂时，民众也有反对意见。新加坡政府坚持以公开透明的姿态向民众用监测数据说话，逐步赢得了市民支持。如新加坡大士南垃圾焚化厂排放的废气少于1微克/立方米，其中，二噁英含量少于0.1纳克/立方米（纳克是质量单位，1 000纳克等于1微克）。这些排放量均远低于新加坡《环境保护法》允许工厂最多排放废气的数量。

化解邻避风险的源头在于打消公众的疑虑，而化解的思路也应由事后的舆论管制转变为日常潜移默化的引导，这个过程需要环保、教育、法制等多个部门以及企业通力协作。

（七）项目监管——确保垃圾焚烧项目规范运营，防范后期次生舆情风险

部分舆论认为，目前垃圾焚烧项目不被信任的根源不在于技术，而在于民众对于企业运营和政府监管的不信任。毋庸讳言，我国部分垃圾焚烧处理设施存在标准较低、运营不善、监管缺位、污染超标等问题，这都加深了公众对垃圾焚烧项目的负面情绪。

据环保组织自然之友2016年发布的《231座生活垃圾焚烧厂信息公开与污染物排放报告》显示，全国已运行的231座垃圾焚烧厂中，纳入国家重点监控企业的不足总数的45%，企业自行监测信息平台公开信息表现不足，垃圾焚烧厂污染物排放普遍存在超标行为。仅2016年一季度，共有30座垃圾焚烧厂超新标排放，累计超新标次数高达4 682次。这也提醒地方政府，垃圾焚烧项目在获得民意支持上马后不能"一劳永逸",后续监管应当及时跟上。

在项目投入建设之后,应持续发布项目建设的阶段性进展,坚持全流程、全社会监管。一方面,要让焚烧厂"在阳光下运行",建立全程监管模式;另一方面,建议定期邀请市民代表走进焚烧厂亲身感受,同时畅通监管渠道,让人大代表、政协委员、专家学者、环保组织也参与监管,实现全社会共同监管。一旦发现并核实项目存在超标排放、污染指标控制不到位等问题,执法机构应依法严处。

还可以借鉴的是,一些欧洲国家将垃圾焚烧处理设施建设在城市空间,并围绕其周边环境建成功能复合的城市社区公园。通过再生设计、资源循环利用等手段,将城市垃圾处理厂改造为绿色、自然、美好、功能复合的公共空间,集再生设计、低碳生活、宣传教育、娱乐体验等功能于一体。还有一种颇有启示的方式是将垃圾焚烧厂建设与艺术结合,以降低民众对于垃圾焚烧厂的抵触情绪。比如丹麦的"能源之塔"垃圾焚烧炉,设计灵感来自罗斯基勒大教堂,采用特别的多孔设计,让它看起来极具观赏性。白天,极具艺术感的造型与蓝天白云交相辉映;夜晚,人们能够透过建筑的孔洞看到炉内发出闪烁的光。

PX、垃圾焚烧、核电三大项目落地困局的南方解读

南方舆情数据研究院

一、舆情概述

当前中国经济社会发展不平衡、不均衡、不可持续的问题仍然突出，多阶段、多领域、多类型生态环境问题交织，提高环境质量、加强生态环境综合治理、加快补齐生态环境短板是当前中国生态文明建设的核心任务。

在生态环境治理的现实格局中，因重大项目建设引发的邻避效应愈发突出，成为一个不容忽视的现实问题。邻避心理渐成社会普遍心理，涉重大公共利益项目落地愈发艰难。一边是公共利益的强烈需求和经济效益的强烈冲动，另一边是群体性抗议事件带来的多元诉求和维稳压力，双方的裂痕之下，"一闹就停"的困境愈成常态。

在 PX、垃圾焚烧、核电三大领域出现的舆论事件，集中反映出生态环保治理的一些现实困局。近年来，以上领域的舆论事件展现出更加丰富的舆情特征，南方舆情分析师对其进行了全面梳理，发现以下新趋势和新特点：

第一，互联网社会高速普及和新媒体技术的迅猛发展，打破了舆情地域边界，为舆论引导工作带来了极大挑战。

第二，基层政府和行业主管部门面临的公信力危机愈发凸显，群众对于政府部门的信任缺失，已严重影响到公众沟通的效果。

第三，公众的环境维权意识日渐高涨，邻避心理成为社会普遍心态，极大增加了重大公共利益项目落地的难度。

第四，不同地区舆论事件的传递效应增强，冲突从中心城市向三、四线城市扩散。

第五，境外群体对中国环保问题关注度持续走高，环境问题极易政治化。

对比国内三大领域项目落地的正反两方面经验，可以发现，邻避之困固然

源于项目本身可能带来的风险，但区域规划、科普教育等亦是导致出现舆论风险的重要因素。而社会各方的认知与行为误区，可能使三大项目陷入更为复杂的现实困局。

作为推动项目落地的主要责任方，有的地方政府部门在科学决策和良性引导等方面有所不足；基于对三大项目的模糊认知和复杂利益诉求，有的群众可能对三大项目产生抗拒和排斥心理；在缺乏有效利益调节机制的情形下，利益关联各方矛盾固化，成为问题多发的深层症结。

新媒体传播环境放大了舆论风险的不确定性。日新月异的新媒体技术，促成了信息传播的多样化和高效化，也带来了以假乱真的"谣言"，增加了舆论事件的处置难度。

经济发展与环境改善实现双赢，是当前中国的现实需求。生态兴则文明兴，生态衰则文明衰。在此诉求下，突破环境治理难题、推动治理现代化的紧迫性、必要性和复杂性愈发凸显：它既关乎政企行为，也关乎社会认知；既需要良善的社会治理，也需要积极的舆论引导。

从根本上讲，生态环保治理难题正是要以各类问题为导向，建设与社会经济发展相适应的现代治理体系，以切实提升治理能力，而系统性的社会治理，更是有赖于政府与社会群策群力、共治共享。

二、舆情研判

南方舆情梳理近十年来国内 PX、垃圾焚烧、核电三大领域项目的建设经历，对各关联方在舆情处置中的认识和行为误区进行分析，按邻避项目舆论引导的推进顺序，分为前期预防、中期预警和后期处置三个阶段进行阐述。

（一）前期预防阶段

1. 一些地方党政部门对项目存在认识偏差，项目决策过程民众参与度不足

在项目的引进和选址等前期决策环节，一些地方政府部门有意削弱民众参与度，或以形式性参与代替实质性参与。这种观念偏差有可能导致以下风险：

一是个别项目存在引进和选址决策缺乏科学性问题，未必完全符合当地真实的社会需求和民生需求，成为诱发群众反对的风险源头。

二是前期决策环节公众参与的缺失，容易让群众与政府因意见分歧而形成对立，为此后的冲突埋下隐患。

三是基于项目引进的利益考量，地方政府与项目投资方容易走得更近，并倾向于认同项目毫无风险，排斥良性的公众沟通。

2. 一些地方党政部门之间沟通不畅，基层部门的有限知情权难以支撑较大的公众沟通责任

不少项目属于国家级、省级重大项目，其在前期决策环节多由较为高层的政府部门主导。但在现有的政治参与框架下，负责项目具体推进的基层政府、与利益相关者接触最密切的基层干部，往往难以及时参与到项目前期的意见征询和决策工作中，甚至在项目推进过程中的知情权也极为有限。这就直接削弱了基层干部与群众的沟通效果，进而令基层政府公信力受损。

（二）中期预警阶段

1. 信息透明度不足、科学宣传缺失，致使民众对项目设施建设缺乏认知和认同

在确定引进项目之后，不少地方政府部门试图"低调上马"，推进项目尽快开工建设，对于项目推进的信息公开做得不足，必要的科学知识宣传也往往缺失。

在信息不对称的情形之下，群众缺乏畅通的资讯来源，对于项目的疑虑与不安随即增加，并倾向于搜集负面资讯，这成为谣言滋生的"温床"。更为极端的情况是，个别地方政府试图采取欺瞒群众的方式推进项目"上马"，这种谎言一旦被识破，将极大地加重群众对政府的不信任感和抵触情绪。

2. 跨区域的信息公开与公众协调不足，出现信息发布的盲区

在信息公开和公众沟通方面，有的地方政府展现出良性沟通的诚意和行动，但对于信息公开和民意协调的涉及范围预估不足或决策失误，致使信息发布出现盲区，公众沟通未能达成预期效果，这也成为舆情爆发的导火索之一。

一是部分类型的项目所影响的范围已不局限于其落地的行政区域，在其落地的相邻行政区域，亦有可能形成大规模抗议的潜在群体。二是在一些沿海地区，其与港澳同胞、海外华侨均有着密切关联，如果公众沟通忽略此类人群，这一群体也有可能成为反对项目建设者。

（三）后期处置阶段

1. 舆论事件出现后，群众表达诉求渠道不畅，政府沟通反馈应对滞后

在公众层面，由于正常沟通机制失效或不被信任，群众往往寄希望于依靠集体闹访、越级上访等非常规渠道表达利益诉求，大规模的群体聚集容易酿成难以控制的暴力违法行为。当事群体还倾向于借助未经证实的谣言和网络传播的力量，来表达抗争诉求，通过"冲突的社会化"来增强话语权。

在政府层面，面对较大规模的舆论事件，一些地方政府部门的危机应对理念和方式仍然存在误区。不仅与公众沟通不及时，还试图向公众隐瞒、向上级欺瞒、向媒体封锁消息，致使谣言占据话语空间、政府公信力持续下降，进一步增加了舆论事件的处理难度。

2. 进入沟通环节后，政府公信力不足严重影响公众沟通效果

综观近年来国内舆论事件案例，地方政府和相关职能部门面临的公信力危机愈发凸显，已严重影响公众沟通的效果。

其一，一些地方长期以来的干群关系疏离以及基层组织的软弱，成为公信力危机的触发点。其二，在邻避项目的引入和推进过程中，地方政府往往扮演了"运动员"（招商引资）与"裁判员"（对项目审查）的双重角色，其独立性和公正性受到质疑。

3. 不恰当的应对策略致使矛盾激化

（1）应对技巧不足，公开回应僵硬，无助于缓解矛盾。

一些地方政府主要使用通报式语言、居高临下的姿态，信息公布的内容少、频率低、速度慢，未能显露出良性、细致、耐心、充分沟通的诚意。在新媒体环境下，公开回应方式仍然依赖于传统的张贴告示、官网发布的形式。信息内容过多集中于舆情危机的应对和进展的处置，未对群众的实际诉求予以回应，缺乏接地气且具备务实性、合法性的承诺。

（2）简单粗暴的高压策略致使群体性冲突升级。

一些地方政府部门习惯于传统的维稳思维，试图通过简单粗暴的高压策略来平息抗议行动，将本是经济、民生利益诉求的事件视为对立行为，匆忙定性参与者为"不明真相的群众""闹事者"等。轻率地使用高压策略，容易诱发严重的逆反态势，导致冲突升级并引发更为不利的舆情。

4. 应急处置存在多部门联动不足的问题

三大项目社会风险的产生与扩散是非常复杂的过程，涉及多个不同部门的应急管理行为。由于缺乏健全的风险防范和应急处理机制，一些地区的部门之间职责划分不清晰、沟通机制不明确，导致社会风险应急处置的实施效果不佳，出现"不联不动、联而不动、联而慢动、联而乱动"的现象。

更为突出的问题是，一些地方党政部门首先考虑采取控制、压制、封锁消息的老办法，缺乏事前舆论引导意识。这导致各个环节责任主体未能提前对可能存在的风险做好预估、预判和预防措施，事件爆发后形成巨大的舆论压力，甚至导致舆论失控。

三、南方舆情应对建议

近年来，国内一些地方努力探索破解邻避困境的机制方法，推动邻避项目落地，实现了较好的经济效益和社会效益。南方舆情结合已有的成功经验和失败教训，提出以下应对建议：

（一）充分的信息公开和有效的公众沟通，是进行舆论应对的出发点

公共项目越是难被群众接受，就越需要政府部门开展深入细致的群众工作。只有以公开透明的信息发布来消除信息不对称，以充分互动的公众沟通来了解和回应群众诉求，才能保障群众的知情权、参与权、表达权和监督权，将矛盾化解在最基层。

（二）建立科学、合理的利益调节与平衡机制，是解决问题的突破口

解决问题的核心，是平衡好经济发展与社会和谐、公共利益与局部利益的关系。在无法完全消除三大项目负面影响的情形下，化解群众抵触情绪的最有效措施就是建立利益调节与平衡机制，在合法合理的前提下积极呼应群众的利益诉求，将多方的矛盾对立变为群体的利益共享。

（三）创新联动机制和健全决策机制，是实现现代化治理的制度保障

实现现代化治理是一项系统工程，需要不同层级部门、不同责任主体协同

合作，形成职责清晰、充分联动、有效监督的工作机制；同时需要健全决策机制、完善决策程序，坚持科学决策、民主决策、依法决策。只有通过机制创新为三大项目推进的各环节建立制度保障，才能真正突破困境。

（四）加强规划的科学前瞻并保障其长期稳定，是防范舆论风险的关键点

项目建设首先是一个科学规划的问题。规划需要具备前瞻性、系统性和全面性的特点。在舆论风险的预先防范上，如果城镇规划能够提前做好科学合理的功能区划分，并且保障规划的长期稳定性，则可以从源头上降低风险。

（五）创新全媒体传播策略并谋划舆情应急体系，是防范舆论风险的必要工具

互联网时代增强了舆论风险的不确定性。各层级的宣传沟通团队应主动加强舆论引导，提高传播能力和沟通技巧，把握好舆论引导的时、度、效。尤其要重视全媒体传播渠道，积极拓展全媒体领域的话语权。同时，有必要组建专业化的舆情应对团队，谋划建立舆情危机应急体系和应对预案。

（六）推动科普教育从事件化到常态化，是防范舆论风险的重要手段

群众对三大项目的担忧主要源于风险的不确定性，一些非理性的抵制行为也与其科学常识相对匮乏有关。打消群众疑虑，既需要在具体事件上探索科普宣传的有效形式，也需要各个相关方面主动务实，加强全民科普、日常科普的力度。

卫生防疫

政务单位如何做好医患舆情应对

——以"北京民航总医院杀医"事件为例

南方舆情分析师：陈明慧

一、前言

2019 年 12 月 24 日凌晨，北京市朝阳区民航总医院发生一起患者家属杀医事件。该院急诊科副主任医师杨文在正常诊疗中，遭到一名患者家属的恶性伤害，致颈部严重损伤，不治死亡。该事件因性质敏感，影响恶劣，一度在舆论场掀起巨大声浪，事件传播面广，舆情热度高。该杀医案直接推动全国人大通过《基本医疗卫生与健康促进法》，国家卫健委法规司司长针对该事公开表态"非常痛心，非常愤怒，此事件不是医疗纠纷，而是严重刑事犯罪"。

回溯这起事件舆情发展的全态势，捋清各个环节节点，我们会发现这个事件在舆情处置过程中存在一些可以改善的因素。媒体的过度介入、院方回应的滞后使事件后期出现了不少舆论杂音及谣言，而国家相关部门由始至终旗帜鲜明的表态及对涉案嫌疑人从严从快处理鼓舞了舆论场一度低迷的情绪。

以该事件为例，政务单位应如何做好医患舆情应对？我们认为应该做到以下四个方面：舆情应对应遵循客观和快速两大原则；舆情应对时应直面问题，树立负责任、有担当的政府形象；善于运用媒体特质，打好宣传组合拳；建立常态化的舆情应对机制。

二、北京民航总医院杀医案概述

2019 年 12 月 24 日凌晨，北京市朝阳区民航总医院发生一起患者家属杀医事件。该院急诊科副主任医师杨文在正常诊疗中，遭到一名患者家属孙文斌恶性伤害，致颈部严重损伤，不治死亡。2020 年 1 月 16 日，被告人孙文斌以故意杀人罪被判处死刑。

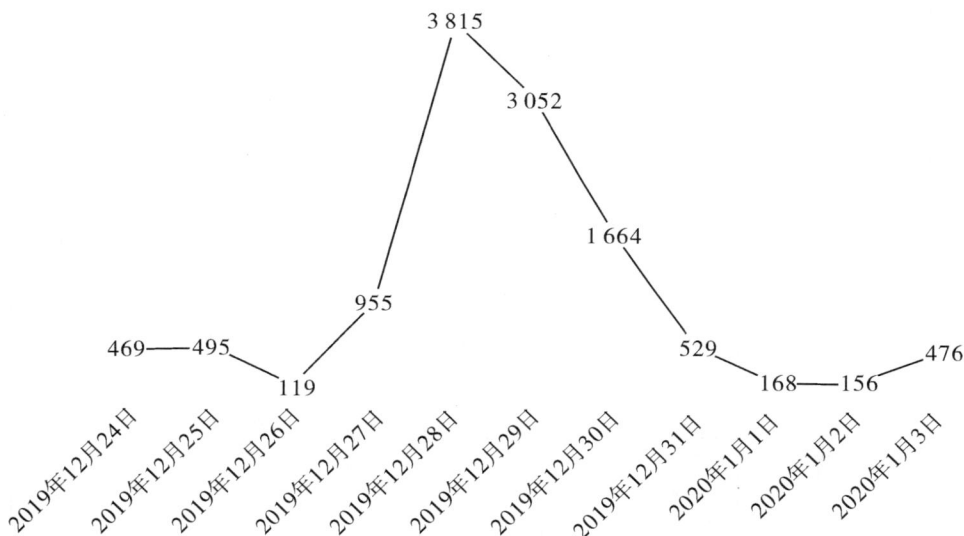

图1 北京民航总医院杀医事件舆情传播趋势

该事件因性质敏感，影响恶劣，因此在网络传播面广，热度高，舆论场各种声音掺杂。从事件发生当天（2019 年 12 月 24 日）到杀医嫌疑人被提公诉（2020 年 1 月 3 日）的时间段内，舆论场传播趋势较为起伏。2019 年 12 月 28 日是整个事件舆情发展的高峰点，峰值为 3 815 篇/次。2019 年 12 月 28—30 日舆情走势下降但热度一直处于高位。2019 年 12 月 31 日，舆情热度大幅度降温，接下来几天持续走低，到 2020 年 1 月 3 日，才有小幅度上升，但数值仍处于低位。

三、北京民航总医院杀医案舆情分析

（一）杀医案事件关键节点

表 1　杀医案事件关键节点一览表

2019 年 12 月 24 日	6 时许，北京民航总医院一男子将女医生扎伤。 北京警方于 11 时许发布通报，不久后，院方总机室向媒体传出女医生已去世的虚假信息，被多家自媒体转发。
2019 年 12 月 25 日	0 点 50 分，杨医生因伤势过重抢救无效去世。 北京卫健委发文强烈谴责杀医行为。 中国医师协会发表声明，谴责已无法表达愤怒情绪，并立即指示启动医师维权救援机制。
2019 年 12 月 26 日	国家卫健委回应民航总医院杀医事件：是严重刑事犯罪，必将受到法律严惩。 民众质疑，已发生多起伤医为何仍不出台防范措施。
2019 年 12 月 27 日	北京检方经依法审查对行凶的犯罪嫌疑人孙文斌批准逮捕。 犯罪嫌疑人家属转至朝阳医院重症监护室，引发网友质疑。
2019 年 12 月 28 日	《基本医疗卫生与健康促进法》获得表决通过。全国人大常委会办公厅举办新闻发布会作出回应。 民航总医院举办追思会，院内一医生回忆案发当日情况。 北二外辟谣承包饭堂一事。 转院事宜持续发酵。该日舆论热度极高。
2019 年 12 月 29 日	针对杀医嫌疑人家属转院事宜，全国政协委员凌锋出面辟谣：杀医者家属自行办理出院，不存在免费治疗。民众对此说法质疑。
2019 年 12 月 30 日	北京检方对孙文斌暴力杀医案进行审查起诉。 民航总医院就此事发布详细通报。
2019 年 12 月 31 日	朝阳医院深夜发布消息，称为高龄女患者孙某提供正常且必要的医疗服务。民众持续对患者入院一事表示不满。
2020 年 1 月 3 日	北京检方对孙文斌故意杀医案提起公诉。
2020 年 1 月 16 日	北京三中院公开开庭审理被告人孙文斌故意杀人案，以故意杀人罪判处。

1. 事件节点

2019 年

12 月 24 日：

● 6 时许，北京民航总医院急诊科副主任医师杨文在正常诊疗中，遭到患者家属孙文斌恶性伤害。

12 月 25 日：

● 0 时 50 分，杨医生抢救无效死亡。

12 月 27 日：

● 杨文医生的同事还原事件过程细节。

● 孙文斌以涉嫌故意杀人罪被批捕。

● 犯罪嫌疑人家属转至朝阳医院重症监护室。

12 月 29 日：

● 全国政协委员实地走访后证实犯罪嫌疑人家属自行办理转院，没有免费医疗。

12 月 30 日：

● 犯罪嫌疑人孙文斌以涉嫌故意杀人罪被起诉。

2020 年

1 月 16 日：

● 北京市第三中级人民法院以故意杀人罪判处被告人孙文斌死刑。

2. 官方及院方通报节点

2019 年

12 月 24 日：

● 11 时 34 分，平安北京朝阳针对事件进行通报，通报内容交代了事故时间、地点、涉及相关人员及目前情况。

● 12 时许，有媒体称医院总机接线工作人员确认，受伤女医生去世。

● 21 时许，有媒体称受伤医生仍在抢救中。

12 月 25 日：

● 2 时 23 分，民航总医院官方微博对杨医生不幸去世作出通报。

● 北京市卫健委、北京市医师协会在北京市卫生健康委网站上发表了对民航总医院遇刺医生离世的哀悼，并谴责了杀医害医的极端行为，坚决支持司法机关依法严惩凶手。

● 中国医师协会发表声明，谴责已无法表达愤怒情绪，并立即指示启动医师维权救援机制。

12月26日：

● 国家卫健委回应民航总医院杀医事件，称此并非医患纠纷问题，而是伤害医生的严重刑事犯罪行为。

12月28日：

● 当日上午召开的十三届全国人大常委会第十五次会议上，《基本医疗卫生与健康促进法》获得表决通过，将从2020年6月1日起施行。

● 全国人大常委会办公厅举行新闻发布会，国家卫健委回应，此事不是医疗纠纷问题，而是非常严重的刑事犯罪。

● 民航总医院举办追思会。

12月30日：

● 民航总医院对杨文医生被害一事召开新闻发布会，回应称不存在为患者减免费用情况。家属曾10次签字拒绝检查治疗，治疗过程不存在任何问题。

12月31日：

● 朝阳医院就此事发布消息，称由于患者病情复杂，在征得患者家属同意后，请院外专家进行了会诊，会诊费由院方先行垫付，最后进行统一结算。医生出于人道主义精神，提供正常且必要的医疗救治。

3. 民间舆论场节点

12月24日：

● 杀医事件的消息在微博上蔓延，舆论场主流声音为愤怒、哀伤及希望受伤医师抢救成功等，但也有部分声音表示暂未知事件全貌不予评论，甚至部分网友称医疗救治中遇到不公正对待，医疗行医的环境需要整改。

● 杀医现场视频流出，在微博等舆论场传播。由于场景血腥暴戾，舆论场声音趋于一致，应严惩凶手，并表示这不是伤医，不是医疗纠纷，而是杀人行为。

● 澎湃新闻报道称有患者评价被袭击女医生接诊态度好，是一个好医生。多数网友表示惋惜及痛心。

● 有消息传出杨文医师因抢救无效死亡，舆论场沸腾，达到第一个舆论高峰，不少网友喊话院方出来说明情况。

12月25—26日：

● 院方通报杨文医师抢救无效死亡消息，不少网友在评论中愤怒指出院方没有保护好医师基本人身安全，并质疑院方一直不出面说明此事。

● 对于北京卫健委、中国医师协会发表的声明，网友呼吁官方应制定相应预案，保护医师人身安全；也有网友恳求官方彻查事件，为死去医师讨回公道。

12月27日：

● 犯罪嫌疑人家属转至朝阳医院重症监护室，舆论场在承接之前两天的热度后持续走高，并达到了第二个舆论小高峰。不少网友愤怒地认为不应该抢救杀医者家属，无差别抢救会增长伤医风气；也有网友质疑朝阳医院床位一张难求，杀医者家属竟然能获得床位；还有声音猜测杀医者家族背景深厚，非富则贵，称嫌疑人是北二外职工。

12月28日：

● 被害医师杨文的同事接受媒体采访，还原事件过程细节，称急诊科同事已经被持续恐吓了近一个月，在这段时间大家战战兢兢工作，精神压力高度紧张。网友纷纷质疑院方没有做好安保措施，称悲剧原本可以避免。

12月29日：

● 针对网上所传的"杀害杨文医生的凶手母亲，已被转到朝阳医院重症监护室，并接受免费医疗"等消息，长期关注医患关系的全国政协委员、著名神经外科专家凌锋实地走访了杀医凶手母亲所转入的朝阳医院，对舆论场相关猜测作出辟谣。但从舆论场反应来看，辟谣效果并不明显，不少网友仍坚持原有观点，并对官方说法产生抵触情绪。

12月30日：

● 民航总医院对杨文医生被害一事召开新闻发布会，再次对网上不实言论作出回应，但舆论场反应热度依然高企，不少网友对院方及嫌疑人一家依旧持愤怒及质疑的态度。

12月31日：

● 朝阳医院就此事发布消息，对舆论场上异议一一进行回应。多数网友对于其入住该院的程序、专家会诊、医院主动垫付手续费等操作表示不满。

2020 年

1 月 16 日：

● 被告人孙文斌以故意杀人罪被判处死刑。微博舆论场中，民众对此判决表示认同，同时建议加大对医闹家属的处罚力度。

（二）事件发展关键节点相关回应不够及时，导致后续舆情处置的被动

复盘几条脉络的事件节点不难看出，在每个事件的关键环节后，院方及相关职能部门回应的速度不够及时，导致了舆论场不少谣言传播的空间扩大，也使后续舆情处置陷于被动。事件发生在清晨 6 时多，媒体全网首发信息的时间是 10 时 44 分，而朝阳公安的官方通报是在 11 时 34 分发出，也就是在事件发生后 5 个小时左右，媒体报道后将近 1 个小时，官方通报才发出。在此期间事件已经在微博等舆论场被广泛传播，但由于未知事件全貌，舆论场出现不少杂音，给后续各种言论的出现提供了土壤。而民航总医院当天并未在任何渠道向公众交代事件，从那时起就已经引发舆论场对院方的不满，为后续民众对院方的愤怒埋下了伏笔。值得一提的是当日中午，受害医生正在抢救，医院总机在接受媒体电话采访时却透露错误信息，称杨医生已去世，引发舆论场第一波高峰。后来舆论场出现如杀医嫌疑人家属转到朝阳医院 ICU 接受特殊照护并享有免费医疗、杀医嫌疑人家境殷实并有一定家世背景等几波舆情争议点时各方均未在第一时间做出有效通报说明，而是等舆论场接近情绪阈值才进行通报。院方及相关职能部门没有抓住舆情处置的有效时间致使失实舆论传遍舆论场，失去了处置舆情事件节点的先机。

（三）官方舆论旗帜鲜明，鼓舞舆论场低迷情绪

复盘整个事件的舆论走向，梳理事件各个节点后发现，关于民航总医院杀医事件，舆论场声量巨大，在整个舆论发展过程中较为波折，中间有几次舆情发展的波峰。除了普通网友们对事件的关注以外，舆论场还有一股声浪来自医护从业者们。弥漫在舆论场的除了对杀医者的愤慨，还有物伤其类的忧伤和担忧，有的医护甚至表示失去继续从业的信心和动力。在事件发展全过程中，官方回应从始至终旗帜鲜明，对事件表示愤怒、谴责。从国家卫健委到北京卫健

委，从中国医师协会到北京市医师协会，均多次强调这并不是医患纠纷事件，而是严重刑事犯罪行为，必须"严惩"，甚至在事件发展进程中，全国人大常委会还表决通过了《基本医疗卫生与健康促进法》，在一定程度上鼓舞了舆论场低迷的情绪，对杀医嫌疑人从严、从快的处置也表明了官方对这起事件的态度。

（四）媒体的介入使公众知晓事件更多细节，也推高了民众对事件的情绪投入

回顾整个事件热度发展可看到，随着越来越多媒体对事件的报道介入，公众对事件的知晓度越来越高，不少事件的细节经过报道传播给受众。"目击者：行凶者瘦瘦的，地上一大摊血""事发后，有小护士一边哭，一边擦地上的血""其中一刀砍断了右侧颈全部肌肉，砍断了气管、食管、颈内静脉、颈总动脉和通往身体的神经，连颈椎骨都断了……"等细节的描写给受众带来了莫大的情感冲击，舆论场瞬间被引爆。民众对事件的情绪投入被迅速推高，愤怒和悲痛也使部分网友无法理智思考，成为后续传播谣言的一分子。

四、经验总结

医务工作者是人民生命健康的守护者，也是推动卫生健康事业发展的重要力量。医疗安全直接关系群众生命健康，易引发全民讨论，容不得半点疏忽。如何为医护工作者提供更多安全保障，如何为老百姓营造更好的就医环境，是社会各界关注的问题。

（一）舆情应对应遵循客观和快速两大原则

舆情应对需要以实事求是的态度，谨慎地调查求证，权责分明惩戒适当，在涉及多个主管部门时，还需确立主要信息输出口，避免出现前后不一的自我矛盾状况。新媒体环境加速了信息的流动性，切勿产生"掩盖"过错的想法。第三方的报料只会让舆情来得更加凶猛，增加新的舆情节点，导致舆论次生灾害的出现。在信息社会，主动积极地沟通和回应质疑，及时采取有效的线下行动才是解决问题的根本。对已经发生的事情应该果断地采取补救措施，在发布简单的通稿后，可立即补充一份讲述详细情况的稿子，罗列相关事实和证据，让公众不要被网络谣言误导。

（二）舆情应对时应直面问题，树立负责任、有担当的政府形象

对于医疗市场及医疗事故类舆情，有关部门还需承担更多监管督察的责任。舆情应对时，政府相关部门应保持自己的权威性和公正性。一方面，当医患事件发生后，政府相关部门应充当"裁判员"的角色，保证自己的公正公平。对于藐视生命牟取暴利的医疗机构，政府应以"生命至上"的民本意识，高度重视事件的处置工作，对负有责任的单位和人员绝不姑息，依法依规严肃处理和问责，并举一反三、防微杜渐，进一步加强各地医务人员的职业底线意识，督促医疗机构强化内部管理；对于恶性伤医和暴力医闹事件需要从严整治，医疗卫生机构应当完善安全保卫措施，维护良好的医疗秩序，及时主动化解医疗纠纷，保障医师执业安全；禁止任何组织或者个人阻碍医师依法执业，干扰医师正常工作、生活，让"执法必严、违法必究"落到实处，对伤医事件和医闹事件决不姑息，保证医生的人身安全以及医疗秩序的正常运行。另一方面，做好责任切割，属于政府相关部门问题的不要推诿，金无足赤，人无完人，大胆承认工作中的失误更容易得到网民的谅解，同时也体现出政府有担当。

（三）善于运用媒体特质，打好宣传组合拳

主流媒体最大的优势是公信力和影响力。当医患事件发生后，政府相关部门可邀请关注该事件的权威媒体记者、涉事医患双方就之前的信息断层进行公开说明，消除公众的疑惑，掌握舆论的主动权，避免舆情陷入"罗生门"当中。政府相关部门还可在平时做好议题设置，如发挥协调能力调节医患冲突，化解医患关系中的误解，挖掘医患关系的正面典型，设立"关爱医生""减少医生舆论压力"等议题，改善目前医患关系紧张的境况，重设医患关系的报道语境和报道角度，修复曾经过于暴戾的拟态环境。微博、微信、论坛等舆论场最大的优势是受众庞大，意见"领袖"众多，正确运用能迅速扭转舆情劣势。政府相关部门应就社会关切的问题及时进行回应，责任归属和回应主体均需明确，对就是对，错就是错。面对汹涌的舆情，个别部门仍然存在"封""堵""删""滞"等陈旧舆情处理思维，舆情素养缺失成为网民众怒的导火

索。相关部门可通过自身的公众号、政务平台以及自媒体实时更新相关事件的处理进度，极大压缩谣言生存的空间。另外，相关部门还可联系专业的医疗公众号为民众作医疗常识的科普，专业自媒体号往往对医患关系、涉医舆论环境具有独到见解，善于运用自媒体资源，可更正公众对医疗行业的认知误区，改善当地医生执业的环境。

（四）建立常态化的舆情应对机制

根据海因里希的"事故冰山"理论，死亡事故与严重伤害、未遂事件、不安全行为形成一个像冰山一样的三角形，一个暴露出来的严重事故必定有成千上万的不安全行为掩藏其后，就像浮在水面的冰山只是冰山整体的一小部分，而冰山隐藏在水下看不见的部分，却庞大得多。突发事件的爆发是某些问题长期存在，且矛盾不断积累的结果。突发危机舆情的应对，第一时间是安抚民众情绪，缓和舆情态势，但舆论引导只是解决了眼前的问题，事件背后的问题才是舆情应对处置的最终落脚点。舆情应对以及危机处理只是一时的，政府部门更多需要的是常态化管理方式。政府职能部门之间要加强联系沟通，提升执政能力，维护政府公信力，打造新型的政府与媒体的关系；并以该事件为契机，建立健全当地政府的各项工作机制，包括新闻发布和危机应对机制；举一反三用发展的眼光解决政府行政遇到的民生问题以及舆论问题。

基层防疫误农时　如何避免舆论场上"官民对立"

南方舆情分析师：郑靖岚

一、前言

近年来，基层抗疫工作逐步趋向平稳，各地根据上级部门的指示和要求，基本上能实现疫情防控和稳产保供两手抓。然而，"二十条""新十条"的优化政策出现后，防疫工作面临新任务、新形势，一些地区的感染人群出现了快速增长的情况，这给卫生基础设施较为薄弱的农村地区防疫带来了很大的压力，甚至会影响基本的农业生产。2022 年 12 月 15 日，国务院应对新型冠状病毒感染的肺炎疫情联防联控工作机制综合组印发《加强农村地区新冠肺炎疫情防控和健康服务工作方案》，提前针对农村地区即将面临的考验作出部署，关键是如何确保这些指导和要求能够切实落到实处。由此可见，农村应对疫情将面临更严峻的考验。如何通过现代化治理的手段平衡好群众的健康和农业生产，成为农村基层的必考题。

在疫情初始，某些地区曾因"硬核防疫"赢得人们点赞。但 2022 年以来，全国多地又因过度防疫而备受指摘，其背后的原因在于某些基层组织和农业部门未能及时、准确地理解最新防疫政策。国务院联防联控机制发布的疫情防控文件，早就明确了分级防控原则，并多次强调坚决防止"一刀切"和层层加码等现象，坚决做到"九不准"。

2022 年 12 月，国务院联防联控机制表示，要重点强化农村地区疫情防控和健康服务工作，摸清重点人群健康情况。乡村在新冠疫情防控中暴露出自治与法治、德治之间的冲突，凸显出"三治融合"体系内在的矛盾与张力。[①] 基层简单粗暴的防疫政策暴露出当地政府在防疫、农业生产、舆情引导等方面存

---

① 江赟赟，尚再清，黄江."三治融合"如何有效实施：基于农村"硬核"防疫的反思 [J]. 中共银川市党校学报，2022（2）：72 – 78.

在的薄弱环节，也是综合基层治理缺失的部分。如何在实现有效防疫的同时，保障农业生产的实际需求，不违反正常的农业规律，不耽误社会生产节奏，需要有关部门加以反思和研究。本文通过"以防疫为由阻碍农民正常生产"的社会现象为契机，整体梳理舆论场上对相关事件的典型观点，结合媒体和专家对防疫和农业生产的独特见解，尝试分析农村基层管理背后存在的问题，并提出相应的现代化治理建议。此外，有关部门应在相关事件中吸取经验教训，对疫情防控期间涉农问题保持警惕，在严格落实分区分级分类精准防控管理措施的同时，科学统筹疫情防控和农业生产。

截至 2022 年 8 月底，微博话题"唐山三次热搜背后的共性问题（提及老农自我'游街'）"阅读量超 4.4 亿次；"农民日报评论全县静默庄稼没法静默"阅读量超 6 855 万次；"河北磁县回应农民春耕办不了通行证"阅读量超 5 992 万次。南方舆情数据中心监测显示，在全国各地多个舆情事件的影响下，全网相关负面信息量约 591 345 篇/次。舆情整体热度相对较高，持续时间较长。

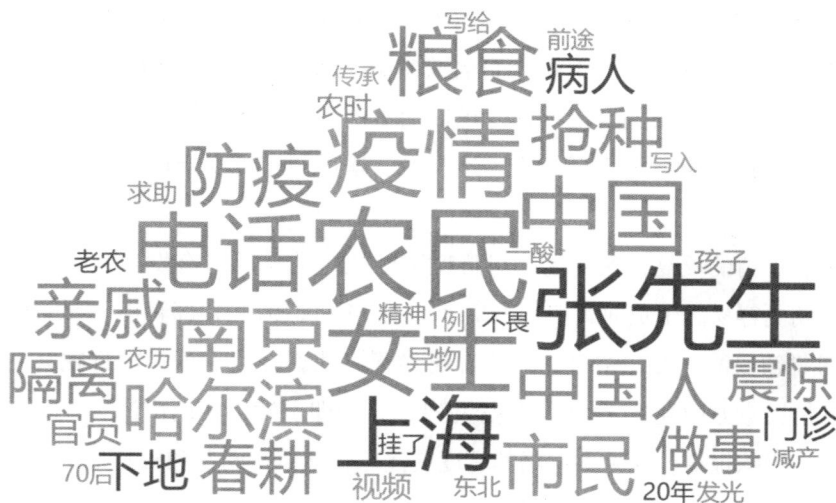

图1　2022 年 1 月 1 日至 2022 年 8 月 30 日热度关键词云

二、舆情概况：多地出现农业生产为防疫"让路"，群众反对声音较为集中

2022年3月，全国多地疫情形势严峻，许多交通节点都设置了疫情防控的检查卡点。然而，春耕时节不等人，短视频平台传出某些农村地区出现疫情后，并没有严格落实分区分级分类精准防控管理的措施，而是处处设卡、一封了之。据《光明日报》报道，华北某县农民向该报记者反映，在原本农忙的季节，他们只能趁着巡逻人员不注意，清晨偷偷摸摸下地干点农活；采摘的蔬菜只能通过防疫卡口托关系倒给菜贩子。针对基层防疫"层层加码"的现象，《半月谈》发表评论文章称，"个别地方，落实的口号震天响，具体的防疫措施无行动，甚至搞'简单化'，不仅耽误农业生产，还引发农民群众不满"。值得肯定的是，吉林省在此期间做出表率。当时正在抗击严峻疫情的吉林省提出，要按照"应放尽放、应返尽返、应管尽管"的原则，开展返乡农民集中转送工作，对于滞留在城区的农民，符合条件的要点对点组织返乡并实行闭环管理，确保"一天不耽误、一户不落下、一亩不撂荒"。对于本地农户下地问题，吉林省各地准备了1 100余台各类客运车辆，用于保障农民群众春耕出行。有春耕出行需求的农民群众，可以向本地乡镇政府或村委会申请，乡镇政府和村委会汇总出行需求后，报当地交通运输部门即可安排运力，保障农民群众春耕安全出行。

随着疫情的反复，农业生产与防疫制度执行的矛盾时有发生，并且在耕作关键时期更容易滋生负面舆情。2022年5月14日，河北省邯郸市磁县有网友在人民网"领导留言板"留言，问"春耕春管"能否办通行证。次日磁县县委办公室社情民意办回复称，仍需"保持静默"，随即引发了舆论广泛关注，多家主流媒体均跟踪报道。受到舆论场的高度关注后，该留言网友和磁县都重新发文称"所反映的问题彻底解决"。对此不少网民认为，是否存在"按闹分配"，假若没有引起关注恐怕也无法得到解决。值得关注的是，磁县并非中高风险地区，并且河北省当时没有高风险地区，病毒传播风险很小，要求全员静默会影响农耕。有关部门在防疫期间阻碍正常农业生产被视为"懒政"。疫情较为反复期间，类似农耕工作"让位"于疫情防控的案例逐渐增加。河北省内就存在多个城市"强制性举措"的涉农防疫事件登上热搜。据媒体公开报道，5月初迁安市一位农民

因为防疫期间下地干活，被要求用喇叭向全村做"检讨"；唐山市一位老农在疫情防控期间着急下地干活，被当地巡察人员看到并加以批评，结果是老农用大喇叭向全村村民自我批评、自我"游街"；河间市出现给羊做核酸事件；安国市一村民疫情防控期间"私自农耕，外出喂牛"被传唤；邢台市推出"春耕证"，《邢台日报》还以"防疫不放松农时不耽误 农业生产春潮涌动"为题，将此举当作"创新模式"作为宣扬，被部分网友批评该报道是"低级红"的操作，"春耕证"更是逆行倒施的举措。

尽管 2022 年上半年依然出现多个类似的涉农案例，但多个基层组织依然没有吸取教训，成为农民下田的"拦路虎"。8 月初，河南省商丘市宁陵县一位农民因在疫情管控期间下地打农药，被要求通过大喇叭向全体村民做 10 遍"检讨"。这种简单粗暴的防疫方式引发公众不满，《农民日报》就此评论称"全县静默，庄稼没法静默"。该评论问题文章指出，"农业生产有其固有周期和时令节奏，停不了也等不得，关键环节管理跟不上，很可能会影响一季乃至一年的收成。立秋时节是玉米、水稻、蔬菜等农作物病虫害高发期和秋粮产量形成的关键期，如果防治病虫、灌溉等不及时，可能影响农民的'钱袋子'和国家的'粮囤子'"。

此外，在舆论场内，防疫政策下的涉农话题热度较高，不少人讨论相关防疫政策对农业生产的影响，希望通过发声得到有关部门的重视。4 月 19 日，农业农村部在国务院联防联控机制新闻发布会上透露，表示"要严格落实差异化防控措施，允许管控区农民错时错峰下田"。然而，当日的微博话题聚焦于"错峰下田"，在不看全文内容的情况，不少网民误以为"所有地区错峰下田"，认为实际农业生产中只有零散性的数人，人员稀少，不可能发生交叉感染的事情，从而认为农业部门没有按照实际情况作出倡议。

表 1 2022 年 1 月 1 日至 2022 年 8 月 30 日涉及"防疫误农时"话题热文排行榜

序号	日期	话题	相关文章数
1	6 月 11 日	相关话题"唐山三次热搜背后的共性问题"，提及老农自我"游街"	179 826
2	5 月 13 日	河北网友发文称，因防疫政策农民无法耕种	11 473
3	4 月 25 日	黑龙江某镇过度防疫耽误半月没有春耕	10 891

（续上表）

序号	日期	话题	相关文章数
4	5 月 2 日	河北省迁安市一位老农在疫情防控期间着急下地干活，被要求用喇叭向村民"检讨"	9 038
5	5 月 2 日	河南要求农民到农业农村局申请通行证，才可以卸货放行	7 923
6	8 月 8 日	河南省商丘市宁陵县一位农民因疫情管控期间下地打农药，被要求通过大喇叭向全体村民做 10 遍"检讨"	5 640
7	4 月 8 日	吉林省吉林市发布保障备春耕人员顺利返乡措施	3 541
8	4 月 6 日	河北省安国市一农民违反防疫规定擅自出门干农活，被公安机关依法追究责任	630

　　2022 年上半年，全国少数地区疫情有所反弹，呈现多点散发、多地频发的态势，给疫情防控和农业生产两手抓、两不误带来了新的挑战。尽管 4 月 21 日两部委就已经下发通知，"严禁以防疫为由不让农民下地"。6 月 1 日，农业农村部、国家发展改革委等 11 个部门印发《统筹新冠肺炎疫情防控和"菜篮子"产品保供稳价工作指南》，指出要积极组织新型农业经营主体及广大农户，开展"菜篮子"产品生产，合理限定同一时间、空间作业人员数量。

　　综上，有关部门应做好应对后疫情时代可能会出现的社会舆情准备，如何继续凝聚村民防控疫情的共识，开展科学的农村和基层组织的"硬核"防疫，是有关部门在农村防疫工作和防疫话语传播方面要继续关注的问题。①

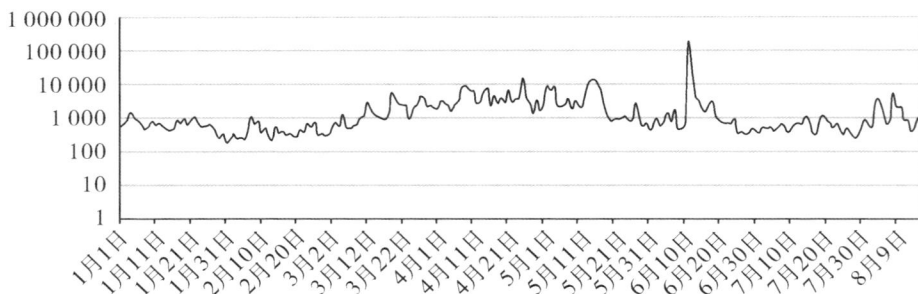

图 2　2022 年 1 月 1 日至 2022 年 8 月 16 日涉及"防疫误农时"趋势图

---

　　① 张明，刘坤婷. 农村新冠肺炎防疫"硬核"话语传播的多维解读［J］. 文化与传播，2021，10（5）：22 - 27.

三、舆情分析：基层管理"官本位"思想严重，缺乏灵活应对措施

疫情防控常态化，一些地方难免出现麻痹大意的情绪，加之村民本身防疫意识薄弱，农村又是熟人社会，客观上加大了农村疫情防控的难度。然而发生疫情时，基层缺乏灵活应对的机制，选择"一刀切"的措施，更容易加剧"官与民"之间的矛盾。在日趋复杂的网络舆论形势下，乡村振兴工作依然面临较大的舆论压力，相关涉农舆情在短期内呈现高发趋势。现时基层防疫趋向严格，但执行过程中缺乏科学性和人文性，加剧了农民与政府的矛盾。现阶段大部分组织机构已经建立基本的舆情危机应对制度，但仍有部分基层单位对防疫类的舆情危机事件的应对处置效果不尽理想。根据上述的舆情案例，可以总结出以下几个存在的治理问题。

（一）基层防疫措施趋向形式主义，简单地"复刻城市化"

随着现代化快速推进，在防疫制度上，不少农村基层干部没有因地制宜，照搬城市的防疫手段，将上级文件的指导性内容简单地复制到乡村基层。政策往往有很强的目标导向性，目标也很单一，把责任交给下一级，由下级层层落实，就很容易层层加码。由此，随着某些地方疫情的反复，农村防疫的力度不断加大，在农耕工作上出现"全员禁止"现象也较为突出。某些基层单位只注重了疫情防控，忽视了抢抓生产，顾此失彼，容易造成群众的不满。不管是"春耕证"还是"错时错峰下田"，出发点看起来都是好的，是为了减少农民的流动性，控制田野里的人流量，但是，它们不是从农村实际出发的表现。

（二）没有建立好基层舆论管理机制，研判、决策流程存在硬伤

群众在网络上纷纷指责相关的防疫制度影响农业生产时，基层在舆情事件中响应速度、研判、决策流程都存在硬伤。当群众在网络上或其他公开留言渠道反映情况时，不少部门仍未能真正意识到舆情危机已经埋伏其中。只有当舆情逐渐扩大化，经主流媒体报道后舆情增量式地发酵，许多部门才开始匆忙发出通告。例如8月份网络上关于"山东临沂临沭开展全市全员核酸检测'大比武'活动"的通告截图持续引起舆论争议，暴露出当前部分宣传工作者，特别是县市区一级的宣传工作人员，仍未能牢牢把握住互联网舆论规律，类似

的错误处置是完全可以避免的。此时虽然能及时阻止负面事件继续发生，但也损害了有关部门的公信力。在明确各类具体情况与判断标准的前提下，舆情应对制度应该对事件研判与决策流程进行明确界定，至少应发挥相关部门集体会商决策的优势。但部分基层组织为了"不担责"，迟迟没有作出最有效的判断，错过了最佳的解决问题的时机。

（三）基层的协同工作机制未能完善

随着基层治理日益复杂化、精细化，部门协同治理已成为攻坚克难的常见手段，对基层治理现代化发挥着重要支撑作用。当疫情防治和农业生产需要兼顾的时候，基层治理中更需要多个部门协同联动。例如农业生产需要农业部门，防疫工作需要卫健部门，涉及交通管制、核酸检测、下乡宣传时还需要更多部门参与其中，甚至需要动员各基层的志愿服务团队。假若某些治理环节存在协同程度低、协同效率低、协同责任不清等短板，实际执行中就难以凝聚力量办实事。例如，当某地出现疫情时，往往需要动员当地所有的公务员、教师、医护人员等服务力量加入紧急防疫工作中。此时，多个部门多个人员进行防疫，缺乏有效的工作监管机制，无法进行精细化的管理，在面对农民的具体诉求时不能一一落实，只能采取"一刀切"的方式，无法做到针对具体问题，分任务、定目标，导致过度防疫下滋生了民愤。

（四）某些基层干部的法律意识淡薄

一些地方依然过度限制农事、不给通行证的做法，显然违背国家相关部门的要求，也不符合农业生产工作的实际需要。各地农村在防疫实践中采用"硬核"防疫措施，从某些舆情事件中来看，不少基层在执行防疫政策时，不仅没有精准落实民生保障工作，而且在疫情管控中出现的不规范现象更是成为全国的"负面样本"，比如农民下地需要春耕证、让居民交钥匙后反锁房门、强制入户消杀等。上述做法实际上违反了《传染病防治法》《突发事件应对法》和《突发公共卫生事件应急条例》等法律法规的规定。这些做法不仅会形成十分恶劣的示范效应，还可能不断自我强化。

（五）没有把农业生产放在稳定经济社会发展大局的位置上

2022年上半年，春季农业生产面临的困难很大，新冠疫情防控形势严峻复杂，农业生产和流通在整体上受到一些影响。在生产端，部分地区农民下田、农资下摆、农机上路和外出农民返乡务农不同程度受阻；在流通端，一些地区遇到不同程度的"菜篮子"产品物流配送不到位等问题。此时，某些农村进入备春耕的关键期，基层的"全员静默"政策造成的贻误农时，甚至耕地撂荒，是失职失责的体现。

四、舆情建议

2022年以来，在以习近平同志为核心的党中央坚强的领导下，各地区各部门有力统筹疫情防控和经济社会发展，按照中央经济工作会议和《政府工作报告》部署，扎实做好"六稳"工作，全面落实"六保"任务，我国经济运行总体实现平稳开局。与此同时，新冠疫情和乌克兰危机导致风险与挑战增多，我国经济发展环境的复杂性、严峻性、不确定性上升，"稳增长、稳就业、稳物价"面临新的挑战。虽然各项工作受到防疫力量相对薄弱、农村卫生条件落后、管理难度大等客观条件的制约，但越是如此，越要把有限的资源用在"刀刃"上，科学统筹，精准施策，高质高效打赢疫情防控和稳产保供这两场硬仗。

（一）基层防疫更需科学精准，因地制宜，符合广大群众的生产需求

疫情要防住、经济要稳住、发展要安全，这是党中央的明确要求。因此我们必须全面看形势、辩证看问题、长远看发展，不断提高统筹能力、应变能力、执行能力，把更具精准性、针对性、操作性的措施落到实处。当前农村基层一级面临的外防输入压力仍然很大。一方面，要全面落实国务院联防联控机制工作部署，按照省委"早、快、准"要求，进一步运用好省内外有效经验做法，取长补短、持续用力，不断提高防控工作的科学性、精准性、实效性。另一方面，要派出工作组推动各项防控措施在农村落细落实，坚决阻断疫情在农村地区的传播。农耕时节所需的物资一刻也耽误不得，各地需要最大限度简化相关手续，各省之间、省内各地之间需要打通交通堵点，出台更加便利的措施，绝不能以防疫为由简单粗暴将农资阻挡在外，迟滞农资运输到田间地头。

（二）谨防不合时宜的防控措施衍生出社会负面舆情

有关部门确立制度保障，是实施舆情应对与常态管理的基本前提条件之一。虽然大多数组织机构目前均有舆情危机应对制度，但舆情危机应对的整体被动局面并没有得到实质性的改观，不少部门仍采取"强制撤稿"的手段，不利于营造健康良好的舆论反馈机制。目前疫情的防控政策有所放宽，某些基层存在"层层加码"的情况时有发生，更容易出现舆论反弹的情况。因此，如果依然使用"全员静默""全面禁止"等字眼，容易引发次生社情舆情灾害。建议各地在下步拟定社会宣传标语口号时，及时调整语态表述策略；同时，应对突发疫情时，要及时畅通舆情反馈渠道，保障群众的意见及时反馈，才能把舆情事件扼杀在摇篮中。

（三）优化协同机制，提升基层干部协同能力

基层防疫期间，疫情防控和稳产保供两手抓，统筹兼顾农村正常生活，要从建立标准流程、畅通信息渠道、细化考核标准等方面入手。一是提升基层部门协同能力。有关部门要在充分考虑跨部门工作小组专业性、人员适配度等方面，建立标准化协作流程和治理机制，提前准备预案，畅通联动机制。二是充分利用技术手段搭建信息沟通平台。利用大数据等技术手段，促进跨部门之间信息整合，激发各类管理资源与管理力量活力，畅通协同治理链条。三是细化对协同治理工作组织的考核标准。将配合部门的事项配合度、小组单项任务完成度等纳入对协同治理组织的考核中，实现协同治理"1＋1＞2"的本意。

（四）加强基层法治意识，加大形式主义、官僚主义的常态化监督

在防疫实践中，各地农村的"硬核"防疫措施虽取得了一些成效，但其强硬程度部分已超出了紧急状态的法律措施，使得公民的合法权利受到侵害。疫情防控期间出台限制公民权利的举措，首先要依法。不能为了达到某一个行政目的就使用过度手段，这不仅会造成更大的损害，还会侵蚀农民对基层政策本身的信赖。《传染病防治法》和《突发事件应对法》对隔离措施有明确的对象和场所要求，也有严格的程序限制。因此，地方疫情防控指挥部在做出决策前，都要经过科学评估，不能随意下达文件，限制个人权利。因此，基层干部

要加强法治宣传，强调法治，确保防控在法治轨道上前行。

五、结语

近年来，"乡村小事"变为"高热舆情"的特点日益突出，其直接原因是短视频"下沉"，乡村更易被看见，问题也更易被放大。疫情进入第三年，各地积累了很多差异化精准防控的经验，常态化疫情防控也对"精"和"准"提出了更高要求。在疫情防控严峻的形势下，我们不仅要坚持这些来之不易的经验，更要开动脑筋、分解任务。一些地方实践的错棚劳作、错时作业等差异化种植措施要得到进一步推广，一些地方疫情防控层层加码、简单粗暴的政策要得到立刻纠正，确保疫情"不失控"，生产"不失速"。

突发疫情下市场监管的舆情管理

——以西安盒马被罚事件为例

南方舆情分析师：陈　莉

市场监管部门职能多、涉及领域广，诸多工作与经济社会密切相关、深度融合。疫情防控期间，市场监管部门充分发挥职能作用，全力以赴维护市场秩序、保障、市场供应、打击违法行为，为经济社会稳定运行提供有力保障，成为民众期待。其中，减少疫情防控期间的价格波动，做好生活必需品、防疫物资等价格的监管工作成为各方关注的焦点。为此，市场监管部门纷纷采取相关措施，加大对哄抬物价、囤积居奇等市场不法行为的打击力度，对价格违法商家坚持露头就打、严管重罚，普遍获得舆论认同。然而，在实际处理过程中，部分处罚行为、案例公布后，却引发不少争议。如西安盒马因食品安全问题被罚被质疑"鸡蛋里挑骨头"，湖北洪湖以药房因加价4毛钱出售口罩被罚4万余元引发"机械执法"的争议，上海某便利店挂面加价5毛被罚3 500元被网友质疑执法"抓小放大"等。为探讨突发疫情下市场监管部门执法引发舆情的原因与机制，本文以西安盒马被罚事件为例，对相关问题进行分析说明。

一、舆情概述与数据特征

2022年1月7日，"西安市场监管"微信公众号发布《西安市市场监管局公布疫情期间一批违法案件》，西安市市场监督管理局围绕全市疫情防控工作，严厉打击借疫情之机囤积居奇、哄抬物价、以次充好、兜售假冒伪劣商品、虚假宣传及计量器具违法等扰乱市场秩序的行为，查办了一批违法案件。

其中，案件五显示，2022年1月2日，西安市市场监督管理局综合执法支队经开区中队对西安盒马网络科技有限公司经开第一分公司进行现场检查时，发现该公司烘焙间存在"操作台上放有未经清洗的鸡蛋""操作间摆放混乱""面包与工作人员衣服混放"等不符合规范的行为。该公司在食品加工过程中未按规定实施生产经营过程控制要求的行为，涉嫌违反《中华人民共和国食品安全法》相关规定。综合执法支队依法对该公司违法行为进行立案查处。

该执法案件发布后，在网上引起了热烈讨论。1月8日，话题"西安盒马存在不规范行为被立案查处"冲上微博热搜。

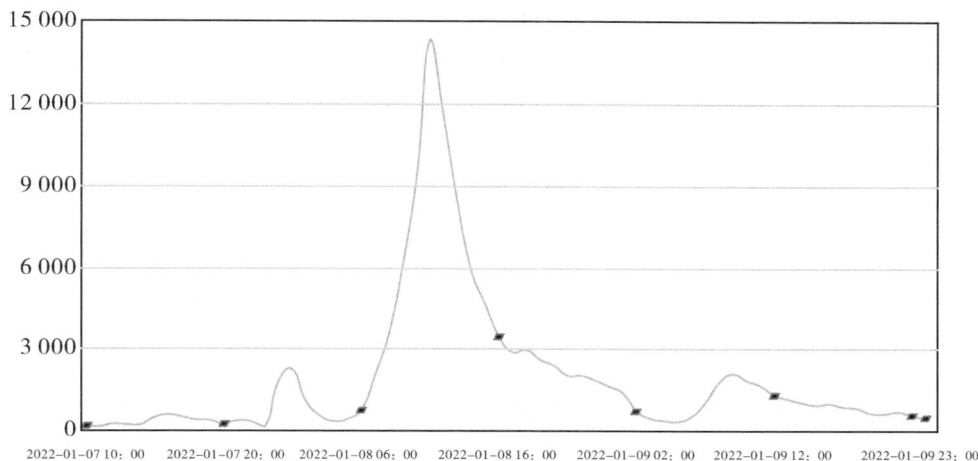

图1　西安盒马被罚事件相关舆情传播趋势

（一）舆论发酵"一波三折"

从西安市市场监督管理局公布盒马被罚案件后，该案件热度进展呈现"一波三折"的发展趋势。整体而言，该事件的舆情周期可以分为以下几个阶段：

一是西安公布盒马被罚案例，相关话题建立促使舆论形成。1月7日21时，界面新闻官方微博报道西安盒马被罚一事，并创建微博话题"西安盒马存在不规范行为被立案查处"。评论区开始出现大量不满处罚的言论，认为防疫期间只有盒马坚持不涨价，市场监管部门属于"故意找碴"。随后，微博大V"凌晨刚醒"截取网民相关评论，并发布"英雄之菜是什么梗?"进一步加快舆论场的形成。

二是媒体与多名网络大V介入，质疑声音推动舆情爆发。1月8日，盒马被罚一事吸引中国经济网、观察者网、《新京报》、澎湃新闻等一批主流媒体的报道。此外，多名网络大V如"胡锡进""凯雷""互联网那些事儿v"等亦对此事发表评论。不少网民认为以"操作台上放有未经清洗的鸡蛋""操作间摆放混乱"等原因处罚盒马属于"吹毛求疵""鸡蛋里挑骨头",此外,亦有网民以"专家认为鸡蛋清洗后容易变质"来反驳西安市市场监督管理局的处罚。多家媒体的报道与网民的热议,推动事件话题迅速登上微博热搜榜。当天,相关话题阅读量达 4.3 亿,讨论量达 7 万,事件热度达到峰值。

三是事件发酵 24 小时后,舆论走向回落。1 月 9 日,舆论场信息多以转发 8 日网络大 V 发布的观点为主。此外,"如何看待西安盒马存在不规范行为,被西安市市场监督管理局立案查处"登上知乎榜热搜,话题继续引发部分网民关注,事件出现小幅度回升。随后,事件舆论热度呈不断下降趋势。

(二) 事件热度与物价舆情高度重合

通过分析同时间段有关西安的物价舆情,可以发现,西安盒马被罚事件的舆情热度与西安当地的物价舆情热度存在高度重合。据网民反馈,在盒马被罚事件发生前,疫情下的西安出现物资供应不足、民众买菜困难、商家哄抬物价、物价大幅上涨、物资无人配送等问题,民众普遍怨言很大。图 2 显示,在盒马被罚舆情发酵之前,当地涉及物价的舆情持续波动存在,网民陆续反映物价上涨、不合理等问题。盒马被罚舆情发酵之后,涉及物价舆情亦随之大幅攀升。之后,物价舆情更是与盒马被罚舆情同步波动,体现出盒马被罚舆情与物价问题密切相关。

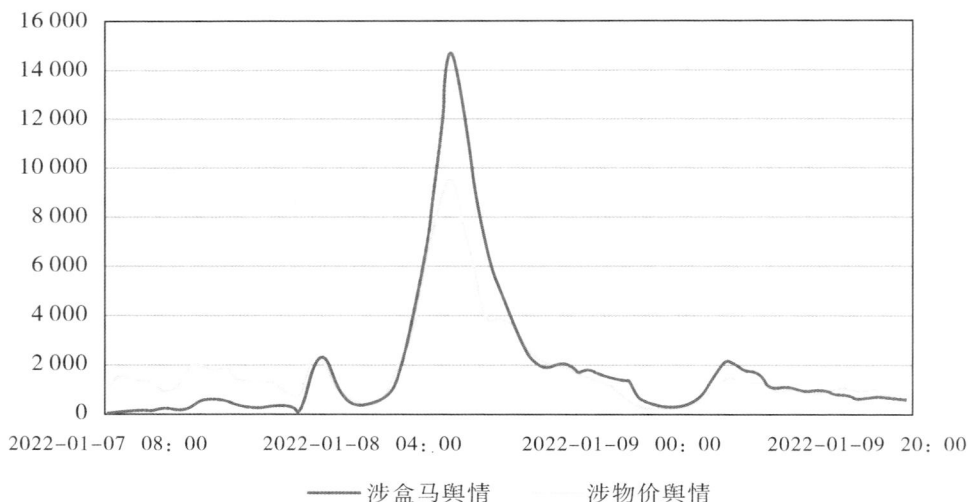

图 2　涉盒马舆情与涉物价舆情传播趋势

（三）舆论争议以社交平台为主舆论场

从数据可以看出，在此事件中，微博作为主要舆论场，占比逾81%，远超其他信息传播平台。从信息媒体活跃度占比中可以看出，微博、今日头条等社交互动平台信息来源最为活跃。相比来说，客户端、网站、数字报等传统媒体信息来源渠道占比较少，反映出事件执法争议主要在民间舆论场，而官方舆论场介入较低。

互联网的普及与快速发展，使网络成为民众释放压力、发表情感、发泄情绪的窗口。其中微博的传播优势使其成为舆论的重要发源地与传播平台，并影响整个舆论走势。在舆论发展的生长期，微博加速其扩散，推动舆论发酵；在舆论发酵的成熟期，微博"意见领袖"推波助澜，影响舆论走势。①

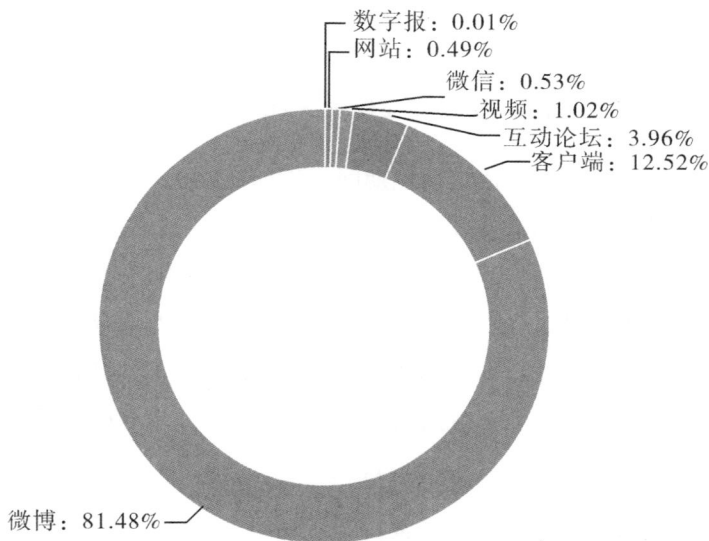

数字报：0.01%
网站：0.49%
微信：0.53%
视频：1.02%
互动论坛：3.96%
客户端：12.52%

微博：81.48%

图3　西安盒马被罚事件相关舆情信息来源占比

---

① 钟瑛，刘利芳. 微博传播的舆论影响力 [J]. 网络传播，2013（2）：28-29.

二、舆情分析

在该舆情事件的发展中，主要有以下几方面的特点：

（一）监管未能抓住主要矛盾，引发民众误解

疫情防控期间，民众期望监管部门在稳物价、保供应等方面有所作为。然而，从网民的反馈与物价舆情走势中可以看出，西安市市场监管部门在稳定物价上存在较大不足。当涉及民众最核心的利益问题未被严肃对待，执法部门却公布对一些看起来无关痛痒的问题查处时，必然引发民众误解，认为市场监管部门分不清主要矛盾与次要矛盾，进而激发民众的不满情绪。就此次舆情事件而言，市场部门的调查执法本是为了保护公众利益，但民众对此并不买账与质疑的态度，反映出特殊时期职能部门需要抓好对应的主要矛盾，避免引发避重就轻的误解。

（二）疫情防控期间，社会治理备受关注

该执法案件发生在西安疫情防控期间，正如胡锡进所言，"疫情极大提高了舆论对西安社会治理的关注度"。相比以往，此时民众对西安社会治理关注度更高，更积极参与对西安政府部门相关措施与执法的评价，也更要求政府部门的每一项执法都合情、合理、合法。在此次事件中，民众普遍认为盒马在此次疫情中表现较好，在大量商家都涨价且拒绝配送时，盒马依旧不涨价、坚持配送，监管部门将盒马作为扰乱市场秩序案例之一，并不符合民众原有的印象，进而更加重了民众的对立情绪。

（三）"官民"舆论场脱节，难以有效引导

在该事件中，大部分网民"一边倒"支持盒马，认为监管部门"鸡蛋里挑骨头"。网民主要观点为：盒马在疫情防控期间坚持不涨价，给消费者带来便利，因"操作台上放有未经清洗的鸡蛋""操作间摆放混乱"等小事查处盒马实在不应该；此外，亦有人认为处罚理由不严谨，鸡蛋并不需要清洗，清洗后更容易进入细菌。针对上述观点，虽然部分媒体也提出不同意见，但依旧未能起到平息作用。对比民间舆论场与官方舆论场可发现，两者关注的问题并不

相同。民众关注的是疫情中盒马不涨价、坚持配送等方面的良好表现，政府关注的则是食品安全问题。两者舆论观点脱节，双方自说自话，官方舆论场难以对民间舆论场起到引导作用。

三、经验总结

（一）立足自身职责化解监管领域风险

疫情防控事关人民生命安全和身体健康，事关全市经济社会发展大局，是当前工作的重中之重。市场监管部门职责多、领域广，多项工作与疫情防控密切相关。疫情防控期间发生的经济违法行为，其社会危害性之大超过平时。疫情防控紧要关头，部分商家利用民众的恐慌心理哄抬物价、牟取暴利。这样的行为不仅严重扰乱了市场秩序，更是极大地消耗了公共资源，损害了民众对于当地政府部门监管力度的信心。因此，在疫情防控期间，市场监管部门需立足自身职责，重点关注当下的主要矛盾，警惕危及人民群众的身体健康和生命安全以及社会和谐稳定的事情发生，稳定市场经营和交易秩序。

（二）创新监管方式，重视柔性监管

对于广大群众关注的重要物资、紧缺物资、生活物品等，民众期待监管部门能加大执法力度，坚决打击严惩"发国难财"的行为。然而，价格执法也要避免用力过猛。执法要考虑实际，充分考虑法理与情理的关系。在当前经济受到疫情深刻影响的大背景下，许多商家面临巨大生存压力。创新监管方式，重视柔性监管原则，在未有恶劣影响的前提下，让商家更好地渡过难关，成为市场监管工作的题中应有之义。[1] 疫情防控期间，出现多起加价售卖后严厉处罚被舆论热议的事件，如药房因加价4毛钱出售口罩被罚4万余元，商家因土豆加价8毛钱被罚30万元等。这背后反映的一方面是小贩商家收入与严厉惩罚反差过大，民众觉得过于严厉；另一方面则是民众对疫情防控期间，交通运输管控、从业人员减少等原因导致物价成本上升，价格在能接受的范围内上调

---

① 王耀，章仁慧，陶利军. 市场监管部门参与疫情防控的成效与思考［J］. 中国市场监督研究，2020（2）：35－38.

表示理解。因此，在疫情防控期间，市场监管部门虽有保障市场价格秩序稳定的责任，但处罚仍需要根据实际情况具体处理，造成恶劣影响的可从重处罚，负面影响较小的则可酌情减轻处罚。

（三）选择适当时机发布执法案例

疫情是一面"放大镜"，在此期间，市场监管的行政执法行为，更容易被关注，也被更充分地讨论。因此，疫情防控期间的行政处罚除了合理合法，有关部门在进行行政处罚前还要充分考虑，注意发布时间，避免因为一纸行政处罚带来次生舆情。据《中国市场监管报》报道，"未经清洗的"生鸡蛋外壳常携带有引发食物中毒的沙门氏菌，如果清洁不到位，很可能引发交叉污染。因此，西安市市场监督管理局对盒马立案查处并非处罚不当。该处罚案例若是在平常，监管部门的执法大概率不会引发舆论争议。然而，在民众都期待市场监管部门能稳定物价、打击囤积居奇等非法行为的疫情防控期间，此类执法案例的公布，更容易激发民众的讨论与猜测。特别是当某一领域的负面舆情频出时，网民大多会对监管部门产生较大的不满情绪。此时监管部门为了展现自身工作而发布看似"微不足道"的执法案例，反而容易被舆论质疑脱离群众现实。

危机事件

"历史原因"引发公共舆论危机的现实处置策略

——以广西全州"超生子女社会调剂"事件为例

南方舆情分析师：林伟聪

一、前言

2022 年 7 月 5 日，一则《全州县卫生健康局关于唐某英、邓某生信访事项不予受理告知书》（以下简称《告知书》）将广西全州"超生子女社会调剂"事件推向民众视线。类似"历史原因"引发的公共舆论危机绝非个例，"旧案"如何得到"新解"，成为新时代下舆情应对的新课题。本文通过梳理广西全州"超生子女社会调剂"事件舆情发展全过程，从媒体跟进、当事人发声及涉事部门回应等角度评析了整个事件的舆情发展，得出"历史原因"类舆情的现实处置策略：主动作出回应、抓住舆情主要矛盾、快速推进线下现实问题解决、强化执法部门的合法合规管理、做好"历史原因"舆情的排查处置。

二、舆情概述

2022 年 7 月 5 日上午，新浪微博平台"中国刘杰""卫华讲法""律师周云昌""何光伟 v"等网络大 V 发布了一份落款为全州县卫生健康局的《告知书》的图片。该文件显示，全州县唐某英、邓某生夫妇超生（第七孩）的孩子由全县统一抱走进行社会调剂，去向没留存任何记录。"超生被调剂"这一说法引起极大的网络争议，随后引爆舆论场，相关话题随即冲上新浪微博、今日头条、抖音视频、百度搜索、知乎论坛等热搜榜单的前列。

（一）媒体跟进

为了解"社会调剂"政策是否真实存在，各地媒体机构迅速参与探寻真相，其中包括《中国新闻周刊》、《南方都市报》、《新京报》、凤凰网、东方网、封面新闻、天目新闻、时代财经等知名媒体。其中《新京报》于5日上午和中午先后致电桂林市卫健委、全州县安和派出所，并在当日内连发5篇涉该事件的报道，引起社会高度关注；封面新闻则先后联系到中共全州县委宣传部、全州县网信办，相关部门回应"相关信息我们也在核实中"；天目新闻致电全州县卫健局办公室、全州县人民政府办公室等部门；时代财经以市民身份致电全州县民政局社会事务部。

《南方都市报》则从事件的广泛性出发，指出此类情况不只发生在广西，在四川省达州市木子乡等地也曾出现，当事人也将当地政府告上法庭。当天19时，《中国新闻周刊》另报道一"社会调剂"案例，全州县卫健局2019年还曾对该县未婚生育女子胡某琼征收社会抚养费约9.3万元，胡某琼不服该征收费用曾起诉至全州县人民法院，最终该女子败诉，目前已成为被执行人。

（二）当事人发声

7月5日15时，当事人唐某英首次线上发声，称事件发生在1990年，未满一岁的小孩是在宾馆被强行闯入的多人带走的，民警也帮助寻找，后报警立案侦查未果。

随后，被抱走男孩邓某周的五姐邓某荣通过《新京报》、九派新闻等媒体发声，讲述了事件经过。她称被抱走的弟弟在家中排行老七，家人给他起名叫邓某周，当时家里面的一些家具、电视、猪等都被相关人员带走抵押。其父前后大概借了几千元，未能交齐超生罚款，孩子不满一岁时被抱走。她还表示目前全州县卫健局、安和镇政府和安和派出所的工作人员已经到他们家就弟弟被抱走一事进行问询，镇政府的工作人员承诺将会帮助一同寻找邓某周的下落。邓某荣表示自己的父母年事已高，希望能够在他们有生之年找到邓某周，一家团聚。

18时，事发地全州县安和镇四所村的知情人士称孩子当时是被直接带走，此后两位当事人多年一直未放弃寻找孩子。

21 时左右，当事人唐某英再次发声，年逾七旬的她直言"他们抢走我的孩子，就是拐卖儿童"。唐某英称已经找了小儿子三十多年，最近报了案警察才去查。而唐某英二女儿称，当时父母已经交了两千罚款，卖了家里的猪、稻谷，但之后又被告知罚款六千不封顶。

（三）涉事部门回应

7 月 5 日 15 时 43 分，桂林市人民政府新闻办公室对全州县卫生健康局不当处理信访事项发布了情况通报。通报中称，桂林市委市政府高度重视，派出由市纪委、市委组织部等相关部门组成的联合工作组到全州县进行调查。全州县卫健局局长和分管副局长等相关人员被停职检查。

随后 16 时，《广西日报》发文称，针对全州县卫健局不当处理信访事项的问题，广西壮族自治区纪委监委牵头会同有关部门迅速派出工作组，指导桂林市相关部门进行调查处理。

（四）舆情数据

据南方舆情监测，在事发接近一周内（7 月 5—10 日）全网共监测到相关数据约 197 016 条，主要集中在微博和客户端平台，其中微博信息约 166 360 条，占比约 84%，是本次事件舆论主要聚集地；其次为客户端信息约 15 315 条，占比约 8%。

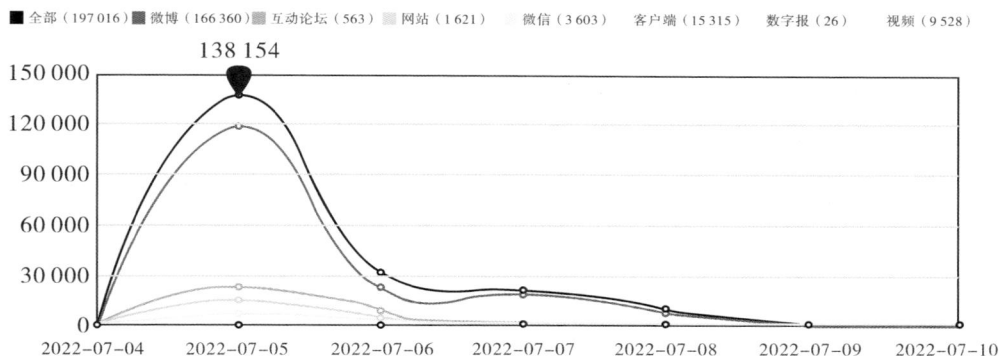

图 1　舆情走势数据

由上图可知，全州县"超生子女社会调剂"事件在 7 月 5 日 15 时左右达到舆情最高峰，冲上各大平台热门榜单。通过各大平台公布的数据可以看出，有 7 个热门搜索达到亿数级，可见公众关心程度，详细数据见下表。

表 1　各大平台热搜热度情况

序号	热搜主题	热度总数	来源榜单
1	广西全州回应"超生孩子统一调剂"	2 114 899 914	头条热搜榜
2	桂林通报全州超生孩子被调剂	410 524 183	抖音热榜
3	全州被社会调剂孩子母亲发声	289 506 607	抖音热榜
4	全州女子未婚生育被罚 9 万限高消费	210 978 135	头条热搜榜
5	网传全州县超生孩子被抱走调剂，桂林通报称"对县卫健局局长等相关人员停职检查"，还有哪些信息	164 860 000	知乎热榜
6	全州超生孩子被调剂事件已立案	120 812 116	微博热搜榜
7	女子未婚生育被全州卫健局罚 9 万	115 817 259	百度热榜
8	全州超生孩子统一抱走被社会调剂	95 086 707	微博热搜榜
9	如何看待网传全州县将"超生孩子"统一抱走进行"社会调剂"？官方回应"正在核实"，还有哪些信息	92 510 000	知乎热榜
10	全州	616 816 42	微博热搜榜

（五）舆论观点

（1）网友评论以指责和质疑为主，反映"超生被社会调剂"的现象广泛存在，同时要求官方直面解决问题的呼声较大。

一是指责和质疑全州县相关部门"社会调剂"做法不当。大部分网友认为该做法"与人口拐卖无异"，"是贩卖人口行为"。同时，网友还指出"超生被社会调剂"做法是当地"公权力的滥用""权力的任性发挥"导致，"忽视了生命的价值和尊严"，更是对"法治的漠视和践踏"。

二是表示"超生被社会调剂"在特定的历史时期较为常见，并纷纷指出当地类似的做法。其中四川、贵州等 IP 属地的网友表示"这样的情况"存在广泛，并指出"90年代抱养小孩很常见"。

三是希望官方能直面问题并尽快解决"超生被社会调剂"类的历史遗留问题。部分网友对于事件的后续解决期待值较高，希望官方能直面解决问题，对历史遗留问题政策及时修正，同时约束相关权力的滥用，提高基层工作人员工作水平等。

（2）在媒体和网络大V的观点中，可以梳理出以下几个方面：一是要求改正"简单粗暴"的服务态度，呼吁对相关部门及工作人员的追责；二是查明超生孩子被"社会调剂"真相，满足社会各方的期待；三是从公正和法治出发，讨论是否存在"违法犯罪行为"及追责问题。

其中《经济观察报》从法治和人伦方面对当地政府提出批评，文章认为，将超生孩子统一抱走进行"社会调剂"的做法，其恶劣程度已经远远超过了对超生户的房子、粮食等财产予以非法处置的限度。《新京报》评论"将父母和孩子分开，何等残酷残忍，作为负责这件事项的地方政府部门，更需及时纠错"。《北京晚报》用标题"历史旧账违法也应追责"指责相关部门"一味地回避不是解决历史遗留问题的正途，把责任一股脑地推到前人身上也不是该有的担当"。

众多媒体的观点是要求查明超生孩子被"社会调剂"真相，荔枝网发表时评《查明超生孩子被"社会调剂"真相，提供善后可靠样本》，称"全州快速处理了'漠视群众诉求、行政不作为'的官员，这是迈出了积极一步。希望接下来的处理，也能够满足涉事家庭和各方的期待，为类似事件提供可靠的样本参考"。彩云网评也指出"一个个鲜活的婴儿就这样来无影，去无踪，被翻来覆去地'调剂'，由此人们不禁要问：是谁给了你们这种草菅人命的'调剂权力'？'超生调剂'，这个问题需要厘清，决不能再成为一笔笔'糊涂账'"。中新社华舆则评论"对相关'不作为'人员的追责并不是目的。在积极回应群众诉求的同时，地方政府更应该反思，在今后的工作当中，如何依法行政，做有温度的基层管理者。也希望当地处理该问题时，不要仅停留在应对舆情上，而是深入调查此事"。

中国法治网从法治角度出发，认为"我国的计划生育法虽然修改过多次，但哪个时期都没有从法律上允许过政府部门可以将'超生'孩子进行'社会调剂'，计划生育部门强行抱走小孩并造成实事上失踪的行为是严重的违法事件，是构筑法治社会的绊脚石"。微博法律大 V、上海中联（成都）律师事务所律师郭小明指出"在现行法律中，除非经过法定程序，父母对孩子的监护权是不能被剥夺的，任何单位和个人都没有权力强行抱走孩子。根据我国《刑法》规定，滥用职权罪最高法定刑是 10 年，追诉时效是 15 年，若此事发生在 1990 年，就已经超过了 15 年，很可能因为过了追诉时效，而无法追究刑事责任"。河南领英律师事务所的李律师表示"全州对超生孩子'社会调剂'事件如果属实，也不建议当事人以渎职、拐卖儿童等去起诉，最好是能够走正常的行政诉讼"。

三、舆情分析

（一）官方公告书用词不当，缺乏人文关怀和法律依据

在网传的《告知书》中，"不存在拐卖儿童的行为""没留存任何记录""信访事项不予受理"等表述不仅是用词不当，而且极其缺乏人文关怀。同时，该告知书体现了相关职能部门"不服输"的态度，似乎在法理上占理，但缺乏历史和现实法律依据。官方对生命的漠视态度，加上存在违法嫌疑，像冰冷的利剑刺痛了整个社会的道德神经，舆情一触即爆发。显然，全州县卫生健康局将此类舆情归结为"历史遗留问题"，冷冰冰的文字引起了舆论场的热反映。网友对当地政府部门的愤怒加上对家属的共情，导致舆情热度持续走高。

此外，将"超生"的孩子进行"社会调剂"显然缺乏足够的法律依据，完全站不住脚。计划生育法虽然修改过多次，但即便是在计划生育严控的年代，也没有法律和政策授予县政府将"超生"孩子进行"社会调剂"的权力。法律界人士对此表示是对"法律的践踏""法治的倒退"，并对此进行违法犯罪分析，要对相关责任人进行惩戒，以敬畏法律。

（二）基层执法缺乏合规性，引发存在"利益输送链"质疑

在《告知书》中，全州相关部门没有告知信访人可以通过诉讼、仲裁、行政复议等法定途径解决问题，也没有表明其愿意配合公安机关侦查取证的态度。根据《中华人民共和国信访条例》的规定，全州县卫生健康局的做法是

不符合规定的。在基层执法不合规的背后，网友对相关部门"人口贩卖""从中获利"的质疑便随之而来，质疑声不断，使整个舆情声量越来越大。

（三）刻意躲避媒体采访报道，舆情回应效能不足

《告知书》在网上热议后，《新京报》、极目新闻等数十家媒体联系涉事部门，试图找出事件背后的真相，但综合各家媒体的后续报道来看，均无有效信息传递，有刻意躲避媒体采访之嫌，包括桂林市卫健委、全州县安和派出所、中共全州县委宣传部、全州县卫健局办公室、全州县人民政府办公室、全州县民政局社会事务部等部门均敷衍回应媒体采访。一方面加剧了网友对相关部门的猜疑和指责，加深了公众对相关部门不作为、赖作为的负面印象；另一方面也体现了当地部门对媒体采访应对能力的不足。7月5日下午，桂林市发布针对该事件的通报，但此时的舆情回应因上午的消极应对而显得无效且多余，不仅没能挽回相关部门负责任的正面形象，同时还给人以"被迫回应"的无奈之举。

（四）"舆情搭车"现象严重，关联话题冗杂

随着舆情热度的飙升，参与讨论人数的增加，全州社会调剂事件"舆情搭车"现象越发严重，其中历史背景下计划生育政策、人权发展以及当前拐卖妇女儿童等话题被网友加入讨论。如2011年财新网曾报道"邵氏弃儿"案，《中国新闻周刊》报道2019年全州县卫健局因女子未婚生育，征收社会抚养费约9.3万元，以及网友指出2015年山东兰陵曾向基层摊派过"流产指标"，未完成者或被就地免职等。这些事件都将历史上的计划生育政策与现实经历中的二孩、三孩政策对峙起来，形成更集中的舆论火力对向全州，质疑全州县卫健局在执行生育政策上的不作为、乱作为，直指权力滥用。同时，女性权益及生育政策是当下舆论热门话题，全州超生社会调剂事件与此类话题关联起来，更是将舆情推向高峰。此外，特殊历史阶段遗留的计生政策执行问题等被"别有用心"的媒体和网友拿出来翻炒，也在一定程度上加剧了负面舆情的传播。

（五）官方通报不是舆情"终点"，有舆情复燃可能性

7月5日下午，官方发布了一则处置通报，表面看舆情热度逐渐下降和平

息，但就整个事件而言，官方通报不是舆情"终点"，而是"起点"，摆在当地政府面前的还有更复杂的舆情形势。一方面当事人唐某英家庭有找回孩子的决心，另一方面社会关注度极高，两股决定性舆情推动势力均期待当地政府能向社会交出一张合格的答卷。因此，全州超生被社会调剂舆情在任何时候都有复燃的可能，尤其是在关键时点，如孩子丢失周年纪、丢失孩子生日、中秋春节等阖家团圆节日。如若官方在寻找孩子上没有任何进展，经媒体渲染报道后，全州很可能会再次成为舆论中心，此时当地政府的公信力会再次下降，"全州"成为一个负面词，对于整个全州地区的发展来说是致命的。

四、经验总结

（一）"历史原因"引发的突发舆情，主动作为态度是关键，情真意切回应展能力

对于已经发生的网络舆情，不能怕，更不能躲。如果存在怕和躲的心态，就容易始终处于被动应付、消极应对的局面。在全州超生被社会调剂舆情事件上，当地部门一是怕，怕不当回应会引起更大舆论热潮；二是躲，跟媒体玩起"躲猫猫"游戏，刻意敷衍回避问题；三是推卸责任，拿着"历史原因"的挡箭牌想把舆情挡住。综上三点，更能凸显主动作为态度的重要性。在互联网时代下，要变被动为主动，主动接触新媒体，主动联系，主动沟通，下好先手棋，打好主动仗，正确引导舆论走向。在第一时间监测发现舆情后，当地部门应加快联系相关负责人和当事人，还原事件真相，梳理研判，并第一时间通过官方发布。官方的主动发布比"被迫回应"更有说服力，可以在最短的时间内压低质疑和猜测声音，同时能展现政府部门认真负责的正面形象。此外，在发布的表述中要注意措辞，这是展现政府部门能力的地方，需严格把关，如用词不当反而会加强负面舆情传播。

（二）抓好舆情关键矛盾，寻求历史背景与现实间的融合点

舆情发酵过程中会出现多个舆情风险点，不同的风险点也有主次之分。在舆情应对过程中要抓住主要矛盾，击破关键矛盾的风险点，其余会随时间淡化。在全州超生被社会调剂舆情事件上，主要的舆情风险点是当地政府部门滥

用职权，随意调配出生人口。在清楚认识到矛盾点后，当地部门应有的放矢地从容应对，寻求在历史背景与现实的融合中突破，对比当下的人口政策，给予当事人最真诚的协助和补助，弥补当年的不正当做法，而不是居高临下，不思悔改，以"历史原因"将当事人拒之门外。

（三）快速推进线下现实问题舆情的解决，减少线上"历史原因"舆情的蔓延

在实践中，线上舆情往往是由线下延伸的，这意味着问题的根源在线下。因此，在引导处置此类舆情事件时需要将现实问题的解决工作放在重要位置。在全州超生被社会调剂舆情上，当地相关部门要重视线下解决该信访案件，快速推进对"被调剂"孩子的寻找工作，同时安抚当事人及其家属，做好解释沟通工作，以最快速度实现一家团圆的心愿，满足社会对官方处置的期待。只有线下满足了舆情当事人的需求，线上舆情的扩散面和影响度才会慢慢缩小。当然，应对速度也尤为重要，如线下处置推进较慢，跟不上舆情发酵的速度，同样会出现次生舆情、集群舆情等多发情况，导致负面情绪加剧，损害政府部门的声誉和形象。

（四）强化基层执法部门的合法合规管理

当前，实现国家治理体系和治理能力现代化需要公职人员加强法治意识和政治意识，尤其与人民群众直接接触的基层执法部门更是需要强化合法合规管理。在此舆情上，当事人唐某英曾表示孩子是在宾馆被无情抢走的。官方回应中"没留存任何记录"等都是违法违规的表现，更体现了全州当地的执法部门法治思维的缺乏、法治意识的淡薄。为避免负面舆情的加剧，在后续发展过程中，当地部门应加强公职人员法律意识的培养，杜绝类似的执法犯法行为发生。此外，全州"红头文件"回应脱离基本法律依据的内容，能够加盖公章反馈给信访群众，暴露出当地部门在对待严肃政府公文时的拟稿、审稿、审核等环节出现了人员消极懈怠、应付了事，公文审批流程不严谨等问题，需引起一定的重视和吸取教训。各级行政机关需严格执行规范性文件的制定规定，加强出台发布前的审查力度。

（五） 做好“历史原因”舆情的排查及后续政策的解读和引导

计划生育是 20 世纪 80 年代实行的一项基本国策，执行过程中出现了诸如“社会调剂”的这些地方性政策，以此来应对国策下达的指标。有关部门对“历史原因”舆情需畅通投诉渠道，建立常态化监测评估体系，定期对群众举报、投诉线索进行分类分析，对投诉中涉及较多的历史遗留问题形成工作方案，定期集中研判、集中解决，将问题风险前置。在 2022 年 3 月 24 日修订通过的《广西壮族自治区人口和计划生育条例》中的实行生育登记制度，有关部门未提前做详尽声明，也引起小范围热议。历史特殊时期与现实政策调整宣传不到位、执行无记录也会令公众难以信服，易引发负面舆情，需要宣传部门对政策调整加强解读和引导。

大数据时代技术滥用引发的社会治理舆情危机及应对策略

——以河南村镇银行储户被赋红码事件为例

南方舆情分析师：吕　冠

一、前言

河南村镇银行储户健康码被强行赋红码，暴露了大数据时代技术应用于社会治理时所存在的问题。健康码作为技术治理时代的典型代表，却被用于处理维权事宜，存在治理工具滥用和越界之嫌，也极大侵蚀了公众的信任。在法国哲学家吉尔·德勒兹提出的控制社会里，信息技术和智能技术本该通过探索世界，为提升整个社会运行的效率而服务，实际却被用于操控每个社会个体的目标中。"赋红码"的操作既破坏了防疫大局，也违背了科学运行社会的技术治理原则；对银行体系的信誉造成负面影响，引发系统性金融风险；同时，引发公众对于公权力扩张的质疑，损害政府公信力。

本文通过梳理分析河南村镇银行储户被赋红码事件的发展经过和舆情特点，针对技术滥用引发的社会治理舆情危机提出对策建议。由浅入深、逐步深入，从第一时间的迅速调查事件真相、及时表态回应民众关切，到完善社会治理中对技术使用的监督机制，降低"伪技术治理"风险；最后从长远来看，应将技术治理纳入法治轨道，规定数据使用的合法范围，从三个方面保障技术赋能社会治理落到实处、取得最佳效果。

二、舆情概述

2022 年 4 月中旬起，河南的部分村镇银行陆续发生线上系统关闭、取款异常的现象。有储户担心自己的存款无法取出，便到河南了解情况，结果到达郑州后其健康码就变成了红色。网上开始传播疑似储户线下维权的各类图片和视频。

据储户反映的事实来看，尽管核酸检测结果为阴性，但健康码仍被转为红码的情况有四种：一是到达郑州高铁站时是绿码，在高铁站按照当地防疫规定做了核酸；但出站到达酒店或在郑州的饭店扫码后，变为红码。二是到达郑州高铁站扫码后，健康码变为红码，经过和车站防控人员交涉后正常出站，按要求前往医院进行核酸检测；检测结果显示阴性后，被告知需要 7 天居家隔离后才可变绿。三是自驾到达郑州的储户，在高速扫码后，健康码变为红码，不被允许下高速；还有乘坐高铁到达郑州的储户，在高铁站扫码后，健康码也变成红色，不允许出站，部分被遣返；不愿意被遣返的，需要集中隔离 14 天，而且必须到指定隔离点进行隔离。四是在外地、并未到访或根本没有计划到访河南的储户，其健康码也被转为了红码。

6 月 13 日，今日头条、微信公众号等平台陆续出现"河南村镇银行最新消息"等话题，大量金融类自媒体对情况进行转发，舆情热度持续上升。

6 月 14 日，财联社、封面新闻、澎湃新闻、中国网等主流媒体集中报道此事件；而郑州市 12320 卫生健康热线回应质疑，表示不太清楚是哪个部门进行的赋码。同日，河南省卫健委相关工作人员表示，已接到多个"外地来豫储户被赋红码"的投诉，河南省卫健委已将投诉反馈至相关部门，相关部门正在调查核实。

6 月 15 日，环球网、央视网、中国青年网等主流媒体集中发表评论，推动舆情热度进一步攀升。

6 月 17 日，郑州市纪委监委针对此事启动调查问责程序，表示对其中发现的违法违纪行为将严肃处理。

6 月 22 日，郑州市纪委监委发布《关于部分村镇银行储户被赋红码问题调查问责情况的通报》，通报称事件起因是相关领导擅自决定对部分村镇银行储户来郑赋红码，安排相关人员对在郑扫码储户赋红码。通报将事件定性为严重损害健康码管理规定的严肃性，造成严重不良社会影响的行为，是典型的"乱作为"，相关领导将为此受相应的处分。

7 月初，又有远在山东、辽宁等地的河南村镇银行储户反映，自己的健康码再次"赋红"。连日来，从储户两度被"赋红码"，到一些维权储户线下集聚讨说法，甚至衍生出线下的冲突打人，"河南村镇银行取款难"的话题多次成为舆论热点。

7 月 10 日，河南省许昌市公安局通报，这几家取款异常的村镇银行背后的大股东河南许昌农商行存在与河南新财富集团联手违规账外经营的情况。后者通过内外勾结、利用第三方平台以及资金掮客等吸收公众资金，涉嫌违法犯罪，涉案转移资金达397亿元。公安机关抓获一批犯罪嫌疑人，依法查封、扣押、冻结一批涉案资金、资产。

7月11日，河南银保监局、河南省地方金融监管局发布公告称，将对相关村镇银行的账外业务客户本金分类分批开展先行垫付工作，并将公布风险处置方案。

7月13日，央行回应河南村镇银行问题，称绝大部分中小银行的央行评级处于安全边界内，中国银行业资产稳定安全。

8月12日，银保监会通报，自7月11日以来，河南、安徽先后分四期对5万元以下、5万元~10万元、10万元~15万元、15万元~25万元的客户实施垫付；截至8月11日晚，已累计垫付43.6万户，垫付金额180.4亿元，客户、资金垫付率分别为69.6%、66%。

8月29日，河南省许昌市公安局通报调查最新进展，以犯罪嫌疑人吕奕为首的犯罪团伙非法控制禹州新民生等4家村镇银行，涉嫌实施系列严重犯罪。该犯罪团伙在正常存款利息之外，用非法获取的部分资金，以年化收益率13%~18%"贴息"标准为诱饵吸揽资金。该"贴息"经资金掮客层层盘剥后，被部分大额资金客户获取。目前公安机关已抓获犯罪嫌疑人234名。

该事件从4月开始发酵，一直延续到8月，持续引发媒体和大众的关注。从4月15日到7月15日，全网共有接近400万篇相关舆论。如图1所示，舆论出现了两次高峰。最高峰出现在7月10日，网络上广泛流传部分储户到河南省人民银行进行维权申诉，与现场驻守的"白衣人员"爆发激烈冲突的视频和图片引发广大网民的转发和评论。

次高峰出现在6月14日，第一财经、半月谈、侠客岛、环球网、《南方日报》等主流媒体针对事件发表评论，纷纷批评指责当地乱赋红码阻止储户维权的行为，越来越多的网民关注此事件的进展，要求当地相关部门进行调查和追责。

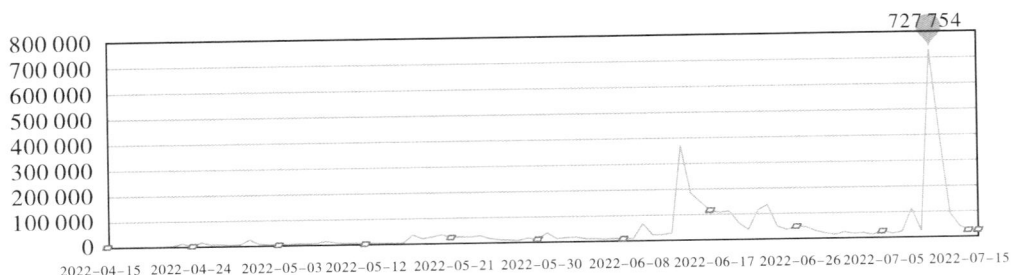

图1 "河南村镇银行储户被赋红码"事件传播趋势图

如图2所示，该事件的信息发布渠道主要在微博。对应的微博话题有"河南村镇银行储户被强行赋红码""河南村镇银行多位储户又被赋红码""河南卫健委调查储户被赋红码"。话题下的主要内容为大量河南村镇银行储户反映其健康码被强制变成红码；河南省卫健委就储户的投诉开展调查；部分储户发现自己被二次赋红码。

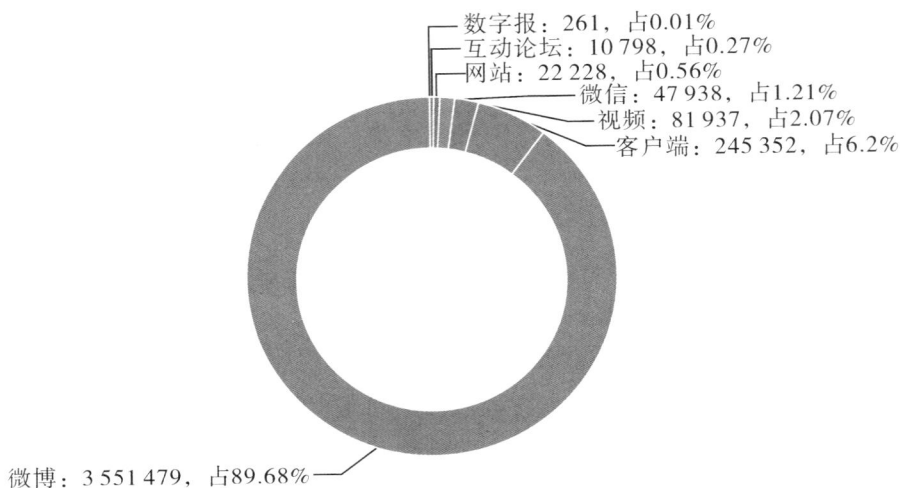

图2 "河南村镇银行储户被赋红码"事件信息来源占比图

事件引发了官方舆论场和民间舆论场的"共振"，部分储户在社交媒体反映健康码变红码的遭遇。主流媒体开始跟进报道，通过专题、评论、特写等新闻方式，梳理事件的前因后果，表达储户的诉求，进行媒体监督。官方舆论场的主要观点可以分为以下三类：

（一）健康码只能用于防疫用途，须维护健康码的科学性和严肃性

环球网：在常态化疫情防控中，健康码的作用举足轻重，必须维护其科学性和严肃性，绝不能让一些局部的基层纠纷，或者"技术错误"，影响公众信心和抗疫大局。

（二）以"防疫"为名行"处理维权"之实缺乏法律依据，须严肃追究责任

侠客岛：不客气地说，疫情防控措施被随意用于"社会治理"或"维稳"目的，不管是哪个部门、哪些人授意干的，都应被严肃追究责任。因为一个基本的道理是："一码归一码。"

（三）赋红码暴露"权力任性"的危险倾向，须警惕大数据管理权的误用

《南方日报》：治理的根本目的是更好地服务人民、增进人民福祉。滥用大数据管理权，将数据管理技术变为单纯的管控手段，实际上违背了大数据治理的初衷。

民间舆论场负面情感倾向占据主流，从图 3 的关键词云来看，"储户""村镇银行""河南""红码"等词汇较多；"乱作为""问责""维权"等词出现频率相对较高，反映出舆论对于事件的基本态度都是偏向消极不满。

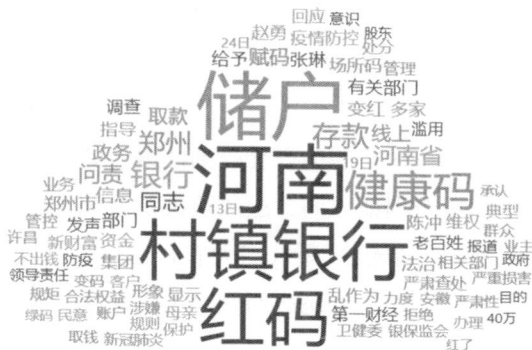

图 3　"河南村镇银行储户被赋红码"事件关键词云

民间舆论场的主要观点则可以分为以下三类：一是质疑健康码被滥用，用作限制储户聚集维权；二是要求政府部门尽快解决储户取款难的问题，并借此降低村镇银行存在的金融风险，解决村镇银行存在的问题；三是希望相关部门尽快查清事实，依法追责，将健康码管理纳入法治轨道，杜绝类似事件的再次发生。

三、舆情分析

梳理事件的发展始末和舆论场的讨论，发现其具有以下特点：

（一）事件涉及面广、金额大、牵涉储户众多

据媒体报道，河南村镇银行取款难问题涉及全国多个省市，关联约40万储户、存款金额高达400多亿元。储户异地存款的背后是第三方平台在发挥作用。储户通过度小满、京东金融第三方平台接触了解河南村镇银行的储蓄项目，并在这些产品下架后接到银行电话的引导，将资金再度转移到村镇银行，因此外地储户就能把钱存储到千里之外的河南村镇银行。这也是此次村镇银行"暴雷"造成的影响范围之大、程度之深的缘由所在。

（二）银行信誉受损，引发系统性金融风险

村镇银行是中国银行业体系的组成部分，是国家为了增强金融支农力度，由具备一定经济实力的银行在农村地区发起设立的金融机构。但由于村镇银行股权错综复杂，容易被资本控制；加之部分村镇银行经营管理能力和风险控制能力不足，内控合规不完善，信贷资产不良率逐年上升。储户们不了解村镇银行存在的问题和风险，在"银行存款就是最稳定的投资"的朴素认知下，通过网络平台将钱存进村镇银行。当银行里的钱取不出来，储户们对村镇银行的信任就会被打破，当地银行体系的信誉会受到冲击。此外，网络平台的广泛可接触性，也使得原本属于个别地方的金融风险被扩散到全国各地，加深了金融风险的复杂性和严重性。村镇银行深入广大农村地区、与基层民众联系紧密，它的性质非常特殊，其存在的违规违法问题，不仅破坏着地区的金融和信用生态，造成严重的国有资产流失和国有信用透支等不良现象，也更容易引发并激化社会矛盾，导致更严重的社会问题。

（三）"伪技术治理"体现公权力过度扩张，引发政府信任危机

在常态化疫情防控的背景下，健康码成为各个城市的常态化治理手段之一，也是国家治理体系治理能力现代化的重要标志之一。

健康码包含个人户籍信息、行程信息、健康信息等个人数据。根据 2020 年 2 月，中央网信办出台的《关于做好个人信息保护利用大数据支撑联防联控工作的通知》，其中规定为疫情防控、疾病防治收集的个人信息，不得用于其他用途。国务院应对新型冠状病毒感染的肺炎疫情联防联控工作机制综合组在 2021 年 1 月印发的《新冠肺炎疫情防控健康码管理与服务暂行办法》中也再次明确了这一点，并指出，各地要严格确定健康码功能定位，不得扩大应用范围，切实防止"码上加码"。国家三令五申，强调健康码只能用于防疫需要，而河南却使用赋红码的方式阻碍储户到当地进行申诉维权，这无疑是与上级的要求背道而驰。

我国是一个人口众多、人口密度大、人口流动率高的国家，健康码的创新使用对社会治理、城市管理、人物运转等都起到积极的作用，是大数据时代"技术治理"的体现。运用新技术进行社会治理的目标是科学运行社会，降低治理成本，提高治理效率。但以科学为名，打着科学和技术的旗帜，实际图谋的是其他目标，尤其是某种利益和权力目标，这就是一种"伪技术治理"，是对信息技术的异化，反而会引起普通公众对技术治理的抵触情绪。

以疫情防控为目的的各类数字技术，只能被用于正当的防疫目标。这是社会成员的普遍共识，也是技术治理的底线、红线。健康码是在非常时期采取的技术手段，是社会大众为了防疫大局而将自身数据授权给相关部门，是对自身部分权利的让渡，健康码的推广是一种公权力的体现。正因为如此，从杭州反映公民健康状况的"变色码"，到苏州嵌入公民文明积分的"文明码"，再到河南向储户强赋"红码"，这些对健康码的误用和滥用，把健康码用作民众身份判别、限制民众人身自由的行为才会激起民众强烈的不满与愤慨。这些现象背后反映出的公权力过度扩张问题，不仅会使民众由于权利被限缩而缺乏安全感；还会破坏来之不易的齐心抗疫的大局；更会伤害政府的公信力，引发舆论对政府治理能力和抗疫能力的质疑；同时，也会对当地的城市形象造成严重的负面影响。

四、经验总结

党的十九届五中全会指出，要"加强数字社会、数字政府建设，提升公共服务、社会治理等数字化智能化水平"，数字技术正深刻影响着社会治理与城市发展的进程，技术治理已经成为提升国家与城市治理效能的关键举措。但在实践过程中容易出现信息泄露、技术滥用等问题带来的舆情危机，关于如何有效应对"伪技术治理"导致的舆情危机，下面提出三点建议。

（一）迅速调查事件真相，及时表态回应民众关切

在河南村镇银行储户被赋红码事件中，储户存款取不出来，只能艰难维权已然身心俱疲，但当地政府部门不仅没有做好安抚储户的工作，反而通过"技术截访"的方式阻止储户维权；而当面对舆论质疑时，多部门回应"踢皮球"、语焉不详，致使舆情愈演愈烈。事件爆发之初，在储户咨询12320卫生健康热线时工作人员表示"不太清楚"并建议通过国务院平台投诉，如此轻慢的言论则进一步激化矛盾。郑州市12345热线表示是因为大数据信息库出现问题。显然，这一解释并没有化解公众心中"信息库出错为何能精准到每一个维权储户"的疑虑。对此，当地政府部门并未作出回应；河南省卫健委工作人员仅表示，已将投诉反馈至相关部门，相关部门正在调查核实中。在郑州纪委启动调查问责程序之前，没有任何涉事部门针对此事做出正式书面的回应。由此可见，从事情发酵到引爆舆论，相关部门和银行都没有正视民众的诉求和关切，错过了回应的最佳时机。

因此，面对大数据时代因技术使用而引发的社会治理舆情事件，相关部门应表现出积极处置的态度和诚意，搜集统计受影响群众的情况，迅速启动程序调查事件的真相，及时公布调查的进展；根据事件的调查情况，由不同层级的主管部门及时回应并公布处理结果，让民众对事件做到"心中有数"，这样才能平息舆论，获得大众的肯定。

（二）完善社会治理中对技术使用的监督机制，降低"伪技术治理"风险

大数据、物联网、云计算等技术赋能社会治理，但技术本身的专业性、隐蔽性易受人所控制，"官本位"思想下技术可能会成为社会治理的"达摩克里

斯之剑"。因此，构建社会治理中对技术使用的监督机制，有效降低"伪技术治理"尤为重要。一是设立考核机制增强内部监督。促进社会治理现代化的根基在于以人为本、公民满意，监管部门可以建立以人民满意度为中心的政务绩效考核机制，监督政府部门是否落实治理责任，是否取得理想的治理效果。二是以现代技术规范智慧治理，如区块链具有数据信息可追踪、透明化和不可篡改等优点，因此可通过区块链有效明晰各职能部门职责权限和政务流程，促进部门间信息互动共享，提高社会治理效率。三是以多元参与增强外部监督。随着公民网络素质和政务参与积极性的提升，让公众参与到社会治理的监督中来，能扩大监督的范围，一定程度上也能规范和矫正治理技术的应用。

（三）将技术治理纳入法治轨道，规定数据使用的合法范围

有效发挥社会治理中技术的作用，其核心是规范数据的获取和应用，将技术治理纳入法治轨道，做到有法可依、有法必依、违法必究。一方面，在现有法律制度规定下，无论是企业平台还是政府相关部门，都应本着合法性、正当性和必要性的原则，严格遵照规定使用技术和数据。2020 年 2 月，中央网信办出台《关于做好个人信息保护利用大数据支撑联防联控工作的通知》，规定为疫情防控、疾病防治收集的个人信息，不得用于其他用途。此外，《中华人民共和国数据安全法》《中华人民共和国个人信息保护法》等法律也规定了个人信息的适用范围。因此，地方政府只能在合法范围内探索技术治理的权力限度，将提高地方治理能力和保护公民权利有机统一起来。另一方面，政府部门应加强对数据收集、传输、存储和使用等各个阶段的审查审计，明确数据权利主体、数据搜集者、数据使用者之间的权责关系，完善社会治理中技术使用的侵权责任追究和补偿机制，保证社会治理的"智治"与"善治"。

勿以刻板的危机公关思维应对涉疫舆情

——从两则涉疫舆情谈如何聚焦人民群众的急难愁盼

南方舆情分析师：余锦家

一、前言

2022 年 3 月下旬，吉林长春因疫情防控需要实施社会面静态管理，与此同时，网传当地有关部门竟号召党员干部开展"晒晒我家蔬菜包"活动，要求利用短视频、图片等方式，"展示积极乐观的生活态度，展现物资充足、百姓无忧的生活状况"。然而，当地群众反映买菜难的问题比较突出，长春也多次因"市民买不到菜"冲上微博热搜榜，因而相关活动引发了舆情风波。2022 年 6 月，辽宁丹东封控期间，郝某莉与 70 岁的父亲驾车外出买药，被交通卡口执法人员截停，双方发生推搡。相关视频显示，现场执法人员疑似假装被郝某莉推倒在地，同时还不忘询问旁边工作人员有无录上现场的视频情况。网民们纷纷批评涉事执法人员不仅阻挠人民群众买药，还涉嫌假摔"碰瓷"。

长春当地无法解决人民群众的物资短缺问题，就期望用公务员所领取到的丰厚物资做宣传，试图以刻板的危机公关思维用最快的速度挽回政府的"脸面"，但是买菜难的本质问题未有效解决，盲目开展宣传只会招致人民群众反感。丹东父女外出买药，执法人员不去解决问题，反而关注执法记录仪是否确切地录上现场的争执视频，好让自己手握所谓的"证据"，以避免追究责任，这又何尝不是刻板危机公关思维的体现？两则涉疫舆情案例之中，暴露了以刻板的危机公关思维应对涉疫舆情的问题——误以为政府危机公关工作必须先维护政府的形象，再去考虑问题的处置，忽略了正确处理危机和妥善处置舆情态势才是维护政府形象的关键和重要途径。同时，两则涉疫舆情案例也是涉事单位和相关人员脱离人民群众的表现。"晒晒我家蔬菜包"活动的涉事政府部门只考虑做好宣传工作，丹东拦截买药父女的执法人员也只考虑自己的"官帽"，全然不顾人民群众的急难愁盼，于是只能是陷入舆论困境，涉事政府部门自说自话、自娱自乐、自顾自盼、自我陶醉。

为了避免以刻板的危机公关思维应对涉疫舆情，政府部门首先必须做到始终坚持全心全意为人民服务的根本宗旨；其次开展宣传工作，要重视当前新媒体背景下网民的"用户体验"，贴近网民的"用户习惯"，并且最终必须是以提升政府治理体系和治理能力现代化作为工作目标，而不是着眼于"自说自话"的所谓的"快速"工作效果，以刻板的危机公关思维应对舆情。

二、舆情概述

2022 年 3 月 19 日起，吉林长春因疫情防控需要而实施提级管控，实施社会面静态管理。3 月 20 日左右，有网传截图显示，当地有关部门号召长春市直机关党员干部积极参与"晒晒我家蔬菜包"活动，相关通知中写道："现号召市直机关广大干部利用朋友圈、抖音、快手等自媒体账号，参与'晒晒我家蔬菜包'活动，通过生动的短视频、图片等展示积极乐观的生活态度，展现物资充足、百姓无忧的生活状况，营造安心居家的良好氛围，引导舆论向我。"

在长春群众"买菜难"的情形下，当地有关部门竟号召党员干部"晒"蔬菜，而且网民发现参与该活动的党员干部"晒"出的蔬菜包可谓丰盛，于是引发舆论的广泛质疑：蔬菜包到底是自费购买的还是通过什么特殊渠道优先获得的？

2022 年 6 月 21 日，辽宁丹东封控期间，郝某莉与 70 岁的父亲驾车外出购药，因其健康码显示为黄码，被交通卡口执法人员截停。郝某莉称有社区证明，可外出为父亲购药，下车与执法人员争执，发生推搡。其父"护女心切"，竟上前打了现场执法人员一巴掌。相关情况引发热议，舆情主要集中在两个方面：一是网民认为疫情防控期间应该放行就诊群众。二是涉事执法人员不仅粗暴执法，还疑似假摔倒地，倒地后第一时间便是跟旁边的同事说："录他！录他！录上了吗？"有网民质疑道："绝了，公职人员竟也碰瓷。"

三、舆情分析

就长春"晒晒我家蔬菜包"活动而论，当地还无法妥善解决人民群众的物资短缺问题，却妄图用公务员所领取到的丰厚物资做宣传，掩饰问题，营造所谓"良好氛围"。丹东父女外出购药，防疫卡口的执法人员不去帮助人民群众，反而不分青红皂白直接拦截了事，而双方出现矛盾后，执法人员也更关注执法记录仪是否录上了争执视频，好让自己能够手握所谓的现场"证据"，充分做好免受投诉的准备，让自己立于不败之地。

上述两则案例，一则是胡乱开展宣传工作引发舆情，另一则是开展防疫工作期间粗暴对待群众引发舆情，有何相似之处？其共通点是，两者皆是刻板地、僵化地运用危机公关的思维开展工作——如"买菜难"问题一时难以解决怎么办？用正面宣传"对冲"负面舆情，似乎就显得"买菜难"的问题也并不严重了。又如防疫工作人员遇到与群众争执的情况，帮助群众解决问题可能是麻烦事，但录下现场视频就简单多了，哪怕出现投诉，也可以展示现场视频进行危机公关、处理投诉等。

政府部门遇到公共危机事件，第一时间进行应对处置工作开展危机公关本无可厚非，但是应该如何避免刻板和盲目地进行危机公关？我们有必要先了解危机公关、政府危机公关的有关概念和误区。

（一）问题：政府危机公关的误区

根据公关关系学的有关定义，危机公关是指机构或企业为避免或者减轻危机所带来的严重损害和威胁，从而有组织、有计划地学习、制定和实施一系列管理措施和应对策略。有国外的研究学者认为，危机公关指当组织面对危机事件需要解决时，首要目标是对已经发生的危机负责任，恢复并保护组织的形象，尽量减少危机对组织的负面影响——这一概念被称为危机公关的"形象修复理论"。受到上述危机公关相关理论的影响，北京大学出版社出版的高等教育教材《政府公共关系》（作者唐钧）一书中提出：政府危机公关的功能主要表现在两个方面：第一，化解危机；第二，重塑形象。

在政府危机公关中，正确处理危机和相关的舆情态势是维护政府形象的重要途径，而在实际工作中，为了更快呈现出明显的工作效果，部分政府部门的领导干部却往往陷入"先挽回形象再慢慢去处置问题"的误区。在公共危机发生时，政府更应该将公共利益和人民的利益放在首位，果断作出决策、迅速化解危机，通过及时解决实际问题来挽回形象，而不是本末倒置。至此，我们不难理解为什么把"晒晒我家蔬菜包"活动案例以及丹东拦截外出购药父女案例称之为刻板危机公关——这在于他们颠倒了开展政府危机公关的主次，误以为维护政府形象工作是政府危机公关的核心，以维护政府形象为先，而忽视了人民群众的利益和需要，没有及时妥善解决诱发公共危机的问题。

把公共利益和人民利益放在第一位，才是开展政府危机公关工作的根本要求。《深圳特区报》评论文章《"晒晒我家蔬菜包"活动为何晒翻车了》指出：当买不到菜或者要买高价菜，仍是市民们的生活现实时，那边党员干部却晒出丰美的"蔬菜包"，能让市民心里产生什么样的感受？郑州报业集团旗下正观新闻评论指出：想让老百姓安稳抗疫，实实在在做好物资供给比任何宣传和疏解都管用。做再多宣传都不如实实在在地把买菜难问题解决好，而再好的宣传也会在"市民买菜难"的热议中化为泡影。政府危机公关的出发点和落脚点必须以维护社会公众利益、解决社会问题、化解社会矛盾为大前提。把"维护政府形象"作为政府危机公关的核心，这是有关案例中政府部门或领导干部脱离了人民群众的表现。

（二）根源：脱离人民群众

误将维护政府形象作为危机公关的核心，其问题根源在于脱离了人民群众。在 2022 年 1 月西安疫情防控期间，有不少西安市民自发在网上"晒出"自己收到的"爱心蔬菜包"，为政府保供应工作点赞。为什么西安"晒菜"是好事，而长春却被舆论围堵？前者是买菜难的问题得到有效解决之后，市民自发"晒菜"，而后者是买菜难问题迟迟未能解决，当地政府或有关部门却站在自身的立场上盲目地、着急地、脱离人民群众地对政府工作进行"颂扬"。据悉，3 月 29 日的吉林省疫情发布会上，长春市政府副秘书长仍在就市民买菜难问题致歉。一边是人民群众"买菜难"，另一边是官员的"蔬菜包"何其丰盛。这导致的结果是"展现物资充足、百姓无忧的生活状况"只能是一句空话，而活动目标所谓的"引导舆论向我"，最终也只能起到"粉饰太平"的效果，不仅无法缓解"买菜难"舆情，而且进一步激化了网民对政府工作的声讨。《半月谈》刊发评论文章指出：长春"晒菜"活动翻车背后，需警惕党员干部脱离群众的风险。发出"晒菜"活动倡议的领导干部，显然没有深入基层调查研究，对群众急难愁盼问题缺乏了解，对民生痛感缺乏同理心，坐在办公室里开展"键盘行动",有闭门造车、想当然之嫌。如此脱离群众的活动,又如何能起到引导群众的效果?

另外,在丹东拦截买药父女的案例上,防疫关卡执法人员履行职责无可厚非,但是面对父女急于购药的需求置若罔闻,哪怕双方出现争执,也只在意执法记录仪是否把现场情况录下来,好让自己"保存证据"。这同样是脱离人民群众的表现,只考虑自己的"官帽",不关心人民群众的疾苦,全然不顾人民群众的急难愁盼。

为政之本,在于为民。部分政府领导干部面对社会公共危机、舆情态势或疫情防控工作,说出一些匪夷所思的话语,做出一些令人费解的行为,甚至为了逃避责任而"碰瓷"假摔。其表面原因是自身对工作考虑不周全或社会治理能力低下,根本原因则在于这些领导干部脱离了人民群众。党的十九届六中全会审议通过的《中共中央关于党的百年奋斗重大成就和历史经验的决议》(简称《决议》),系统总结了党百年奋斗的十条历史经验,其中一条宝贵经验就是"坚持人民至上"。党的根基在人民、血脉在人民、力量在人民,人民是党执政兴国的最大底气。此外,《决议》也指出:全党必须永远保持同人民群众的血肉联系,站稳人民立场,坚持人民主体地位,尊重人民首创精神,践行以人民为中心的发展思想,维护社会公平正义,着力解决发展不平衡不充分问题和人民群众急难愁盼问题,不断实现好、维护好、发展好最广大人民根本利益,团结带领全国各族人民不断为美好生活而奋斗。

(三) 隐忧:"两个舆论场"

以维护政府形象作为危机公关的核心,其结果将导致"两个舆论场"现象的激化。不可否认的是,"晒晒我家蔬菜包"活动的出发点是好的,"通过生动的短视频、图片等展示积极乐观的生活态度"的目的旨在"营造安心居家的良好氛围",希望人民群众以积极的心态配合和落实疫情防控工作。然而,不加大力度解决人民群众遇到的实际问题,却加大力度进行"正面"宣传以"对冲"负面舆情。在当前"人人都有麦克风,人人都是通讯社"的自媒体时代,自然而然地,政府部门的宣传便变成了自说自话甚至自娱自乐——也就是政府"你说你的",人民群众"我说我的",陷入"两个舆论场"的困境。

以互联网为代表的新媒体已经成为舆论传播的重要平台，极大地改变着舆论表达和舆论引导的格局，也对传统的单向传播式的舆论引导模式提出了严峻挑战。在这一新形势下，近年来，主流媒体和各级政府单位机构在深刻认识和把握新媒体传播特性和规律的基础上，积极开展系列工作，主动打通"两个舆论场"，这主要表现为主流媒体以及各级政府机构纷纷在短视频、微信公众号、自媒体等新媒体平台、社交媒体平台等媒体渠道上开设账号，尽可能在宣传渠道、宣传载体上贴近实际、贴近生活、贴近群众。

从上述两则涉疫舆情来看，宣传渠道、宣传载体贴近人民群众还远远不够，"两个舆论场"的隐忧仍然存在，这是需要各级政府部门、主流媒体进一步正视的问题。如"晒晒我家蔬菜包"活动号召当地公务员队伍使用短视频、图片等新媒体方式开展宣传；丹东拦截买药父女的案例，涉事执法人员也知道及时保存执法视频材料。在这两个案例中，政府工作人员均清楚、明白必须紧紧把握新媒体平台和载体，但他们把自身立场与人民群众的需求对立起来，理所当然地发展成了"各执一词"，陷入"两个舆论场"的难题。这反映出主流媒体和政府单位、部门不仅要在宣传渠道、宣传载体上贴近人民群众，更要注重在宣传内容上"了解群众、贴近群众"，深刻领悟"我是谁、为了谁、依靠谁"这一关键问题，开展舆论引导和宣传工作要注重人民群众的"用户体验"和"用户习惯"，要有"网感"，会"网语"，改变过去媒体单向传播、受众被动接受的固化思维，避免自说自话、自娱自乐。

四、经验总结

无论是"晒晒我家蔬菜包"活动背后的"买菜难"问题还是丹东拦截买药父女暴露的"买药难"问题，均提醒政府部门要处理好疫情防控和民生保障的关系。如何将疫情处置对社会的影响降至最低，做到最大限度的精准防控、最大限度的公众配合，考验着各地社会治理的担当、智慧和能力。在确保疫情防控精准到位的前提下，聚焦群众共性难题和个性诉求，千方百计为群众排忧解难，是各级政府部门义不容辞的责任。开展疫情防控工作，必须站在群众的角度思考问题，做实做细做好各项工作，将人民至上、生命至上落到实处，提升公共服务水平，及时解决群众买菜难、买药难、看病难等急难愁盼。

上述两个案例引发的舆情危机，可以为政府部门、机关单位提供一些启示：

（一）始终坚持全心全意为人民服务的根本宗旨

"晒晒我家蔬菜包"活动和丹东拦截买药父女案例，均是在开展疫情防控工作的时候，只顾着"面子"而忘了"里子"，忽视了人民群众的急难愁盼。政府部门在开展疫情防控等相关工作的时候，必须自觉做到"急群众之所急、想群众之所想，忧群众之所忧"，听民声、察民情，把握规律、因地制宜，将社会治理的担当、智慧和人文关怀融入疫情防控工作，使防控措施更为精准、更有力度、更有温度。同时，党政机关、政府部门必须深刻领悟"我是谁、为了谁、依靠谁"这一关键问题，始终坚持全心全意为人民服务的根本宗旨，真心实意地站在人民群众一边，全心全意为人民服务。

党的十八大以来，以习近平同志为核心的党中央坚持以人民为中心的发展思想，把人民对美好生活的向往作为奋斗目标，从人民最关心、最直接、最现实的利益问题入手，真抓实干解民忧、纾民怨、暖民心，人民群众获得感、幸福感、安全感大大提升，充分彰显了中国共产党人不忘初心、牢记使命的自觉担当。《决议》中强调：党的最大政治优势是密切联系群众，党执政后的最大危险是脱离群众。《决议》中还提到：始终牢记江山就是人民，人民就是江山，坚持一切为了人民、一切依靠人民，坚持为人民执政、靠人民执政，坚持发展为了人民、发展依靠人民、发展成果由人民共享。这就要求党政机关、政府部门以及领导干部，面对"晒晒我家蔬菜包"活动背后的"买菜难"问题以及丹东拦截买药父女暴露的"买药难"问题等，首先应该做的不是以挽回政府形象为先的危机公关，而是要做到摸清人民群众的诉求，积极回应人民群众关切，广泛收集人民群众建议，始终坚持全心全意为人民服务的根本宗旨，聚焦人民群众的急难愁盼，妥善解决人民群众的困难。

（二）重视宣传工作的"用户体验"，贴近网民的"用户习惯"

面对百年变局和世纪疫情相互交织，经济和社会改革发展中的诸多因素都有可能成为网络舆论热点爆发的动因。而随着移动互联网、新媒体、自媒体的迅猛发展，避免政府部门自说自话，打破"两个舆论场"的工作任务则显得尤为迫切。近年来，党政机关、政府部门、国有企业、主流媒体等通过切入新媒体平台，开设官方新媒体账号等工作，尽可能地贴近了人民群众的生活，一定程度上缓解了"两个舆论场"的对立，然而近年来仍屡见不鲜地出现政府部门自说自话、自以为是地开展宣传工作的情况，如"晒晒我家蔬菜包"活动等，这也说明开展打破"两个舆论场"的工作仍然任重道远。随着直播、短视频等新媒体传播方式的发展，笔者注意到，网民的"用户习惯"愈发呈现两个方面的趋势：一是网民越来越较真，二是网民越来越懒惰。其中"较真"指网民越来越重视自身的知情权，希望获得及时、真实和全面的信息，这就要求政府部门、机关单位要认真对待宣传工作，不要"忽悠"人民群众，不能盲目对自身工作进行"歌功颂德"。"懒惰"指网民越来越喜欢"短、平、快"的内容，这就要求开展宣传工作必须把握核心问题，聚焦人民群众最关心的信息，用最贴合网民"用户习惯"的呈现方式，快速把关键信息传达给人民群众，勿顾左右而言他。随着互联网的蓬勃发展，开展宣传工作必须高度重视人民群众的"用户体验"，深刻理解并尽可能贴近网民的"用户习惯"！

（三）借疫情"大考"提升社会治理能力，推动治理能力现代化

政府危机公关工作因其自身的性质和特殊的意义，会对政府的形象和公信力产生难以磨灭的影响，但不可否认的是，政府危机公关只是政府社会治理工作的其中一部分内容，无论是前面提到的坚持以人民为中心还是积极打破"两个舆论场"，或是妥善回应和解决疫情防控等工作中人民群众的急难愁盼问题，关键还是应提高政府部门的社会治理能力。

党的十八届三中全会首次提出"推进国家治理体系和治理能力现代化"这个重大命题，并把"完善和发展中国特色社会主义制度、推进国家治理体系和治理能力现代化"确定为全面深化改革的总目标。2019 年 10 月，党的十九届四中全会审议通过《中共中央关于坚持和完善中国特色社会主义制度、推进国家治理体系和治理能力现代化若干重大问题的决定》，对坚持和完善中国特色社会主义制度、推进国家治理体系和治理能力现代化作出总体擘画，提出：当今世界正经历百年未有之大变局，我国正处于实现中华民族伟大复兴关键时期。顺应时代潮流，适应我国社会主要矛盾变化，统揽伟大斗争、伟大工程、伟大事业、伟大梦想，不断满足人民对美好生活新期待，战胜前进道路上

的各种风险挑战，必须在坚持和完善中国特色社会主义制度、推进国家治理体系和治理能力现代化上下更大功夫。

突如其来的新冠疫情对各地政府部门的社会治理体系与治理能力提出了考验，与此同时，通过科学应对、攻坚克难，各地政府部门相继涌现出大量行之有效的社会治理新思路、新方法和新举措，形成高效统筹疫情防控和经济社会发展的实践经验和创新做法，有效地保障了人民群众正常生产生活秩序。如粤康码、行程卡等创新的社会治理信息技术手段，便是在国家治理现代化背景下，运用大数据分析，服务疫情防控态势，服务疫情防控部署的有力举措。然而，疫情"大考"也暴露出我国一些地方政府、职能部门在面对公共危机时所体现出的社会治理手段失灵的问题，弄出"缺菜却晒菜"等让人啼笑皆非的舆情。能否做到既高度重视防控到位，又有效应对各种涉疫公共危机或舆情风波，是对社会治理能力现代化方方面面的极大考验。有关政府部门急需狠下功夫，找准问题症结，做到坚持人民至上、生命至上，聚焦人民群众的急难愁盼，兼顾疫情防控和民生保障，切勿堵了这边窟窿，溃了那边堤坝。有关政府部门应以"时时放心不下"的责任感，高效统筹疫情防控和经济社会发展，借疫情"大考"克服社会治理工作的不足和短板，促进治理体系和治理能力的现代化。

学校教育

疫情背景下的高校"封校"舆情特征与治理策略

南方舆情分析师：洪　丹　黄适时

【摘要】在新冠疫情影响下，我国各地高校采取封闭管理的有力措施，保障了在校学生的健康安全，但"封校"期间也引发了不少负面舆情。本文结合大数据和相关案例的分析发现，高校"封校"负面信息的传播趋势与国内疫情形势密切相关；以微博为主的社交平台成为舆情传播的重要场域；"封校"议题呈现弱中心化，反映学生多元化的诉求。"封校"舆情的演化样态包括：信息失真引发舆论误读、对标对比形成舆论拉踩、议题泛化导致风险升级。针对"封校"舆情管理的困境，本文建议：一要着眼高校治理能力建设的根本问题，如做好校园服务管理，缩小舆情滋生空间，利用专业机构赋能，加强舆情队伍建设等；二要发挥政府统筹管理的职能作用，如提高舆情共享效率，建立风险联防机制。

【关键词】网络舆情　疫情　高校　封闭管理

自新冠疫情暴发至今，我国抗击新冠疫情斗争取得了一系列重大战略成果。在疫情常态化防控的有力举措下，国内疫情防控形势总体良好。

互联网时代，社交平台成为信息获取的重要窗口，"人人都有麦克风"使得线上监督日趋常态，"网络舆情"的重要性日益突出。大学生是互联网的主要受众群体，部分高校受疫情影响，采取长期封闭管理措施，难免出现各种状况。在行动自由受限、沟通不顺畅等多方面因素叠加下，互联网成为在校学生表达诉求的重要渠道，使得高校成为网络舆情高发区。这类舆情往往呈现出爆发力强、扩散速度快等特点，给高校舆情管理工作带来了新的挑战。

一、高校"封校"舆情的数据特征

2022 年以来，我国多省市陆续出现奥密克戎新冠疫情，各地高校纷纷升级防控措施，实施校园封闭管理，相关话题热度持续攀高。南方舆情数据研究院数据显示，从 2022 年 3 月开学至 6 月，涉高校封闭管理的相关信息在全网约有 407.6 万条，其中负面信息约 243.3 万条，约占总体的 59.7%。从地域分布上来看，北京、广东、上海三省市的网民最为关注高校封闭管理的相关消息。一方面是因为沿海地区网民群体较大，网络议题的参与度较高；另一方面是因为沿海城市的教育资源相对集中，高校分布密集。根据教育部发布的 2021 年度全国高等学校名单，北京、广东、上海三省市目前分别拥有各类高等院校 92 所、160 所、64 所，这些地区的高校受疫情影响较大。

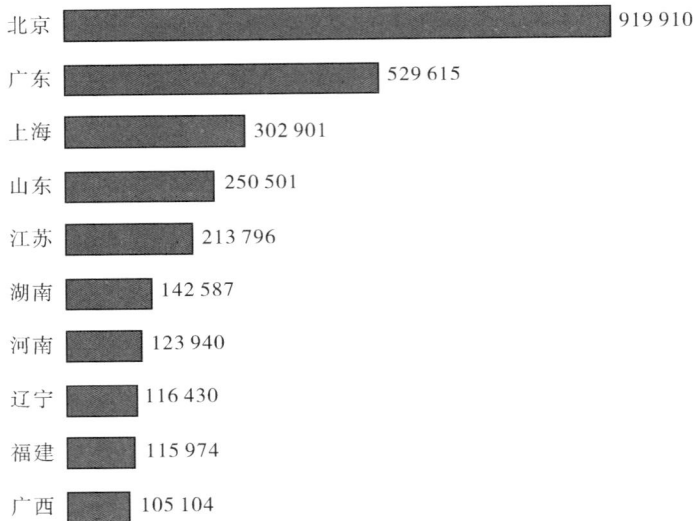

图 1　高校"封校"相关信息热度 Top10①

大数据时代，网络信息的数据量颠覆了人们对于舆情的传统认知。厘清舆情传播的数据特征，有利于触达其潜在的影响要素，从单纯的经验感知迈向了可视化的精确研判。通过大数据系统对周期内的传播数据进行多维度挖掘后可

———————————

①　本文图 1～3 均来自"百度疫情实时大数据报告"。

以发现，高校"封校"舆情呈现出以下几个重要特征：

（一）高度反映疫情的传播趋势

数据显示，高校"封校"负面信息的传播趋势与国内疫情形势密切相关。结合3月开学以来高校"封校"负面信息传播趋势以及国内本土新增病例趋势可以看出，两者在5月前后均存在明显的分界线。3月至5月初，国内多地散发疫情，本土病例持续出现。在此期间，各地高校基于疫情形势对校园出入管理措施进行动态升级，高校学生接触相关议题的概率以及表达个人诉求的意愿也随之增加，使得信息传播趋势呈现高位波动。5月以后国内本土疫情得到有效控制，高校"封校"负面信息传播趋势亦出现明显下落。可见，国内疫情发展情况对高校网络舆论场氛围有着不可忽视的影响。

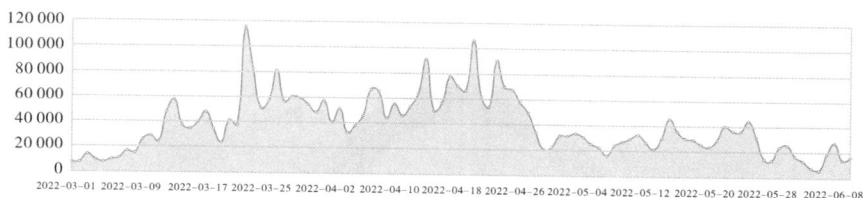

图2　高校"封校"负面信息传播趋势

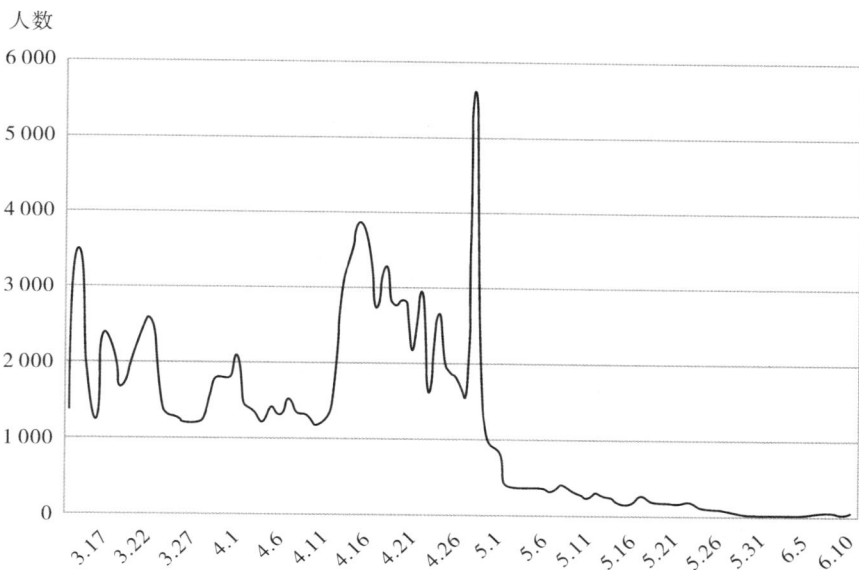

图3　国内本土新增病例趋势

171

（二） 以社交平台为主的舆论场域

媒介即讯息，人们在使用传播媒介时，媒介也塑造着人们的思考和行为习惯。互联网社交平台短、频、快的信息传输特点，使得社交平台成为舆情传播的重要场域，进一步促使线下舆情线上化、公开化。

近年来，舆论场上素有"微博治校"的说法，指的是学生常通过微博表达诉求，引发舆论关注，进而对学校进行施压，倒逼学校改变态度、采取行动的现象。

微博作为国内最主要的社会化媒体平台之一，在舆论场中扮演着重要角色。据南方舆情数据系统信源分类数据显示，2022 年 3 月开学以来的高校"封校"舆情信息中，微博信息量约占总体的 66.1%，占比大幅高于其他信源，是高校"封校"舆情信息最重要的发散源。

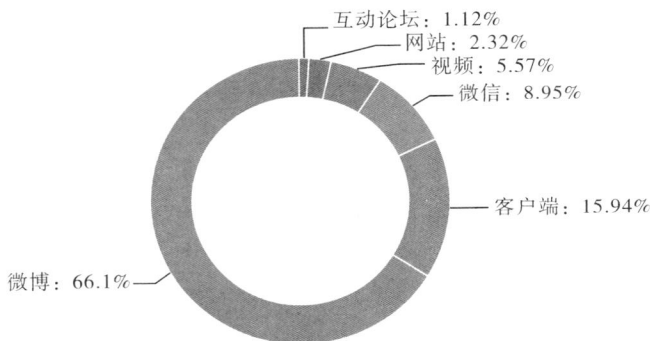

互动论坛：1.12%
网站：2.32%
视频：5.57%
微信：8.95%
客户端：15.94%
微博：66.1%

图 4　高校"封校"相关舆情信息来源占比

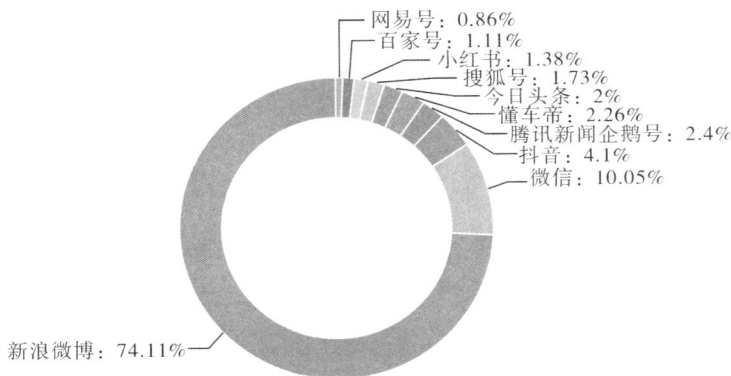

网易号：0.86%
百家号：1.11%
小红书：1.38%
搜狐号：1.73%
今日头条：2%
懂车帝：2.26%
腾讯新闻企鹅号：2.4%
抖音：4.1%
微信：10.05%
新浪微博：74.11%

图 5　高校"封校"相关舆情信息媒体活跃度占比

值得注意的是，随着新媒体平台的快速发展，以抖音、快手等为代表的短视频平台已成为新的年轻流量聚集地，虽然短视频平台作为娱乐属性较强的垂直领域平台，运营商并不鼓励用户发布无关的投诉信息，但碍于目前审核时效性不强、审核力度不够等软肋，常有学生用户在平台上传播高校敏感信息。视频相较于文字材料更直观具体，更具视觉冲击力，且短视频便于摄制、编辑、转发，极易导致舆情扩散传播。

（三）弱中心化的议题分布

不同于传统的信息传播路径，涉校园封闭管理舆情的发生往往并非以传统媒体为主导，更多的是以学生用户群体 UGC（用户生成内容）的方式出现。在匿名效应下，每个参与者都可以提出诉求，使得议题外延不断变大，形成多个不同的关注点。

通过对 2022 年 3 月以来高校"封校"的相关信息进行检索，并对学生投诉信息进行分词聚合后发现，除了"学生""学校""疫情""封校"等热度较高的关键词以外，相关信息中还出现了"饭菜""外卖""寝室""涨价""生活物资""就医"等与食宿条件、健康卫生等多个方面相关的热频词，学生多元化的诉求一定程度上暴露出了部分高校防疫准备工作不够充分的问题。

图 6　高校"封校"相关舆情信息热频词分布

表1　高校"封校"相关舆情信息热频词分布

热频词	提及频次
学生	670 509
学校	538 428
疫情	312 132
封校	288 072
管理	250 576
核酸	214 170
外卖	172 548
确诊	154 820
饭菜	111 902
高校	108 730
涨价	100 128

二、高校"封校"舆情的演化样态

一般而言，在舆情发展过程中，诉求方通常会倾向于利用新的议题来激化矛盾，以获取更多舆论关注。以舆情演变的过程作为观察窗口，可以看到高校"封校"舆情有以下几种常见的演化样态。

（一）信息失真引发舆论误读

最近几年，网络舆情"反转"的案例多次出现，网络信息失真引发网络舆情的现象时有发生。突发事件信息在传递的过程中，容易被二次加工、筛选，致使事件性质改变，引发舆论误读。例如，2022年3月，山西某大学一名女生在疫情封闭管理期间跑步时突发心肌梗死不幸死亡。不久后，该女生在操场上接受抢救的视频片段被上传至网络，在不满"封校"的负面情绪裹挟下，网络上开始盛传该校保安以防疫为由拒绝救护车进校，致使该女生抢救时间延误25分钟，错过了救治时机。消息一经扩散，大批网友纷纷抨击学校防疫过度，事件迅速登上多个热门话题榜单，造成重大影响。然而，经过监控视频还原发现，校医务室医务人员事发接报后5分钟内即赶到了现场，急救车也在接报后9分多钟赶到了现场，并未出现保安有意阻止救护车进校的情况。学校据此发布公告澄清后才平息了舆论风波。

（二）对标对比形成舆论拉踩

由于不同地区疫情存在差异，而高校防疫政策除了要符合属地要求以外，在制定校内防疫规定方面具有一定的自主性，因而有些高校对校门管理相对宽松，有些高校则显得较为严格，学生对标比较之下，容易形成高校防疫标准不一的印象，在舆论场上形成拉踩、"地域黑"等现象。不满长期封控的学生常以其他学校、地区的宽松管理政策作为批评学校或当地"懒政""不作为"的论证，给学校及地方防疫部门施加压力。

此外，部分高校存在严格管控学生但允许外人随意进出、地方疫情平稳但长期严格出入管理等情况，对比之下亦容易造成学生心理落差，被认为是与实际脱钩、形式主义的做法。

（三）议题泛化导致风险升级

在不少涉及高校封闭管理的舆情中，一些学生采取了非理性的表达手段，借助敏感口号、标志表达诉求，将矛盾上升到政治、平权等议题，导致校园舆情泛意识形态化，并因此常常成为境外反动媒体的炒作素材。此外，出现舆情时，一些高校在与学生沟通的过程中不注意方式方法，也容易被抓住"辫子"，造成被动局面。例如，在2022年广东汕头某大学封闭管理期间，部分学生通过网络表达对"封校"的不满。该校一名辅导员在与学生进行沟通时提出党员学生应保持理性，秉持爱国、爱党、爱校理念，发挥党员正向价值引导作用。随后有学生将相关群聊记录截图上传，直指此举是用政治身份向学生施压，得到一些网民的附和，讨论区牵带出不少敏感话题，致使政治意识形态风险升级。

三、高校"封校"舆情管理的困境

（一）复杂媒介环境增加舆情应对难度

新时期的信息传播与互动呈现出多样化趋势，以微博、QQ、微信等为代表的社交平台成为大学生交流互动的重要渠道，不同于传统媒体被动接收的信息获取方式，社交媒体用户可以主动上传获取、跨平台分享各种信息，便于负面舆情传播，且传播过程具有较强的隐蔽性。一般高校缺少必要的舆情监测技术手段，难以及时发现弱信号的负面信息，在舆情大规模发酵时已丧失应对先机。

（二）高校突发舆情引导机制不完善

科学应对突发舆情，及时、主动是关键，但当前许多高校对网络舆情的认识不足、重视程度不够，没有形成科学的舆情应对机制。

一方面，很多高校的舆情观念落后，轻视舆情的社会影响，惯于"捂被子"、冷处理。当网络舆情出现时引导方式粗放，不以解决问题为中心，面对学生诉求采取硬沟通，单方面打压、控评、删帖了事，容易激起逆反情绪，最终陷入"孤岛效应"，导致舆情得不到有效遏制，持续扩散发酵。例如，2022年3月，吉林某高校暴发聚集性疫情，由于学校没有足够条件对阳性病例进行隔离，草草将确诊、密接、次密接人员一同安置，导致交叉感染，出现大规模阳性。其间不断有学生在网上求助，希望能得到妥善安排，但学校并未正视学生诉求、解决实际问题，反而联系相关学生删帖、压热搜，最终导致舆情失控，而该校主要领导也因防疫不力受到免职的处分。

另一方面，高校舆情管理队伍建设不完善，应对网络突发舆情效率低下。当前不少高校并没有专门应对网络舆情的常设机制，而主要是以宣传部、学工处等部门为主，教师、辅导员为辅的临时舆情应急队伍，没有形成一套有序可循、行之有效的工作模式，面对突发事件难以及时形成合力。

（三）宣传引导错位导致心理"脱敏"

近几年，正面宣传沦为负面舆情的案例多次出现。疫情初期，为体现抗疫医护驰援湖北的奉献精神，有媒体报道了女护士被剃光头、口服药物延后生理期等新闻，结果这种牺牲式奉献的报道引发了舆论的普遍反感，而类似的"高级黑"宣传在高校防疫宣传中并不少见。比如，2021年6月，广东某医科院校公众号发布了一篇宣传该校防疫举措的推文，内容提及学校严格进出管理期间，一名学生因母亲去世需请假返家，该校一名领导多次约谈并耐心对其进行劝留，最后成功让该生放弃返家。此宣传本意是凸显校领导亲力亲为、亲善和睦的形象，但推文发布后很快引起学生及网友的"不适"，学生们质疑该宣传不顾及丧母学生感受，将白事作为素材缺少人文关怀，更加激起学生对学校防疫措施的抱怨情绪。虽然学校将推文删除，但事后仍在网络上存在"长尾效应"。

长期以来，校园防疫宣传教育工作在思路上趋于套路化、程序化，在内容上以理性平衡为主，过于注重宏伟叙事。对于刻意编排、拔高的宣传话术，学生会在心理上产生疲劳和排斥，导致宣传教育工作收效甚微甚至适得其反，进而可能会削弱青年学生的政治认同感，使得青年学生容易在开放、多元的新媒体环境下受到历史虚无主义、自由主义等的影响，在舆论场上表现得更加敏感化、偏激化。

四、新形势下加强"封校"舆情管理的对策

习近平总书记在全国高校思想政治工作会议上指出："办好我国高等教育，必须坚持党的领导，牢牢掌握党对高校工作的领导权，使高校成为坚持党的领导的坚强阵地。新形势下，以政治建设为统领，构建高校良好的政治生态，对于我国高等教育的发展和落实全面深化改革总目标，具有重要意义。"营造高校良好的舆论生态是构建高校良好政治生态的重要条件，把握网络舆论主导权与话语权，是坚持党对高校工作领导权的必要举措。面对严峻的新冠疫情，涉高校舆情复杂多发，高校需要运用互联网思维，把校园网络舆情管理工作做好做细，引导广大青年学生共克时艰，打赢疫情防控攻坚战。

（一）着眼高校治理能力建设的根本问题

1. 做好校园服务管理，缩小舆情滋生空间

出现突发事件时，除了做好线上引导，更重要的是做好线下处置。只有充分做好校园服务保障工作，才能减少"黑天鹅"和"灰犀牛"的现象出现。高校在实施校园封闭管理的过程中，尤其要重视后勤工作，全力保障学生食宿、就医等基本需求，严守校园食品卫生质量底线，深入落实校园"明厨亮灶"管理模式，坚决杜绝校内食品商品坐地起价、投机牟利的行为。

防范"封校"舆情，高校要积极主动作为。畅通校内投诉、沟通渠道，

鼓励学生表达意见，有助于缓解紧张氛围，减少硬对抗，也能及时掌握舆情苗头，将舆情风险管理前置。同时，校园防疫也要警惕过度作为、乱作为。某些高校防疫搞"连坐"就是典型的例子，诸如"一人翻墙外出，同宿舍留校察看"、有偿悬赏鼓励互相举报等规定，看似能够减少管理成本，实则暴露出学校管理缺位，反而容易诱生不良校风，引起舆论反感。

2. 利用专业机构赋能，加强舆情队伍建设

当前，舆情风险意识不足、舆情队伍建设不完善、监管职责不清、分工不明确都是制约高校舆情管理的重要因素。增强高校舆情应对能力，建设高素质、专业化的网络舆情应对体系是关键。

在信息碎片化的复杂舆论环境下，网络舆情起因不明、趋势不清是舆情工作面临的常态。但是，鉴于高校的主体特殊性，依靠其自身资源建立舆情监测体系并不现实，采购第三方专业机构舆情服务是成本较低的方案。现今国内舆情服务行业蓬勃发展，市场上已经出现了不少具备高度专业素质的舆情服务机构。专业舆情服务机构拥有能够快速、批量侦搜舆情的大数据技术平台，可以快速设立预警锚点，及时发现和预警弱信号舆情，帮助高校研判舆情风险、预测舆情走势，为舆情应对赢得先机。同时，专业舆情服务机构还能为高校宣传人员、教职工等提供培训课程，提升高校舆情队伍的舆商思维、舆研能力等，增强高校舆情队伍的专业素养。

3. 强化校园宣传阵地，发挥思政育人功能

高校是意识形态的前沿，是弘扬社会主义核心价值观的主阵地。大学生正值价值观塑造的重要阶段，容易遭受不良价值观的侵蚀。高校应当抓住这一关键期，发挥思政宣传教育的导向作用，引导大学生树立坚定的理想信念，帮助大学生塑造独立、理性、正确的自我认同观念。

面对新的舆论环境，高校要树立新的宣传理念，少说大话、套话。针对大学生当下所面临的现实问题，高校要深入挖掘特殊时期的鲜活题材，加强议题设置和内容策划，以更加接地气的方式增强青年学生对思政宣传教育的触感，促使其由"教育客体"向"学习主体"转变，强化其政治认同，扣好人生的"第一粒扣子"。

（二）发挥政府统筹管理的职能作用

从政府层面来看，疫情防控是一项总体战。高校防疫及舆情管控必须坚持高校和属地一盘棋、线上与线下一盘棋的系统性思维，各级政府及相关职能部门应发挥主导作用，为高校落实防疫措施、应对舆情危机提供有力支持。

1. 加强网络信息管理，营造良好舆论氛围

受国际形势影响，当前国内舆论场意识形态形势更趋复杂，在常态化的疫情防控下，部分高校学生长期受到限制和管制，容易滋生不满情绪，被敌对组织（势力）煽动、"带节奏"。做好网络舆情治理需要构建良性的舆论氛围，政府部门应发挥网络治理的"主心骨"作用，密切留意恶意煽动学生的言论及行为，及时清除网络有害信息、不实信息，尤其要做好重要政治节点、节日的网络话题管理和风向引导，避免高校学生因认知偏差盲从敏感议题，衍生意识形态风险。

2. 提高舆情共享效率，建立风险联防机制

政府网信部门、宣传部门掌握着网络治理的核心资源，可以为高校舆情应对提供必要的支撑，建立属地高校与地方政府多边共享共商的舆情应对机制，可以提高舆情应对的效能。当地方出现涉高校重大舆情时，网信办、教育部门、属地高校可以联动联防，针对如"学生不满封校"一类具有普遍风险的舆情案例，可在高校舆情预警群组内部实时共享，提醒其他高校做好防范，防止个别高校舆情引起"羊群效应"，避免舆情"搭车"与次生危害，将舆情影响控制到最小。

3. 深化高校防疫指导，统筹协调地校防疫政策

高校人员密集，暴发聚集性疫情的风险较大。政府部门需持续做好高校防疫指导工作，完善校园突发疫情应急机制，增加后备人员、物资配给，为校园疫情防控创造积极条件。

此外，政府部门与高校可进一步加强防疫措施的统筹协调，统一地方与高校的政策步调，灵活调整高校防疫政策，确保常态化防疫措施张弛有度。既要保证校园防疫措施科学、合理、及时、严密，又要避免出现高校规定与属地政策不符甚至相悖的情况，防止形成舆论踩踏。

5255555555

涉企涉工

劳动部门如何做好"三新"就业群体用工管理服务工作
——以网约车司机、快递员、外卖骑手为调研对象

南方舆情分析师：陈明慧

一、前言

在疫情防控常态化的当下，新就业形态由于灵活性高、吸纳就业潜力大等特点，在稳就业上发挥了重要作用。

习近平总书记高度关注新就业群体的就业情况。2022年，习近平总书记强调："要健全灵活就业人员社保制度，扩大失业、工伤、生育保险的覆盖面，实现制度安排更加公平，覆盖范围更加广泛，为人民生活安康托底。"2022年《政府工作报告》也再一次聚焦新就业群体的保障问题，提出完善灵活就业社会保障政策，开展新就业形态职业伤害保障试点。

但由于部分劳动者如网约车司机、快递员、外卖骑手等与平台企业之间用工方式的特殊性，难以按照现行确立劳动关系的有关标准来认定双方为劳动关系，将劳动者纳入现行劳动保障法律法规调整范围。这部分劳动者由于合同不规范、协商协调机制不健全、最低工资制度保障不明确、社会保障配套不足等原因，合法权益得不到保障，存在社会保险缺失、工作时间过长、劳动定额不合理、就业岗位和收入稳定性差等问题。

从长远来看，"三新"经济要想承担起稳就业的主力，还需要劳动部门和各企业在配套设施等方面不断改进，探索支持新业态、新模式发展的政策举措，持续激发市场主体创新活力。尤其是劳动部门应开拓条件，为新业态劳动者提供服务和帮助，方可持久长远发展。

二、"三新"就业经济发展总体情况

近年来，随着网络经济、共享经济、平台经济等以新产业、新业态、新商业模式为核心的"三新"经济蓬勃发展和大众消费的持续升级，企业组织形式和职工就业形态日益多样，新就业形态不断成长。根据 CMF 宏观经济热点问题研讨会结论，"三新"就业经济有三个特点：第一，工作组织方式发生变化，这是一种依托网络平台而产生的灵活、分散的组织方式；第二，劳动者与工作岗位的结合方式发生变化，由此衍生出新的依托于平台的劳动关系，其中一种是自雇（创业），另一种是较为有弹性的平台雇佣关系；第三，工作状态发生变化，在时间和空间上更具灵活性，并且与传统就业模式相比，存在明显的差别，具体表现在更加灵活多变的工作状态中。

根据中国人民大学劳动人事学院课题组的研究，截至当前，平台经济能够提供 1 亿个以上的工作岗位，在就业规模、涵盖服务类型等方面均处于世界前列。在疫情防控常态化的当下，新就业形态由于灵活性高、吸纳就业潜力大等特点，在稳就业方面发挥了重要作用。以广州为例，在新就业群体中，包括外卖骑手 8 万人、网约车司机 5 万人、快递员约 20 万人、货车司机约 20 万人。

三、"三新"就业群体主要存在的问题及风险

2021 年 3 月 4 日，全国政协总工会界别全体委员向全国政协十三届四次会议提交界别提案——《关于加强对新就业形态劳动者权益保障的提案》。该提案提出，当前，新就业形态劳动者权益保障主要存在五个方面的问题：

（1）一些新业态企业刻意规避劳动法律，使用各种方法避免与劳动者直接建立劳动关系；

（2）部分新就业形态劳动者与平台之间难以被直接界定为劳动关系，适用劳动法律方面存在突出困难；

（3）大部分新就业形态劳动者未能参加职工社会保险，面临很大的职业风险，尤其是无法享受工伤待遇；

（4）工作时间长、劳动强度大等问题普遍存在，大多数新就业形态劳动者承受着巨大的身体负担和精神压力；

（5）平台企业借助大数据、算法等技术优势单方制定、修改规则、规定等，致使相当多的劳动者被平台"困在系统里"，民主管理权利无从体现。

（一）网约车司机：被租车公司与互联网平台两大元素所困

通过对大数据搜索及特殊渠道所接收到的有关信息进行清洗、分析，2022年全网关于网约车司机涉工问题、用工环境等负面投诉共有 74 条。经过对清洗后的信息进行分析，我们发现，网约车司机用工问题主要申诉领域在租车合同及平台规则板块。

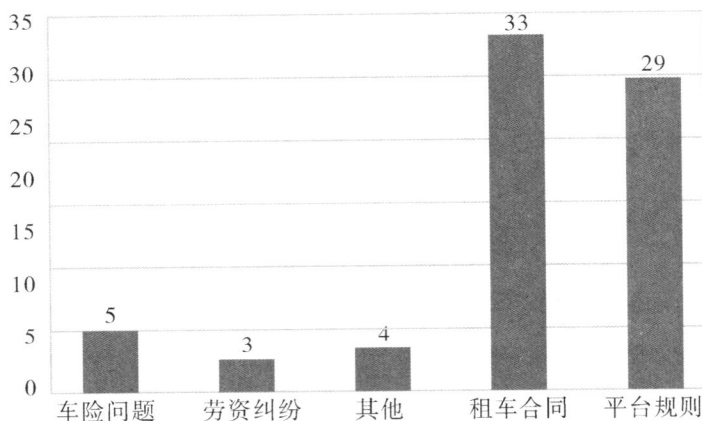

图 1　网约车司机面临涉工问题主要涉及领域数量图

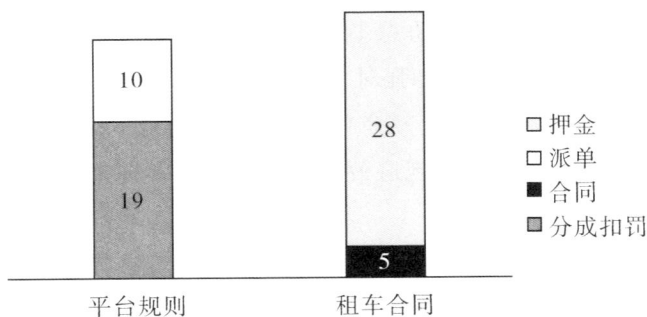

图 2　网约车司机涉工主要领域细分数量图

根据对这两个领域投诉信息的进一步分析，问题存在最多的领域是租车合同方面，有 33 条，占信息总量的 44.59%，在这个领域中，押金问题占大多数，有 28 条；合同问题有 5 条。通过业内消息人士透露，目前网约车平台如滴滴、高德等只提供互联网平台，旗下并没有汽车公司，它们一般以两种模式与下游租车实体公司联系：一种是滴滴旗下或者参股合资的车管公司例如车胜（滴滴独资）、亚迪（滴滴与比亚迪合资）、京桔（滴滴与北汽合资），这些公司背靠大的车企平台，有庞大车辆资源、融资渠道及滴滴订单的支持，抗冲击能力强；另一种是与滴滴业务合作车管公司，这些公司往往通过银行或者第三方平台融资购车，并在线上或者线下招募司机挂靠滴滴平台跑网约车，其与滴滴仅仅是业务上合作，一旦受到市场竞争、疫情等外部因素影响，抗风险能力较弱，资金链上很容易断裂，导致银行坏账以及司机权益无法保障的问题，这也是导致网约车司机租车合同问题的根本原因。

居次位的是平台规则问题，有 29 条，占信息总量的 39.19%。由于滴滴、高德等公司的本质是一个互联网平台，依靠系统和平台规则来给司机制定规则、派单、奖励、惩罚、分发金额等，而系统面对的不仅仅是司机群体，还有消费者群体，如何在保障消费者权益的同时保证司机的收益，让网约车司机不再"困在系统里"，是个需要探索和思考的问题。

（二）快递员：工资拖欠问题是存在的高频问题

综合特殊渠道信息及网上投诉信息对涉及快递员涉工舆情进行梳理，被反映最多的问题依次是拖欠工资、工作中受伤/遇意外、派件费、社保医保、工作时长/工作强度。

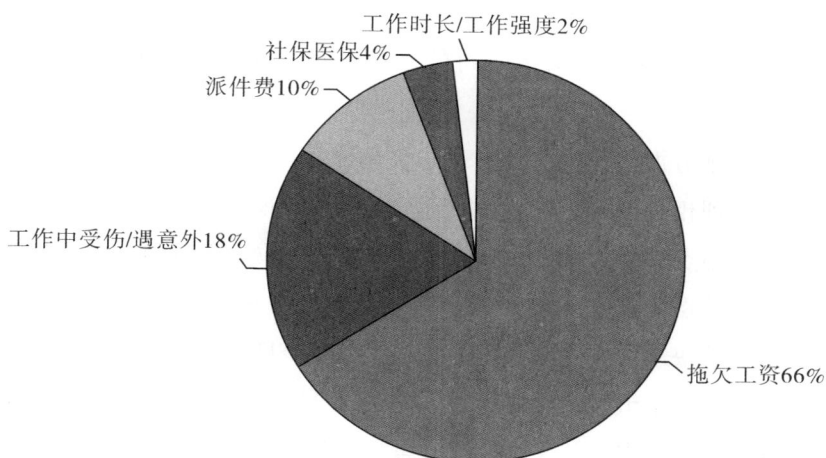

图3　广东快递员涉工投诉问题占比图

通过对投诉舆情的梳理、研判，我们发现欠薪是主要问题。由于快递行业的特殊性，欠薪问题往往不是个例，而是以站点为单位的集体欠薪。在特殊渠道上涉及快递物流的投诉中，群体性诉求占比约63%。

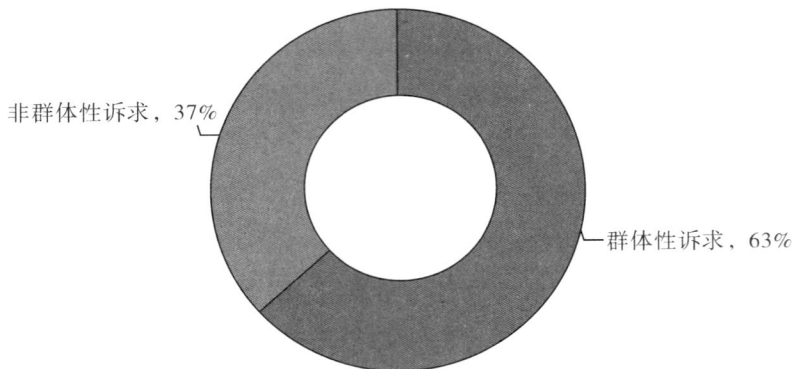

图4 群体性诉求与非群体性诉求占比

在共性问题中，快递员普遍的状态是工作时间长、工作强度大，加班频繁却没有足够的加班补贴。涉工的有关法律规定在物流快递行业的执行没有形成硬性约束，一些物流快递领域涉工问题比较突出。南方舆情注意到，快递公司直营站点相对较少，但快递员能直接与快递公司签订劳动合同，工资待遇相对而言更有保障，但在目前的快递行业内，大多数站点采用加盟方式运作，也就是由加盟的经营者承包下快递公司的基层站点，再自主雇佣快递员、自主经营。

以"网点地方加盟"为主要形式的快递体系，在员工福利、薪酬、合同、社保等方面管理相对松散，在一些加盟站点，甚至有老板因经营不善携款跑路等现象。加盟站点的经营效益，与该站点快递员的收入息息相关。因此，在经营不善的加盟站点工作，且没有签订劳动合同的快递员，就容易产生劳动纠纷。加盟站点的快递员往往没有完善的工作保障。日前，东莞一名中通快递小哥在送件途中被自杀市民砸死的新闻一度成为全网舆情热点，中通快递及网点老板之间存在相互扯皮的情况，死者家属为索赔奔走。

南方舆情同时注意到，目前各个快递公司的竞争已处于白热化阶段。由于快递的运输、分拣等成本在短时间内很难降低，降低人力成本就成了价格战的主要手段。各个快递公司总部都把降低派送费作为竞争手段之一，降下来的费用投入市场竞争中去。在一些加盟站点中，快递员通常情况下没有底薪，全靠计件工资，克扣计件工资成为一些加盟站点节约成本的显性方式。用人分配制度的不合理加上松散的网点契约关系，使得快递从业人员的流失比较严重。究其原因，除了不稳定外，还存在"罚款"机制、工资较低等情况。

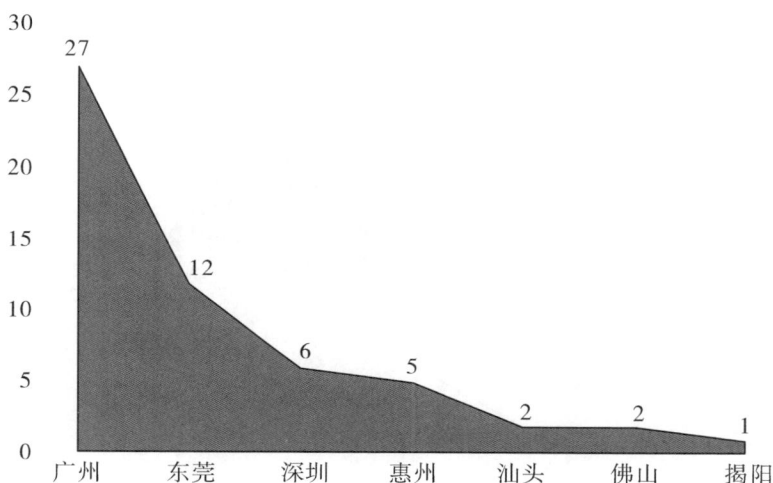

图5　广东快递员涉工问题涉及地市分布

出现快递涉工问题的广东各个地市中，广州出现的快递员涉工事件最多，东莞次之，深圳居第三位。另外，据58同城招聘研究院数据，快递员招聘需求TOP 10的城市里，广东的东莞、深圳、广州三个城市上榜。目前，东莞已成为快递行业的必争之地，汇聚"四通一达"等数十个国内外快递品牌，物流企业的汇聚使东莞快递员招聘需求在全国位居第一。与此同时，排名快递员求职需求TOP 10的城市里，深圳、广州上榜，深圳居于北京之后排第二位。

（三）外卖骑手：面临的职业困境既有薪资收入问题，亦有长远发展问题

在享受"自由灵活、收入更高、性价比更高、社会接触面更广"等职业红利的同时，外卖骑手也面临着职业困境。南方舆情综合特殊渠道信息及网上投诉信息对相关舆情进行梳理，发现被反映最多的问题依次是薪酬问题、

入职问题、职业安全问题、交规问题。与传统行业就业者相比，新就业群体具有组织方式平台化、工作机会互联网化、工作时间碎片化、就业契约去劳动关系化，以及流动性强、组织程度偏低等特点。比如，一些外卖骑手向劳动部门反映，网约配送平台工资算法极其复杂，每个月拿到的工资都是变化的，不仅与工作量相关，还与准时率、在线率、服务质量动态关联。因为算法是动态的，所以劳动强度与工资收入不完全匹配，外卖骑手苦于没有与平台沟通的渠道。

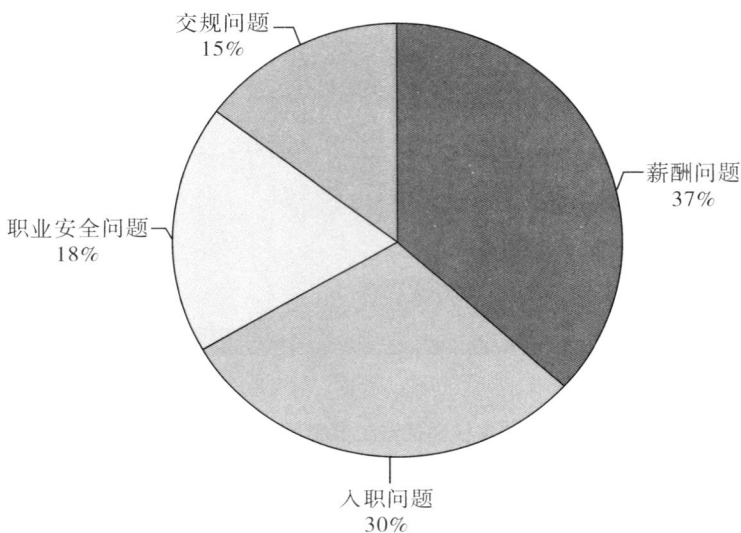

图 6　广东外卖骑手投诉问题占比图

在薪酬问题中，首先有过半投诉是因为平台规则不合理，包括平台无理由扣款、派单路线不合理、限定配送时间太短等导致了骑手收入下降。有某知名外卖公司骑手反映"骑手需要在 35 分钟内送完 4 个订单，总共要跑 4 千米，到商家取餐等待时间超过 10 分钟不可以取消"。其次是骑手入职需要购买指定的电动车，价格远高于市场价，部分还需要办理购车贷款。最后是职业安全问题，骑手因赶时间配送引发安全事故，或违反交规被处罚。外卖交通事故的高发，一方面源于外卖平台不科学的奖惩措施，另一方面也与某些骑手的法律意识淡薄有关。很多骑手在面对交警等处罚时，都表示了"无奈"，各种交通乱象多与送餐时间规定等有关。有骑手坦言"骑手闯红灯、逆行走机动车道问题根源在于外卖公司派单时间短、路线乱"。有骑手表示外卖公司对骑手的扣罚方式"提高了交通事故频率"。

经过对投诉数据样本的梳理，南方舆情认为目前外卖骑手面临的职业困境主要体现为以下五方面：一是平台对于骑手的考核日趋严格、补贴越来越少、扣钱的条款增多；二是消费者对于骑手的服务标准也越来越高，难度加大；三是工作性质、工作强度、工作安全性以及后期保障等方面不如人意，骑手需要面对多变的天气、较长的工作时间、各式的交通环境；四是交通违章等会造成罚款或被没收电动车造成收入损失；五是职业对专业能力要求不高，难以稳定地纵深发展。在骑手这个行业中，工作辛苦且对体力要求高，可谓是"辛苦钱""青春饭"，人员流动较大。从短期看，外卖骑手看重的是薪资收入；从长期看，外卖骑手关注职业认同感、社会认可度、长期专业技能方面的提升。

四、劳动部门着力推进"三新"行动的对策与建议

新经济形态迅速兴起，新业态劳资纠纷不断显现，这些都使劳动部门开展工作遇到了新的挑战。南方舆情认为，劳动部门可从自身职能出发，积极发挥"维护职工权益"作用，既有助于这些问题的化解，也有助于为全国共享产业发展后带来的涉工问题积累处理经验。

（一）监督劳动者与用人单位依法订立和履行劳动合同

在"三新"产业的涉工问题中，正式劳动合同未签署所带来的一些"劳资关系确立""工伤赔偿"等问题相对比较突出。为了实现对劳动者权益的保护，劳动相关部门在劳动合同的签订、履行，在对企业规章制度的干预以及企业无故裁员、单方解除劳动关系方面，可发挥重要作用。同时对于劳动者而言，订立书面劳动合同、严格执行劳动合同制度，对于规范劳动用工行为、建立与企业和谐劳动关系具有重要意义。但是南方舆情发现，尽管《中华人民共和国劳动法》（简称《劳动法》）明确规定用人单位应当与劳动者订立书面劳动合同，但是由于《劳动法》对法律责任追究规定不完善，未能形成硬性的约束。南方舆情建议，对于一些"三新"产业中不签订劳动合同的现象，劳动部门可从以下两个方面着手努力：帮助、指导劳动者与企业建立双方公

平、内容合理、全面、格式规范的书面劳动合同，签订合同时，应在合同的必备条款、服务期的约定、违约金的限制、上下班时间、工伤赔偿等方面提醒劳动者着重注意，提供书面性的维权建议，保障劳动者权益；在劳动关系发生矛盾，劳动者申请仲裁、提出诉讼时，劳动部门要积极帮助职工争取合法的权利。

（二）重新考量和评估互联网时代的劳资关系

《中华人民共和国劳动合同法》（简称《劳动合同法》）是传统就业方式下以劳动关系作为调整对象的一部法律。对于劳动关系的内涵，最直观的理解就是劳资双方在工作场所内形成的用工关系。现如今，信息技术极大地提高了生产力发展水平，"三新"产业逐渐打破了工作场所的概念，让工作场所这一概念也有了更丰富的表现形式。劳动者在用工实践中所付出的可能不再局限于劳动力和时间、劳动者的劳动场所和服务，也不仅仅局限于面对面服务的真实空间，还包括共享企业所提供的"虚拟空间"，在虚拟平台上为消费者提供个性化服务，同时接受来自个性化服务的反馈意见。这种新型的用工模式因为存在第三方虚拟平台，已经超出了传统劳动立法覆盖的范围。南方舆情认为，"三新"就业的理念侧重于"共同使用而不占有"，尤其是在网约车服务中，体现得尤为明显。比如在网约车服务中，劳动者呈现出工作时间灵活化、工作任务碎片化、工作过程自主化的特点，相比传统劳动者对自己的工作有更高的控制权，这是需要未来的劳动立法密切关注的新型用工行为，进行制度上的调整和创新，对这一新型工作场景进行用工规范。南方舆情留意到，在2022年，滴滴、如祺、高德等多次爆出负面传闻，多地网约车司机受到影响，这也说明了在新型用工模式下，加强对灵活就业者权益保护的重要性，这种新型的依靠第三方平台建立的劳动关系，已经不同于传统雇佣关系，这就需要有关部门去重新考量和评估互联网时代的劳资关系。建议劳动部门可以就此议题开展专门的调研，推动国家相关法律的进一步拓宽和完善。

（三）探索新业态中工会组织形式与治理能力

南方舆情注意到，"三新"产业借助互联网技术打破行业间界限，也打破传统签订劳动合同、明确劳动报酬以及履行社会保障合约的劳动关系。以网约车、外卖平台等为代表的基于"互联网＋"的企业中，能否建立工会，如何建立工会，工会如何有效地发挥作用维护职工权益都是新的课题。以外卖平台来说，送餐时间的严格限制和"多送多得"的"无限"激励，是当前劳资冲突的一个缩影，也是新趋势，即增长型利益普遍成为劳动者争取的目标，劳动者以增加工资、提高福利、落实社会保障、改善工作条件等为主要内容的利益诉求会进一步强化，重视新业态劳动者的权益保护，工会任重道远，大有可为。南方舆情还发现，有些地方将网约工吸纳进工会组织，由工会代其行使集体协商权。对于广东来说，"三新"产业发展迅猛，又是改革开放的前沿地，探索在新业态中建立工会组织，发挥工会作用，维护员工权益，在企业制定新业态行业规则尤其是与劳动者利益密切相关的规则时，由组建的工会组织代表劳动者提出意见，不失为一次有益的探索。就实际操作来分析，南方舆情认为，具体来说，对于共享产业中的涉工问题，可以一事一策来处理，加强与企业和劳动者之间的互动协商，对于一些投诉比较频繁的企业和领域，可以适当充实劳动监察执法力量，加大劳动争议处理工作力度，适当增加企业压力；对共享企业经营生产有支持作用的，要发挥调节作用，当好"润滑剂"，要在共享产业领域中强化福利政策，通过公共财政为劳动者提供基本生活保障，进一步畅通工会维权渠道，缓和劳动者的负面情绪。

（四）加快建立保障"三新"群体合法权益机制

通过基层调研，我们发现有一系列需要集体协商的重点、难点问题，如"企业不愿谈""职工和工会不敢谈、不会谈"，协商双方"信息不对称""参考数据不准确"等。建议有关部门加快建立保障新就业群体工资收入合法权益机制，推动建成合理的劳资协商机制。在这一点上，广州的工会就走在前列，所做举措可提供参考及借鉴。为进一步推动建立多形式、多层级劳资沟通协商机制，自2018年起，广州市总工会编撰发布《广州市主要行业职工薪酬福利集体协商参考信息》，专门用于指导职工方与企业方开展集体协商，让工会和职工通过权威渠道掌握第一手资料，全方位了解全市、同行业职工薪酬福利水平。2022年3月2日发布的《2022年广州市主要行业职工薪酬福利集体协商参考信息》，首次将"新业态群体"单独成章，作为重点分析，聚焦货车司机、快递员、网约送餐员、网约车司机四类群体，并增加了新业态劳动者群体福利情况，将国家、省、市有关新业态权益维护政策和做法进行梳理。有了权威数据，职工的涨薪理由更充分，也更容易达成共识。劳动部门还可从维护合法权益、推动新业态工会组建、配合政府部门相关政策落地、开展专项工会服务等方面入手，创新实施一系列服务新就业群体的工作举措，为新就业群体打开一片更广阔的就业天地。

警惕企业舆情的跨领域延伸

——以以岭药业连花清瘟胶囊争议为例

南方舆情分析师：甄凯琦

一、前言

2022 年 4 月，王思聪质疑连花清瘟胶囊虚假宣传，推升股价。随后，自媒体"丁香医生"又称"连花清瘟无法预防新冠感染"，使连花清瘟胶囊舆情热度不断推升。同时，当时正值上海疫情，上海政府向居家隔离民众分发连花清瘟胶囊又引发连花清瘟胶囊挤占运力的讨论。连花清瘟胶囊争议在疫情的特殊背景下，由医药领域向政治及意识形态等其他领域延伸，争论议题也不再是单纯的疗效、预防功效等，而是引申至"科学主义""民族主义"等其他方面。通过本次舆情，辖区政府可对本地医药企业信息加强关注，做好民间舆论场舆论引导工作，积极弘扬主旋律，注重把握政府与企业宣传的距离感，保持亲清的政商关系。医疗部门可做好政策解读及医药科普工作，通过行业权威对争议话题定调，保持相关舆情的可控性。网信部门可提高舆情敏感度，警惕在疫情大环境下的涉医药舆情的发展；审慎应对涉意识形态舆情，提防极端情绪产生。

二、舆情概述

4 月 10 日，微博大 V"睡前消息编辑部"发布《世卫组织"推荐"连花清瘟，谁告诉你的?》视频称，近日有多家网站散布"世卫组织认可推荐连花清瘟胶囊"的消息与实际不符；同时，河北以岭医院院长贾振华为通讯作者的一篇发表在《植物医学》上推介连花清瘟胶囊的论文，隐瞒作者与以岭药业的关系，客观性存疑。该视频质疑上述举动均是以岭药业为推高股价而造势。

4 月 14 日，王思聪在微博转发上述视频，并配以"证监会应严查以岭药业"等醒目字眼。对此，以岭药业证券部就此事回应称，"不能因为'王思聪'三个字，就随意提出疑问，对于网络上的一些言论，投资者请加以甄别"。相关消息引发网友热议。

4月15日，受上述舆情影响，以岭药业闪崩跌停。

4月16日，以岭药业相关负责人回应媒体称，公司从未在任何场合表示世卫组织推荐连花清瘟。

4月17日，微信公众号"丁香医生"发文《不要吃连花清瘟预防新冠》，认为从官方、临床、药物研发三个维度来看，目前都无法找到有效证据支持"连花清瘟可以预防新冠"。如果将之作为预防药物服用，可能带来副作用。"一种不能预防新冠的药物，被大批量发放给没有感染的健康人，这本身就是不应该发生的事情。"同日，北京大学教授、北京生命科学研究所资深研究员饶毅在其微信公众号"饶议科学"发文《疫情期间：不容假药趁火打劫，不宜强行派送未经证明的中药》，称若强制性向群众派发预防或治疗新冠的药品，一定需要严格检验，且"对代表性人物如吴以岭、其企业、其产品，多年面临真药假药的巨大争议，应该严格审核"。

4月18日上午，以岭药业开市一字跌停。媒体、自媒体、网民均对连花清瘟胶囊及以岭药业展开热议。

4月20日，以岭药业在互动平台回应网络舆情称，对于一些诋毁公司、发布不实信息的行为，公司已经保留证据并向相关部门报案，将通过法律手段维护自身合法权益。

三、舆情分析

（一）连花清瘟胶囊舆情因多重因素被不断放大

首先，中医相关话题本身就具有争议性，连花清瘟胶囊疗效成为话题焦点。在中国，中医学是否属于科学等问题一直被争论不休。在今天，中医学是否归属于科学以及中医药是否有效等问题，仍倍受主流科学界的质疑。由于中医药缺乏现代医学所认可的大样本双盲实验数据的支持，也无法排除安慰剂和自体免疫等影响因素，其疗效存疑。在本次舆情事件中，连花清瘟胶囊是否对治疗新冠感染有效、提前服用连花清瘟胶囊是否能预防新冠感染成为舆论关注的焦点。2022年3月19日，在连花清瘟胶囊防治新型冠状病毒感染媒体说明会上，络病研究与创新中药国家重点实验室贾振华教授表示，最新实验证实，连花清瘟对新冠病毒奥密克戎变异株的增殖具有显著的抑制作用，具有抗新冠病毒的作用。河北医科大学第二医院袁雅冬教授表示，在连花清瘟胶囊对新冠病毒肺炎密切接触者预防效果的研究中，连花清瘟胶囊确实可显著降低密切接触者的感染率，降低核酸检测阳性患者症状发生率，尤其是发热的发生率。然而，包括饶毅在内的多名医学人员对连花清瘟胶囊抗病毒疗效仍然存疑。钟南山院士也曾在2020年表示，连花清瘟胶囊对病毒抑制作用有限，主要对病毒引起的细胞损伤、炎症有修复作用。2022年3月14日印发的《新型冠状病毒肺炎诊疗方案（试行第九版）》中提到，处于医学观察期或临床治疗期（确诊病例）的轻型和普通型病人，推荐服用连花清瘟胶囊（颗粒）作为治疗药物，但其中并没有"连花清瘟可以预防新冠感染"的相关表述。

其次，在全国疫情，特别是上海疫情的特定环境下，连花清瘟胶囊相关话题热度被不断推高。连花清瘟胶囊作为"非典"期间研究的一种中成药，在本次新冠疫情防治中也被寄予厚望。早在2020年4月，国家中医药管理局科技司司长李昱就介绍，在抗击疫情过程中，中医药通过临床筛选出有效的方剂"三药三方"发挥了重要的作用。"三药"就包括连花清瘟颗粒和胶囊。《人民日报》《光明日报》等主流媒体也发表多篇文章盛赞连花清瘟胶囊等中药在抗击新冠疫情中发挥了积极作用。官方口径和媒体报道使得普通民众形成"连花清瘟胶囊有助于新冠治疗和预防"的朴素认知，当前情况下，有声音质疑连花清瘟胶囊疗效很容易吸引民众关注。3月，上海疫情暴发；4月初，上海新冠感染总人数累计突破10万例，上海多区向居民大面积发放连花清瘟胶囊等中成药，不少未感染新冠的健康民众也收到了连花清瘟胶囊。这时，微信公众号"丁香医生"的《不要吃连花清瘟预防新冠》文章点燃舆论，武汉市中心医院呼吸与危重症医学科主任医师赵苏教授等人均不建议健康人群服用连花清瘟胶囊预防新冠感染，发放到健康民众手中的连花清瘟胶囊再次被推至舆论的风口浪尖。

最后，连花清瘟胶囊诸多宣传引发争议，以岭药业股价变动成为舆论又一关注点。在本次舆情中，王思聪等人质疑以岭药业虚假宣传，"将连花清瘟胶囊与世卫组织相挂钩"，并"借机炒作，推升股价"。王思聪称"证监会应严查以岭药业"，但并未在公开场合提出更多相关证据，且在王思聪作出上述言论后，以岭药业 15 日和 18 日连续两天跌停，市值蒸发超 120 亿元。对于王思聪此番言论，以岭药业回应称，"从临床试验到具体的实验数据，再到被收入到新冠感染诊疗方案，包括适应证与说明书，我们都有完整的证据和报告披露"。以岭药业还称，不能因为"王思聪"三个字，就随意提出疑问，对于网络上的一些言论，听听就罢了。同时，对于世卫组织是否推荐连花清瘟胶囊这一争议点，诸多自媒体、网民认为，人民网发表的《世卫组织认可中医药治疗新冠疗效　连花清瘟防治获得可靠依据》等文章虽未直接表示"世卫组织推荐连花清瘟胶囊"，但通过"世卫认可中医药""连花清瘟是中医药"的表述使读者形成"世卫认可连花清瘟胶囊"的错误理解。此外，另有媒体、自媒体提及《中国中医药报》刊发的《在血与火的洗礼中绽放科技之花——连花清瘟胶囊研发纪实》一文，文章称研究人员在 2003 年"非典"期间 15 天内完成了"连花清瘟胶囊"的提取、浓缩、干燥、成型等生产工艺和质量标准的研究工作。对此，以岭药业回应称，"连花清瘟研发过程只有 15 天"与事实不符，连花清瘟新药研发过程是国家在特殊疫情时期快速审批和研发人员共同努力的结果，符合国家药品监督部门新药研发程序。

（二）连花清瘟胶囊舆情向政治领域延伸

一方面，以岭药业被质疑与当地政府存在不当政商关系。以岭药业为河北石家庄企业。在 3 月 24 日河北省中医药管理局印发的《河北省新型冠状病毒肺炎中医药防治方案（试行第六版)》中，连花清瘟胶囊（颗粒）不仅被推荐用于医学观察期，无症状感染者，轻型、普通型、重型新冠的患者，并且被推荐为成人和儿童的预防用药。而在《新型冠状病毒肺炎诊疗方案（试行第九版)》及其他省市的诊疗方案中，并未将连花清瘟胶囊作为预防用药。有网民猜测以岭药业联络当地政府为连花清瘟胶囊背书。同时，被转载多次的自媒体文章《吴以岭医转药 30 年赚 188 亿引关注　以岭药业"超常规"暴得红利恐难持续》称，2020 年，以岭药业实现营业收入 87.82 亿元，同比增长近 30 亿元；2021 年前三季度，以岭药业实现营业收入 81.12 亿元，接近 2020 年全年，净利润 12.24 亿元，已经超过 2020 年全年。《连花清瘟 19 年，没有错过任何一次灾难》称，2009 年之前，连花清瘟的神奇功效大部分停留在政府关系及宣传层面。也有部分网民认为以岭药业或和政府官员间存在利益输送，"官员在股票上涨的过程中获利，以岭药业和政府官员是'一丘之貉'"。此外，以岭药业创始人吴以岭也存在一定的争议。在知乎平台"吴以岭怎么当上院士的？"的问题下，最高赞的回答为"在中国，院士不是以学术当选，不是以严谨的科学精神当选的，而是政治、金钱的结果"。

另一方面，上海疫情配发连花清瘟胶囊引发政策争议。4月16日，微信公众号"为你写一个故事"发文《我在盒马当司机，才明白在上海送菜到底难在哪》称，某电商平台志愿车队成员说，"口罩、防护服和连花清瘟是规定必备品，必须有人送。如果不参与志愿车队，没人想得到连花清瘟会占去三分之一的运力"。微信公众号"丁香医生"发文《不要吃连花清瘟预防新冠》称，"一种不能预防新冠的药物，被大批量发放给没有感染的健康人，这本身就是不应该发生的事情"，若发放连花清瘟胶囊还占用了其他物资的运力，"更不合理"。同时，有网民认为，国家新冠感染诊疗方案中并未提及连花清瘟胶囊可预防新冠感染，多名医学人士也不建议健康人群服用连花清瘟胶囊，而上海政府向健康人群分发连花清瘟胶囊的行为"不合逻辑"，很难让人相信此中不涉及利益输送。也有网民表示，上海政府此举纯粹是"浪费纳税人的钱"，政府应花费更多力气保证基本物资的供应。此外，另有网民、自媒体援引法广、《联合早报》、德国之声等外媒报道，称美国国立卫生研究院对连花清瘟胶囊的整体疗效仍没有定论；新加坡注记连花清瘟胶囊是辅助保健用品，而非治疗新冠病毒用药；瑞典药品管理局称无证据表明该药对新冠病毒肺炎有效等，对在新冠疫情中大幅推广连花清瘟胶囊等中医药的政策存疑。

（三）相关医药舆情引发舆论场意识形态领域争论

一方面，美国辉瑞特效药的引进使医学话题外延至民族主义。2月上旬，国家药监局批准辉瑞公司新冠病毒治疗药物奈玛特韦片/利托那韦片组合包装（即Paxlovid）进口注册。3月下旬，新冠治疗药物Paxlovid正式进入中国，且分发配送至吉林、上海、广东、福建、江西、山东、浙江和广西等至少8省区（市）新冠救治临床一线。该药售价为2 300元/盒，并且被纳入医保。在4月初，连花清瘟胶囊相关舆情出现且发酵后，民间舆论场开始出现"阴谋论"的声音。有网民质疑王思聪、"丁香医生"抨击连花清瘟胶囊是"受到美国资本的操纵，恶意诋毁中医药产业"，是"为所谓的辉瑞特效药 Paxlovid 在中国销售铺路"。相对于价格高昂的国外进口特效药，网民大部分会自发地选择国产的连花清瘟胶囊，但其中也出现了少部分极端民族主义声音。有网民给推荐辉瑞特效药的医生、学者扣上"买办"的帽子，认为西方势力收买其为辉瑞特效药站台；同时，认为其对连花清瘟胶囊的批评全部是被境外势力操纵。而推崇辉瑞特效药的网民则多自诩"科学主义"，无视连花清瘟胶囊等中医药在新冠感染防治工作中的具体应用及疗效。双方声音在网络平台上引发"民族主义"及"科学主义"的争论。

另一方面，医药话题讨论扩展至国家医疗体制及防疫政策。总体来看，此类讨论多集中于网络平台，且多为民间舆论。有网民称，其发现抨击连花清瘟胶囊的平台或账号背后多存在境外势力投资；同时，国内多个被指发表不当言论或反华辱华言论的科普或宣传平台也存在关联性投资。网民猜测，有境外势力通过对中国有影响力的宣传平台进行投资以求从侧面干预中国国内医疗改革；又认为辉瑞公司新冠特效药 Paxlovid 被引进中国，纳入医保或为境外势力渗透所致。连花清瘟胶囊和 Paxlovid 在引发中西医药之争的同时，也引发了民众对中西防疫政策的讨论。当时正值上海疫情之时，由于当时疫情严峻，不少上海市民不得不居家隔离，其中部分民众因隔离封控时间长、生活不便等情况产生倦怠情绪，对国家防疫政策也产生了不满情绪。甚至有个别网民忽视西方国家"躺平"防疫政策所付出的巨大代价，一味鼓吹中国应像西方国家一般"彻底开放"。

四、经验总结

对辖区政府而言，一是加强辖区内涉企业舆情监测，关注敏感企业话题。在本次舆情事件中，虽然事件主体为连花清瘟胶囊，但由于其生产商以岭药业为河北石家庄企业，其相关舆情也波及当地政府。以岭药业的快速壮大及飞速盈利已引发网民关于当地政府在其发展过程中起何种作用的讨论。因此，建议各地政府对辖区内企业舆情予以关注，此类舆情若处理不当可能会引发舆论对当地政商关系、政府监督等方面的讨论。同时，建议辖区政府关注地区官方媒体与企业的合作，警惕企业或地方媒体因宣传不当给民众带来"政府为企业背书"的印象。二是做好舆论引导工作，积极弘扬主旋律。在辖区内发生负面舆情后，建议辖区政府对微博、知乎等舆论场提高关注度，总结、分析当前网民的主要观点，制定恰当的舆情引导策略，使民众尽可能关注舆情本身，并督促辖区内各涉事方就民众关心关注的话题予以回应，正面且坦率的回应往往有助于舆情的消散。三是注重把握宣传距离感。涉及政企关系的正面宣传应避免过分关联某一企业，以免增加不必要的猜疑进而引发负面舆情。可以对私营企业和相关部门开展专项宣传工作，向其宣导建立亲清政商关系的重要性，引导政商交往把握分寸、守住底线。

对医疗及网信部门而言，第一，做好政策解读及医药科普工作，不断优化宣传工作。医药行业知识和政策具有一定的专业性，行业人士与普通民众之间往往存在着信息差，此时"意见领袖"的发声就很有可能引导舆论，普通民众也很难对专业性知识判断真伪。因此，建议有关部门加强政策解读及行业知识科普，尽可能用通俗易懂的语言向民众普及必要的行业知识，如连花清瘟胶囊的具体功效及用法等。第二，提高舆情敏感度，警惕在疫情大环境下的涉医药舆情的发展。当疫情基本成为全民关注的话题时，在疫情背景下衍生出的各类话题往往会收获比平时更多的关注度。有关部门在此情境下更应该提高敏感度，对已经产生负面舆情或者可能产生负面舆情的事件提前关注，评估风险，形成完备的预警机制，争取在舆情扩大之前介入处理。第三，审慎应对涉意识形态舆情，提防极端情绪产生。当新冠疫情在全国各地迅速发展时，大部分地区都面临着缺药少药的窘境。医药问题再度引发民众的广泛关注。此时应警惕别有用心人士"借题发挥"，借部分地区短暂的混乱形势彻底否定国家过去几年推行的"清零"防疫政策及当前推行的放开政策，将医药舆情向政府决策、政治政体等方面延伸。建议有关部门对此类言论予以重视，时刻关注舆论场的变化，积极疏导民众不满情绪，对极端言论进行处理。

宣传管理

信息受众导向下的政府、企业与媒体的关系辨析

南方舆情分析师：黄盛光

一、信息权力下沉信息受众

2022 年 8 月 31 日，中国互联网络信息中心（CNNIC）发布的第 50 次《中国互联网络发展状况统计报告》显示，截至 2022 年 6 月，我国网民规模为 10.51 亿人，互联网普及率达 74.4%。较 2021 年 12 月新增网民 1 919 万人，互联网普及率较 2021 年 12 月提升 1.4%。我国网民人数规模持续稳定增长。

与过去不同，在突破了用户门槛、跨越时空限制的移动互联网时代，庞大的网民数量已经成为重要的社会力量，随着数字政府和电子政务的不断推进，网民参与社会事务的门槛也在日益下降。而在公共讨论平台，作为信息受众的普通网民已是网络舆论重要参与者，在多个网络舆情事件中成为倒逼政府部门改善服务的重要推动力。

在网络舆情的信息权力结构中，可以分为信息生产者、信息传播者和信息受众这三大结构。网络时代人人都是信息生产者，而信息传播者主要是媒体机构、自媒体、"网络意见领袖"等。信息受众是信息的最终接收者，但并没有指向普通群众，政府、企业、媒体等网络主体同样是信息受众。另外需要注意的是，信息生产者、信息传播者和信息受众并无绝对界限，每个网络个体都可以成为这三个角色，需要根据事件具体分析。

在新的网络社会结构中，信息权力呈下沉、向下延伸的趋势。这个趋势与社会发展趋势一致，越来越多的群众利用公共平台发表个人意见、观点和态度，无数个体聚合在一起形成不可忽视的舆论力量，在不少舆论事件中成为推动事件发展的有力角色。因此，政府、企业以及媒体在信息传播中只有更多地

以信息受众为导向，才能在新的信息环境中获取更多的信息权力，从而提高传播力，推动舆论引导。

二、信息受众导向下的政企媒关系

政府部门与媒体的关系十分复杂，政府不能完全脱离媒体存在，媒体也需要依托政府增强影响力。政府部门是民众的权力代表，媒体是民众的权力监督代表。两者的相互作用和影响以政府、媒体、民众以及其他相关利益群体的相互牵制掣肘为根本特征。因此要讨论政府与媒体的关系，必须以民众为中心来展开。

政府部门是日常社会信息发布的重要角色，包括政策公布与解读、突发事件回应等，都需要政府部门通过新闻发布会、官方账号发布等方式进行信息披露。在此过程中，媒体发挥着重要的传播作用：一方面将政府需要传达的信息顺利传播到信息受众；另一方面具有"反馈"功能，即在传播前预设民众可能关注的重点，同时在传播过程中反映群众关切。而信息受众也会作出反应，根据自身理解和利益对信息进行接受或质疑，从而在舆论场上形成社会议题。

（一）政企信息发布需关切群众焦点

信息发布需要关切群众焦点，如果答非所问糊弄民众，则容易引起新的次生舆论。近年来，疫情一直是社会焦点，各地疫情发布会应是传达群众关注的疫情控制情况、当地民众的生活处境等重要信息，但是部分地方的疫情发布会避重就轻，忽视民众关切，引起了负面舆论。1月16日，西安疫情发布会的视频在网上引发热议。视频中，西安广播电视台记者提问"居家期间市民看电视、刷手机会造成颈肩疼痛，应该注意什么问题"，该提问的回答总共花费超11分钟，回答完毕发布会随即结束。该问题环节引发舆论场广泛质疑，认为媒体与政府合作避重就轻，愚弄大众。

有声音称媒体丧失监督地位，对民众所关心的事情避而不谈："大家都在配合表演，并且知道该怎么演，如此默契""因为关键问题他们回答不出来，因为都事先筛选过问题""问题都是政府要求记者问的，能进这个现场的都是自己人""贴近民生的困难问题一大堆：啥时通快递？啥时商铺能开业？啥时能正常出门买菜？隔离没收入还不起房贷怎么办？怎么就不提呢？"

从信息受众角度看，政府部门应该披露一些他们所关注的信息，包括疫情是否得到有效控制，封控区民众的生活物资是否有保障，小微企业能否继续生存等。虽然也有人关注"颈肩疼痛"，但是这并非民众热切关注的重点。政府选择了无关紧要的内容进行长时间回应，难免让网民有微词。对于媒体的提问，网民则直接认为他们是在配合政府部门表演，没有履行好监督权。在信息受众导向下，无论政府、企业与媒体的关系怎样变化，其围绕的中心应始终是民众。只有不断地反思自身，从民众角度出发，以社会发展为主要原则来寻求合作模式的更新，才能让社会公众的利益得到有效维护。

（二）社会事件的回应需紧扣事实

当今的信息传递并非单线下沉的，每一个事件都会在网络空间激起涟漪，特别是涉及范围广、关注人数多、事件影响大的事件，更容易出现舆论旋涡。网络社会是以事件序列不断变化和推动的，而涉及政府部门和企业的社会事件，需要进行正面回应以解除网民疑惑，引导舆论走向，从而让舆情平稳落地。然而部分政府部门以及企业并没重视事件回应，即使召开发布会，也因为准备不足、答非所问等，让负面舆论"更沸腾"。

在 2022 年 3 月 22 日东航航空事故发布会上，路透社记者提出四个问题，涉及飞机维修记录、事故发生时天气、空难发生前机组联络情况、是否邀请美国国家运输安全委员会协助调查。但是现场视频记录显示，东航云南分公司董事长孙世英在回答时无视记者提问内容，念起事先准备好的稿子。舆论场普遍质疑答非所问，有声音认为，事故相关责任方不适应舆论监督环境。还有声音调侃称，境内媒体不给力，被外媒抢先，导致董事长措手不及。

由此可见，涉事企业并没有预见到媒体的提问，也没有很好地应对媒体所提出的问题。可以说，路透社记者提问的问题并非过偏或涉及机密的问题，也是舆论场所关注的一些信息，但是发布者只顾念稿而没有回应，凸显出回应没温度、没有临场应变。如果只把媒体当成信息传播者，而忽略了媒体的监督属性，往往容易陷入类似状况。媒体决定渠道，决定回应消息能否及时准确地传递，但是媒体在舆论事件中不单单是信息传播者，也是穿插在政府、企业和信息受众之间的信息沟通者。媒体既可以对政府、企业的危机起积极作用，也可以通过沟通、报道等起到推动危机的作用。而当发布信息的主体自顾自言，忽略媒体舆论监督角色时，则容易引起公关危机。

（三）政企与媒体关系不善容易衍生新的事件

政府、企业在社会事件中应妥善处理与媒体的关系。媒体肩负着多种职责，既要主动承担社会责任，配合党和政府宣传政策主张、弘扬社会正气，又要积极引导社会舆论、疏导公众情绪、做好舆论监督。我国现在正处于社会转型时期，各种矛盾日益突出，履行好舆论的监督职责，媒体需要对社会上的违法违纪行为或有悖于法律和道德的不良现象，通过报道进行曝光和揭露，抨击时弊、抑恶扬善。但是有些地方，特别是部分基层单位，在出现社会事件时视媒体为"洪水猛兽"，避而远之。当与媒体的关系处理不好时，在出现舆情时就会缺失一个发声渠道，也会失去引导舆论的有力协助，致使容易出现新的舆情。

2020 年 4 月 21 日，河南省新乡市原阳县 4 岁儿童被埋的事广受关注，但事故详情还未公布的时候，因采访调查的记者被打而衍生出新的舆情。据《新京报》报道，现场采访的多名记者被不明身份人员阻拦，并遭到暴力对待。这一事件被全国人声讨，在强大的舆论压力之下，当地终于承认 9 名打人者是原兴街道办事处工作人员。2020 年 4 月 23 日，原阳县委已对现场 2 名负责人李某凯、宋某伟予以停职调查；对薛某予以停职，移交纪检监察机关调查；对毛某某等其他人员进行严肃批评教育。北京慕公律师事务所主任刘昌松律师表示，"记者经过死者家属同意到墓地采访，是正当履行职责。殴打记者、抢走手机的行为，影响了记者依法履行职务，涉嫌寻衅滋事犯罪。若打人者是公职人员，则涉嫌滥用职权罪，是超越职权和侵犯公民人身和财物权利的行为"。

这一事件反映出某些地方政府不欢迎舆论监督的现象。无论是什么事件，只要触及群众利益，就必须要有社会和媒体的监督。通常而言，大部分媒体和记者实地探访是为了还原真相、满足公众知情权、监督调查进度。实际上，在处理社会事件时，政府部门如果妥善处理与媒体的关系，依靠媒体将事故详情客观公开，对负责人追责，赔偿到位，作出整改，在回应中态度诚恳不推卸责任，对社会事件的舆论引导而言将会是有力的帮助。

（四）媒体是民众发声的重要渠道

弱势群体的真实情况应该被大众知晓，媒体应秉持公平、公正、公开的原则，保护弱势群体的合法权益，为他们发声。政府、企业对于民众借由媒体发出的声音和诉求应该谨慎回应和处理，因为面对的并不单单是媒体，背后还有广大人民群众的利益。涉及群众利益的事件，往往也是舆论场关注的重点，政府、企业在回应时稍有不慎或态度蛮横，极易引起负面事件。

2021 年 12 月 23 日，广东广播电视台《广东民声热线》栏目发布一段视频，广州市一快餐店老板在 8 月至 10 月期间多次给中建八局白云区云城东路一建筑工程项目人员送餐，但在结饭钱的问题上，2 万多元餐费拖欠月余未结清，而且主持人在采访时遭遇项目负责人回应"媒体算什么"。12 月 24 日中建八局官方微博对此事做出了情况说明：对欠款人王某某的欠款行为和在热线节目中以"中建八局项目负责人"的不实身份接受采访并发表不当言论表示强烈谴责。分包商珠海嘉航建筑装饰工程有限公司工作人员回应称，点餐是王某某的个人行为，与公司无关，现该员工已被辞退。

本来一件不算大的负面事件，如果在媒体介入时能正面回应、妥善处理，那么群众利益得到了保障、媒体履行了监督职责，经过协调之后可以顺利化解矛盾。然而正是一些单位试图凭借"权力"或"背景"漠视群众和媒体，从而激化矛盾，在网络上引起本来可以避免的公关危机，对其形象造成了负面影响。

三、政府、企业与媒体的主要关系问题

在新时代背景下，媒体和意见领袖成为舆情事件处理和披露的主体，对于政府、企业而言，与媒体合作，保持良好的关系，可以借助媒体的力量在引导网民情绪和情感方面发挥极大的导向作用。政企是否能够妥善处理好负面舆情，最终还是由信息受众来进行评判。因此，政府、企业与媒体合作，保持良好的媒体关系意义重大。但纵观网络社会中的舆情事件，无论是部分政府部门还是企业，在建立外部沟通机制，特别是在经营媒体关系方面仍然存在一些问题。

（一）封锁信息容易陷入被动局面

在网络上出现负面信息或社会事件后，大部分政府或企业惯性地采取较为粗暴、直接的方式，试图在网络上抹去相关信息的痕迹。对于一些影响力不大、社会关注度不高的事件来说，封锁信息的确是可以将负面影响控制在正常范围内，通过时间或"内部消化"等方式来平息事件。在网络时代，涉事主体虽然是最主要的信息来源，但是对于媒体和网民而言获取信息的途径多种多样。无论是周围的人发布的信息，还是网传流言都可能成为新的舆论焦点，如果政府部门和企业对这些信息或事件避而不谈，就很容易引起网民不满情绪，甚至会出现质疑回应态度的次生舆论，使其陷入更为被动的局面。

（二）政府发布的信息与网民需求不对称

通常而言，无论是政府发布会还是企业发布会，媒体都会积极地参与报道，三者合力将信息传递到信息受众。然而发布会机制较为固定，在现实中发布会开始前，就已经有大量相关媒体和网民就事件讨论得火热朝天。先于政府、企业的披露信息的讨论不会顾虑到准确性及部分细节，网民的关注焦点也随着讨论动态变化。而发布会披露的信息却是相对固定的，从而导致信息披露和网民需求的不对称性。此外，信息披露的滞后性也会带来一定的舆论误导。因为媒体都进行了披露，而政府却没有进行相关解释，让公众的情绪始终处于不稳定状态之中。

（三）部分政府部门、企业与媒体合作意识不强

在我国，媒体既是党和政府的耳目喉舌，也是人民群众的耳目喉舌。基于职能差异，很多地方的政府部门和企业基本上不会与媒体进行紧密合作，因为其对于媒体的作用认识不足，从而不会采取有效措施来对媒体信息披露进行引导，导致在一些情况下比较容易发生处理不当的情况。更有甚者，部分单位将媒体视为不受欢迎的"麻烦制造者"，要么对媒体避而不见，要么千方百计地阻挠媒体进行采访报道。似乎只要媒体不报道，危机就不存在。尽管在舆论事件中正确应对媒体是十分重要的，但是将危机归咎于媒体显然不符合逻辑。

四、构建政府、企业与媒体关系的建议

(一) 加强与媒体的沟通管理

在社会治理现代化要求下，政府部门并不能采用简单、粗暴的方式对媒体行为进行干预，而是要与媒体进行积极、有效的沟通管理。这就要求政府、企业转变工作思路和方式，适应在新时代媒体和公众的监督下开展工作。与媒体打交道本质上是一种双赢与利益共存，需要不再将媒体监督作为对立面，变被动应对舆论监督为主动接受，学会利用媒体的舆论监督来推动各项工作的开展，对媒体发布的各种信息进行有效监督和科学引导。同时政府和企业要改变传统无视媒体作用或者粗暴对待媒体监督的思维，以正面的方式面对媒体，以公开、透明的姿态接受媒体采访，利用媒体向公众传达己方观点和态度，通过沟通达成意见共识。

(二) 与媒体合作引导负面事件

舆论在社会事务处理中扮演核心作用。在信息时代，面对突发事件，越掩盖，媒体、网民越炒作；越拒绝媒体采访，媒体越认为有不可告人的内幕。因此做好舆论引导对于政府和企业的工作及发展都极为有利，媒体作为控制信息流向的关键节点，舆论引导的作用不言而喻。因此，政府和企业应自觉与媒体打交道，通过与媒体的良性互动沟通，建立起良好的合作关系。当遭遇突发事件时，政府和企业可主动向媒体传递正确的信息，寻求媒体的信任和支持。同时，和媒体建立良好的关系，不但可以起到引导负面报道的作用，在平时还可以发挥正面宣传的作用。

(三) 建立与媒体之间标准化的沟通模式

政府与媒体之间的沟通，从本质上来说是一种"信息博弈"。对媒体来说，可以借助事件获得曝光度并实现利益目标，而政府、企业则是可以化解舆论与负面事件。只有以社会发展为主要原则来寻求合作模式的更新，才能让社会公众的利益得到有效维护。因此要强化新闻发言人制度，遇到突发事件时，确定一个熟悉本单位情况和拥有丰富媒体接待经验的人来接待记者，统一管理

和发布重要信息。要建立和完善自身的媒介沟通平台，如官方网站、官方微博等，通过这些互联网平台及时发布正确信息，并与公众进行沟通，反馈公众对事件发展的各种问题和质疑，从而达到舆论引导的作用。同时，对以前的经验及时总结，建立对应媒体负面新闻报道的应急预案，提升负面报道响应速度，以降低负面影响的程度，争取尽快将负面报道转化为有利的报道。

（四）以事实、受众为导向提供有价值信息

某些单位面对媒体时，并不强调信息公开的重要性，而是片面讲求各种应对媒体的技巧，似乎危机的解决完全取决于应对技巧是否运用得纯熟。某些单位热衷于如何隐匿信息，如何巧妙地表达"无可奉告"，如何用谎言去掩盖真相等所谓的"技巧"，有的甚至拉关系走后门、贿赂记者，似乎这些"技巧"就是"生存之道"。无论政府还是企业，如果片面地讲求应对媒体的技巧，专做表面文章，无论是政府还是企业最终只会失去公信力。因此，应该坚持以事实、受众为导向提供有价值信息，态度诚恳、谨慎地应对舆论危机，真诚比所谓的"技巧"有效得多。

警惕宣传中的低级错误

——以"一年盖章7亿次零差错"负面舆情事件为例

南方舆情分析师：凌莉君

一、前言

当前，政府部门、企事业单位纷纷在新媒体平台注册官方账号，通过文字、图片、视频等多种方式开展宣传工作。新媒体由于交互性、即时性、海量信息等特点，在宣传工作中发挥了重要作用，但也带来了挑战。

新媒体即时性、海量信息的特点，让内容能够快速传播给受众，但同时，庞大的受众群体也起到监督作用，一旦宣传内容出现低级错误，就更容易被发现并引发议论，升级成为危机事件。

区别于传统媒体的单向信息传播，新媒体平台赋予受众更多话语权，信息的发布者、传播者、接收者身份可相互转换。如果宣传工作不够细致，出现低级错误，不仅会让内容受到批评与调侃，甚至会吸引受众进行二次创作，进一步促使负面舆情升级。

根据中国互联网络信息中心发布的第49次《中国互联网络发展状况统计报告》，截至2021年12月，我国网民规模达10.32亿人，互联网普及率达73%。面对庞大的受众群体，宣传工作者应加强对内容的重视，避免让低级错误埋下舆情隐患。

本文分析"一年盖章7亿次零差错"负面舆情事件，指出宣传文章应避免的低级错误，总结宣传内容中广泛出现的数据引用、图片素材应用方面的舆情隐患，尤其是数据引用不严谨、数据浮夸造假、图片素材审核不严、图片细节暴露问题等现象，为互联网时代应用新媒体开展宣传工作提供经验反思。

二、案例分析："一年盖章7亿次零差错"

（一）舆情概述

2021年11月，中建四局贵州投资建设有限公司微信公众号发布一篇宣传文章，展现作为"精诚榜样"的员工的工作业绩。文章提及一名负责印章工作的员工在2020年一共盖章7亿次零差错。原文提到，"经过领导协调，梁某多了一个专门的印章服务室，一个人的办公室""7亿多次施印，处理OA流程5 964条，用印登记率100%，零出错，这是梁某2020年的一串工作数据"。

文章一经发出，就在互联网上引起轩然大波。因为"一年盖章7亿次零差错"的说法过于夸张，受到网友集中质疑和调侃。其中，有网友计算称，"该员工每分钟盖戳约1 331次，比机枪每分钟射速还快"。该说法进一步促使负面舆情传播。2021年11月17日，中建四局贵州投资建设有限公司发布情况说明，称报道因笔误和审核不严，相关数字与事实明显不符，产生了不良社会影响。该文目前已删除。该公司表示诚挚接受网友的批评，将根据公司有关规定对此事进行严肃处理，进一步加强信息发布管理，杜绝此类问题再次发生。情况说明发布后，舆情迎来最高峰值。数据显示，2022年11月15—30日，全网关于"一年盖章7亿次零差错"的相关信息超过4 597条，主要存在于客户端平台及微博平台。

● 全部　　● 客户端　　● 微博　　● 微信　　网站　　视频　　互动论坛　　数字报

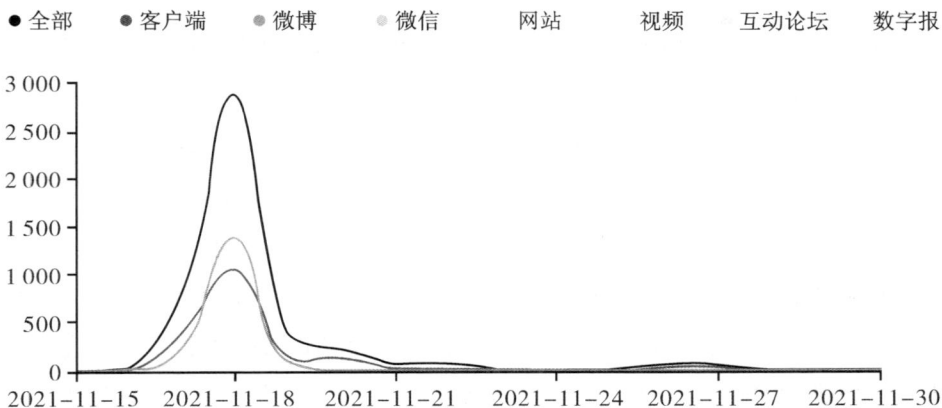

图1　2021年11月"一年盖章7亿次零差错"事件全网传播趋势图

从关键词云可以看出，关于事件的信息以负面为主。其中，"夸大宣传""严肃处理""审核不严""反思"等关键词为事件定调。"调侃""笑话""人类""机枪""射速"等关键词反映了网友提出的"盖章速度超越人类极限，甚至超过部分机枪射速"这一说法得到广泛传播，占了事件信息的相当比例。这也反映出，网友针对低级错误的精彩评论，可能成为新的舆情爆发点。

图 2　2021 年 11 月以来涉"一年盖章 7 亿次零差错"事件关键词云

（二）舆论关注焦点及热门议题

1. 新浪微博平台

截至目前，新浪微博平台上保留有多个热门话题："中建四局回应员工一年盖章 7 亿次"（1 405 讨论、5 132 万阅读），"中建四局称盖章 7 亿次是统计错误"（58 讨论、121.7 万阅读），"中建四局就一年盖章 7 亿次致歉"（45 讨论、141.3 万阅读），"中建四局称一年盖章 7 亿次为笔误和审核不严"（29 讨论、32.2 万阅读），涉及统计错误、公开致歉、笔误与审核不严等议题。

监测显示，在这些话题下发表观点的账号中，存在大量自媒体账号，例如账号"张捷观察 - 谁是谁非任评说"（认证为北京知识安全工程中心研究员）、账号"原烽_BOE"（认证为京东方副总裁）、账号"我是大林"（认证为江苏电视台《零距离》节目主持人、评论员）、账号"职场火锅"（认证为微博新知博主）等，均对事件发表议论，并就其垂直分类展开分析，涉及职场、舆情、统计方法等领域，这也反映出自媒体对事件的二次创作热情。

2. 抖音、快手平台

在抖音平台上，相关话题包括"一年盖章7亿次原视频""一年盖章7亿次中建四局回应""一年盖章几亿次"等。其中，热门视频包括"劳模一年盖了七亿个章：挑战不可能？绝对不可能！"（点赞23万次，评论1.1万条），"11月17日，中建四局贵州投资建设有限公司就'一年盖章7亿次'道歉：是统计错误#你怎么看"（点赞9.5万次，评论1.7万条），"女员工一年盖章7亿次，中建四局火遍全网"（点赞3.3万次，评论80条）。观察显示，除了批评宣传文章浮夸虚假，不少负面评论还指向了宣传主体"中建四局"。

在快手平台上，热门视频包括"一年盖章七亿次？机器人、超人恐怕都自叹不如吧，您信吗？#主播说新闻 #威观点"（1.7万次喜欢）、"劳模一年盖章7亿次，正能量宣传如何不翻车 #职场 #快影达人 #主持人天亮 @快影学苑 @快手热点 @快手主持人"（8 895次喜欢）、"员工一年盖章7亿次？中建四局回应：统计错误"（5 497次喜欢）。

可以看出，短视频集中体现宣传内容的浮夸、不合理，符合平台"短新闻时评"的特点。监测发现，除了对数据本身进行调侃之外，还有不少网友对宣传主体"中建四局"发表负面评价，例如"国企多混""本来想提高工资让人觉得理所当然，想不到翻车了""统计局强烈要求你们上交统计方法"等。

（三）部分网民观点梳理分析

1. 质疑文中数据严重失实，二次创作扩大负面影响

观察显示，网友从不同角度对"一年盖章7亿次"的数据进行解读，提出假设，并举例说明数据过于夸张。有个别网友言论逻辑严谨，类比生动，与原文的低级错误形成鲜明对比，获得大量转发。代表性观点如下：

● "每秒敲一个章，不吃不喝，365天24小时敲，敲7亿个章要22年。"

● "假设一年365天24小时不停盖章，每分钟要盖章1 331次，这个速度甚至超过了部分机枪的射速；如果一个文件用一张A4纸，7亿张纸摞起来

足够绕地球五圈；按一瓶油印 40 块钱、能盖章 3 000 次算，单位一年买油印的钱都要一千多万；相关工作量还不只是盖章而已，用印登记一般都有序号、日期、用印事由、用印科室、用印人签字等栏目构成，一次登记就算写 20 个字，一年就要写 140 亿个字。"

● "不可能！7 亿次是什么概念？平均一天盖 1 917 808 次，你觉得你盖得了这么多吗？"

● "1 年 7 亿次，平均每个工作日盖章 280 多万次，35 万次/工时，5 800 次/分。结论：梁某是机器人。"

● "每秒 22 次，这手速不玩竞游，太浪费了。"

● "一年才 3 000 多万秒，根本不可能的事情。不眠不休一秒要盖近 20 个印章。不可能的。"

2. 怀疑存在违规提拔等腐败问题，呼吁加强监督

● "不能光让群众监督啊，撞了南墙才回头？"

● "想提拔某员工，某员工又没得出手的东西，只能敲章咯。"

● "多少扎根基层日夜打灰的人，难道不值得表扬吗？来表扬一个盖章的咸水衙门的人？"

● "作为国有企业单位的一员，真的很无语。现在用人风气是在好转，但暗箱操作依然存在。"

● "国企特人特岗，网友扒一下女主（盖章工作员工）。是不是领导的老婆？为了把她写成先进，好容易找了个盖章的活儿。这活儿也能评先进？"

● "估计想提拔一下的，然后随便扯个理由，居然被你们发现了。"

● "体制内嘛，只要跟领导关系足够好，什么事情都可能发生，就是这么神奇。"

3. 批评宣传数据造假，浮夸风气盛行

● "不要自欺欺人，只有实事求是才能过得了老百姓的法眼！"

● "为了 KPI 乱来的事真不少，该治治了。"

● "考核标准不应该唯数量论和唯速度论，实事求是办好手上的事，不要搞形式主义。"

● "有些领导非常喜欢看数字，可不是所有工作都能数字量化啊。"

● "拟稿人：70 万次；办公室主任：不够多，至少 700 万次嘛；分管领导：不够多，至少 7 000 万次嘛；主要领导：不够多，至少 7 亿次。"

4. 认为盖章工作没有技术含量，质疑宣传动机

● "一天到晚瞎忙，就算一点儿错没出，没有结果，也不过是变相磨洋工而已。"

● "这有什么技术含量吗？不明白，这个有什么好宣传的？是指标吗？还是涉及经济效益、节约成本？不会是企业内部部门年底报告自己部门的工作总结吧，这个也算进去？"

5. 因宣传数据造假，联想到经营数据业绩造假、工作态度问题

除了批评宣传文章低级错误之外，亦有网友联想到公司经营数据及业绩造假。事件亦在投资社区平台"雪球"上受到网友关注，该平台常有投资者交流公司经营和股价资讯。这也反映该事件对公司经营、公司形象均有损害。代表性观点如下：

● "希望工程业绩上数字单位也上点心。"

● "这个数据如果不是过于夸张惹来了较真网友，我相信不会有人去核查这个数据，更加不会有人出来道歉。所以这些自说自话的统计数据到底有多少水分，外人无从得知。"

● "中建市盈那么好，股价那么差，都是做假账的，信口开河不可信，人民心里明明白白的。"

● "做假都做得这么不用心，更别说工作了，敷衍了事。"

6. 借事件批评其他宣传主体的浮夸风气

● "官方媒体也是一样存在这样的问题。"

● "还有官微为了在微博上的政务排行榜排名，流量至上，微博即全世界，不作调查，逛逛各种论坛就随便乱发信息的现象和浮夸作秀一样要不得！"

7. 舆情搭车现象

有部分言论关注涉事企业的欠薪问题，存在舆情搭车风险。例如有网民称："（如果真有）七亿次，就不会这么多包工头收不到钱。"

三、舆情分析

（一）宣传内容审核不严，导致舆情发生

复盘事件不难发现，舆情的引爆点在于企业发布业绩榜样的宣传文章时，片面追求量化成就，采用"7亿次"这一精准数据，缺乏合理支撑。虽然后续企业回应称是"笔误"，但这一明显违背常理常识的错误，在文章写作、审核、发布过程中均未被发现，也反映出宣传主体对内容缺乏有效的审核机制，对待宣传文章敷衍了事。同时，这是一则针对"精诚榜样"的工作业绩宣传，在此背景下，低级错误更为讽刺，给人留下浮夸虚假的印象，为网民的愤怒与嘲讽埋下伏笔。

（二）及时发布情况说明，后续事件平息较快

事件在互联网上爆发后，大量网民、自媒体关注事件并发布议论，短时间内达到舆情高峰。事件发生当晚，中建四局贵州投资建设有限公司即就此事件做出回应，发布情况说明，称低级错误是笔误和审核不严，表示诚挚接受网友的批评，将根据公司有关规定对此事进行严肃处理。从传播趋势来看，该回应对舆情平息起到了作用。同时，在新浪微博、抖音、快手等平台上，关于中建四局就事件作出回应和道歉的有关话题较多，受到媒体与网民的关注和议论，在一定程度上对议题转向起到了作用。

（三）自媒体及网民二次创作，推动负面舆情升级

从关键词云分析、网民观点梳理等角度复盘事件走向，可以看出网友对"一年盖章7亿次"这一数据的解读得到了广泛传播。其中，"盖章速度超过部分机枪射速"这一说法占了事件信息的相当比例。后续在自媒体二次创作中，这一说法也多次被引用。从这一现象可以看出，宣传文章出现审核不严、低级错误、笔误等情况时，宣传主体除了会因为文章内容受到批评，还有可能会因为低级错误而受到调侃。新媒体平台即时互动的特点，让信息接收者同时也可能成为信息发布者。负面信息经过网民二次创作之后，有可能成为新的舆情爆发点。

（四）宣传错误升级为企业形象危机，负面舆情影响深远

事件除了引发网民对宣传文章低级错误的批评，还衍生出对国企单位浮夸作风的批评，对中建四局经营情况和业绩造假的怀疑，以及对违规提拔、企业欠薪等问题的猜测，令宣传主体陷入严重的企业形象危机。在新浪微博社交平台上，有网友借机发布中建四局项目欠薪情况，呼吁其他网友进行关注。在投资者交流平台上，亦有网民以投资者身份对事件作出评论，对中建四局的业绩数据表示怀疑。一时间舆论场上充满了对中建四局经营和管理方面的质疑。

四、经验总结

客观准确的数据，能够直观体现成绩和成果，增强正面宣传的可信度与说服力。但片面追求宣传效果，违背客观常识常理，错用、滥用数据内容，犯下低级错误，则会埋下舆情隐患。这样不仅起不到宣传作用，甚至会成为负面舆情事件，产生不良影响。

因此，宣传过程中要保证数据的准确性，规范数据来源，尊重客观事实。全方位规范数据采集、数据分析、数据呈现环节，科学合理利用数据，才能有效传达观点，增强内容说服力。对于已经酿成舆情事件的低级错误，宣传主体如果积极开展自查，回应公众质疑，明确责任并接受监督批评，也可以起到平息舆情的作用。

（一）认真审视数据应用的场合，严格核实数据内容、单位数量与数据来源，保证权威性与专业性

准确的数据能够还原真相，填补信息空缺，避免信息在传播过程中产生分歧。但需注意，滥用数据、统计错误、笔误等低级错误会令宣传效果大打折扣。宣传工作者需对数据应用的场合加以审视，不能滥用数据。在"一年盖章7亿次零差错"案例中，"盖章次数"既不是必要提供的数据，也不是衡量"精诚榜样"的唯一标准。与其刻意用冰冷的数据量化工作成果，不如立足扎实的调研，呈现鲜活的故事，引发网友共情。例如通过讲述盖章工作对细节的

要求，展现员工一丝不苟、认真细致的工作态度，引发读者共鸣。如果有必要提供数据，则需保证数据的可信度，做到真实、合理、实事求是，杜绝浮夸作风。如果数据来自外部机构的统计调研，则要重点关注参与调研的机构是否权威，调研方法是否科学合理，并注意标明数据的出处。同时，应重点留意严格核实数量与单位，避免低级错误的出现。

（二）注意尊重客观事实，不能违背常识、常理

再好的内容，再精确的数据，假如违背人性常理与常识，其意义都会大打折扣。因此，宣传工作应坚持正确的价值观，尊重客观事实，实事求是，杜绝使用浮夸虚假的数字量化工作成果。例如在一些典型报道中，有人为了强调员工爱岗敬业，宣传"28天连续加班，没换过衣服，没洗过头"；有人为了强调纪律严明，宣传"因洗澡4分钟没接巡视组电话受警告处分"。如此缺乏"个人卫生"的常识，以及"劳逸结合"的人情常理，不仅经不起推敲，还会令读者产生逆反心理。

（三）掌握新媒体平台特点，建立有针对性的宣传方案

有别于传统媒体，新媒体读者兼具内容受众和传播者两种角色。不合常理的宣传内容往往会吸引受众进行二次创作，从而扩大负面舆情。在"一年盖章7亿次零差错"案例中，夸张的数字招致舆论反弹。网民在批评宣传内容虚假浮夸的同时，从多个角度举例证明"7亿次"的数据违背常识，并用"机关枪"来做类比，使得受众参与讨论的热情不断提高，负面舆情更加深入人心。同时，基于互联网对信息的保存，即便事件过去很长一段时间，相关热门话题标签、相关文章截图仍然会在互联网上留存，对宣传主体产生长期的负面影响。因此，宣传主体更应重视宣传内容的发布与审核，避免低级错误。

（四）舆情应对需要快速及时，尊重客观事实，厘清责任主体

宣传文章的低级错误一旦酿成，就应采取积极的态度去应对。相关责任主体及时发布情况说明，对舆情事件问题作出定性，明确责任并接受监督批评，承诺加强信息发布审核等措施，能够对舆情事件平息起到关键作用，使

宣传主体再次掌握舆论主动权，避免增加新的舆情节点。值得注意的是，情况说明应详尽、客观、诚恳，切忌避重就轻，或语焉不详、信息交代不明确等情况。不合理的说明回应，不仅起不到平息舆情的效果，反而可能进一步让舆情升级。

警惕正面宣传沦为负面事件

——以"青岛困难户家中摆高档酒" 事件为例论政府部门如何做好正面宣传

南方舆情分析师：周丽娜

一、前言

2021 年 2 月 3 日，青岛市"城阳区棘洪滩街道办事处"微信公众号发布了一篇题为"春节走访困难户　浓浓温情暖人心"的文章，其中提到，青岛棘洪滩街道党工委、办事处领导班子成员、社区干部分赴各社区走访困难对象，为困难群众送去米、油、干果、肉食等慰问品，并称此次一共走访了低保户 231 户、分散特困供养户 34 户、困难户 263 户。但文章发布后，文章的配图里困难户家中橱柜上摆放的 2 瓶茅台酒以及其他高档酒，引发争议。事件发生后，迅速引发人们的广泛关注和讨论。

本应是一次正面的新闻宣传，却因为执行工作的疏忽、监管工作的缺失以及缺乏舆情风险防范意识，从而引发质疑或引发舆论危机。"青岛困难户家中摆高档酒"事件是一次典型的正面宣传沦为负面宣传的事件。针对这次事件，本文尝试剖析在正面宣传过程中，政府部门如何通过正确的自身定位、遵守传播规律、明确正确的价值观、规范传播内容等，为正面传播的规范性进行梳理、风险性进行规避，从而降低正面宣传沦为负面事件的可能性。

二、"青岛困难户家中摆高档酒"事件舆论场概述

（一）事件发展脉络

● 2 月 3 日，山东省青岛市城阳区棘洪滩街道办事处官方微信公众号发布文章《春节走访困难户　浓浓温情暖人心》。该微信文章的配图中，困难户家中柜子上摆着 2 瓶茅台酒，这一细节引发网友质疑。

●2月4日，青岛市城阳区棘洪滩街道办事处发布《关于网上质疑"棘洪滩街道困难户家中摆放高档酒"的情况说明》称，老人目前居住在社区建设的解困房中。几年前，居民到亲戚家参加宴席，看到客人喝剩的空酒瓶很是喜欢，于是就带回家中摆放到橱柜上，并不存在困难户及家人自己使用消费的情况。

●2月4日，有网友进一步指出，图片中出现疑似高档茶、高档健身器、大液晶电视，有较精致装修隔断，养着较高档次的兰花，摆着健身用的瑜伽滚轴，而且房子明显也是宽敞的。

●4日晚间，半岛新闻刊文《还原身处舆论漩涡的"名酒名茶困难户"：八旬老汉瘫痪九年，老伴从亲戚宴席上带回仨酒瓶，是困难户不是低保户》对图片细节进一步说明，称酒瓶为老人参加宴会捡回；至于"冻顶乌龙"内装的是水彩笔、抹布，还有一个红色塑料袋。报道还提到，老两口目前居住在女儿家中。画面左下角闪出的一抹灰黑色为邻居家孩子的手推车，电视就是一台海信的普通电视。

●2月5日，中央纪委国家监委网站刊文《"困难户家中摆高档酒"：实事求是调查回应关切》呼吁：不能见风是雨，胡乱臆测，甚至对涉事老人进行挖苦嘲讽。老人不管是不是困难户，都不应是这次事件中的被指责者。不妨再给调查一些时间，齐心协力共同发挥舆论监督的正向作用。

●2月5日，城阳区纪委和城阳区民政局介入调查，后发布《关于城阳区棘洪滩街道开展春节送温暖走访慰问工作的调查情况》称，棘洪滩街道北万社区居民杜某某不是建档立卡贫困户，不是低保对象，不是特困供养人员，是棘洪滩街道确定的春节送温暖临时走访慰问对象。网上图片系两位老人大女儿家，茅台和五粮液是于某某从亲戚家宴会上带回的空瓶；冻顶乌龙茶叶手提袋系其亲戚到家中探望时携带，现内装闲置杂物；电视为海信牌47寸普通电视；疑似的跑步机是儿童手推车；疑似的海参实际是发黑的山楂干；疑似的葛根粉实际是三七粉；钟表为康巴丝石英表；兰花为从集市上购买的普通墨兰。

●2月6日，有自称为其同村人的网民发文表示：老太太有三个女儿，一个银行高管，一个高中老师，还有一个是城阳区财务处处长。他家根本就不穷，是我们村最有钱的！

●2月6日，央视新闻发表评论文章《热评丨"困难户家中摆茅台"调

查公布　经得起质疑就没毛病》：说到底，"困难户家里摆茅台酒瓶"，"茅台酒瓶"不是问题关键，质疑"家里摆茅台酒瓶"的实质是质疑"困难户"的资格。只要"困难户"身份真实，就翻不了车。

纵观本次"青岛困难户家中摆高档酒"事件，官方媒体和普通民众的参与度都较高。网民舆论反映也较激烈，整体上基本形成了官方报道—网民质疑—官方回应—网民再次质疑—官方再次回应—网民再三质疑的"高手过招"局面。针对民间舆论质疑，官方通报大体可以总结为：首先，走访对象非贫困户、非低保户，属于春节走访慰问对象，由于疏忽未与困难户分开表述；其次，走访对象因受伤住在女儿家。但是本次事件中，在官方调查回应后，网民质疑并未消解，舆情仍在持续。

关于"青岛困难户家中摆高档酒"事件，新浪微博共创建了 15 个话题，阅读量共计达 5 100 万余次。其中"青岛一被访困难户家中摆茅台"（2 332 讨论　1 949 万阅读）、"青岛通报困难户家中摆茅台"（503 讨论　539.8 万阅读）、"网曝青岛困难户家中摆放茅台五粮液"（91 讨论　596.9 万阅读）等话题阅读量较多。

（二）舆论场网民关注焦点

1. 慰问对象是否真的困难

在普通网民认知中，家庭经济状况是衡量困难户、贫困户、低保户的主要标准。而新闻配图中慰问对象的居住条件未见家徒四壁的窘境，与大家印象中贫困户的家庭境况形成强烈的反差。虽然这是老人女儿的住宅，但也反映出其女儿经济条件良好。因此网民进一步提出，既然老人的女儿有钱，就应该有赡养老人的义务。在网民看来，困难户子女的经济条件也应纳入考评的标准中。但据当地的说法，慰问对象主要是因病长期卧床、因残疾或精神障碍影响正常生活、因突发变故导致生活困难的居民。在"困难户"的认知上，当地政府和部分网民存有分歧。

2. 慰问程序是否合法合规

从通报的内容来看，官方就慰问对象的情况做了详细的介绍，但并未就程序合规提供更多证据。根据城阳区纪委监委和城阳区民政局的调查结果，两位老人没有固定住处，目前暂住在大女儿家，同时网传图片的拍摄地点也正是大女儿家。而街道办事处早先通报，老人目前居住在社区建设的解困房中。有关部门的说法前后不一，引人质疑。

3. 如何保障慰问对象的声誉

本次事件中，还有一点遭人诟病的是慰问对象的声誉遭到破坏。先不论走访程序是否合规，如果仅仅因为官方表述不当，走访对象就遭受舆论质疑和指责，这对患病的老人家庭来说是沉重的打击。声誉对于每个人都至关重要。在此次事件中就有媒体报道称，这户老人在得知网民恶评后，气得直哆嗦、哭着喊着要丢掉酒瓶。

4. 如何处理事件中伴随的"谣言"

本次事件中，有自称为其同村人的网民发文称老太太有三个女儿，且都或身居要职或经济状况优渥。还有网民称该老太侄子为该村管民政的，照片即出自其手。基于该事件舆论影响较大，秉承对当地纪委监委等相关部门信任的角度出发，且以上言论仅为少数网民片面之词未见真凭实据，我们姑且将其做谣言处理。但正是相关部门对以上问题未做任何正面回应，才导致舆论场久久未能平复，相关负面言论愈传愈烈。

三、"青岛困难户家中摆高档酒"事件中舆情应对所存在的问题

"青岛困难户家中摆高档酒"事件，官方通报后依然未能消解民众的质疑，最终是通过主流媒体的正面报道和详细的数据公布以及春节来临和其他负面事件的覆盖，来平息和终止这次舆情事件的发酵的。主流媒体的介入在一定程度上挽回了政府形象，但是在本次事件中我们仍然发现存在着诸多的问题，以下逐一进行分析：

（一）新春慰问走访初心暖人，却忽视传播规律、违背大众认知

慰问困难户，是一项传递温暖、关爱、救助的活动，也是当地政府部门树立勤政爱民形象的一项重要举措。但是，在本次"青岛困难户家中摆高档酒"事件中，由于工作人员疏忽、专业素质不过硬等原因，或为了彰显领导政绩，或有意在宣传材料上添油加醋，甚至刻意"摆拍"，致使新春走访的目的和公

众的期待相违背。而新闻配图也忽视了传播规律，违背了大众认知，图片中困难户的家庭居住条件与传统认知中的困难户相去甚远，不符合大众认知中困难户的既定形象，从而为后续舆情发酵埋下了第一颗"地雷"。

（二）初次通报较为及时，却忽略信息详尽准则为后续发酵埋雷

舆情危机出现后，如果不能第一时间做出应对，很容易因为其中的种种问题被民众所猜疑，进而发酵成为更大的危机，为后面的舆情处理工作增加几何级的难度。因此在面对危机时，应遵循"24小时法则"，首先确保即时的负面信息获取，其次面对危机马上了解事实情况，最后进行正面回应，确保在负面事件范围内进行舆情处理，避免出现负面舆情的扩大效应。本次"青岛困难户家中摆高档酒"事件中，青岛市城阳区棘洪滩街道办事处发布《关于网上质疑"棘洪滩街道困难户家中摆放高档酒"的情况说明》在发布时间上抢在了黄金24小时内，较为及时，且发布内容回应了民众最为关切的茅台酒来源问题，算是较为及时地回应了民众关切。但是在棘洪滩街道发布的"情况说明"中称老人目前居住在社区建设的解困房中，与2月5日纪委和民政局调查结果的通报内容不一致（纪委调查称该慰问对象目前住在女儿家），该错误信息直接为后续舆情持续发酵且愈演愈烈埋下了第二颗"地雷"。

（三）官方通报、主流媒体报道回应民众关切，却忽略了另一舆论焦点

当正面宣传的内容沦为负面事件并产生舆情危机之后，通过快速、详尽、准确的调查，及时通报问题所在，回应民众关切，勇于担当责任，直面公众质疑，提出解决方案，弥补工作过失，用真诚的方式来获得公众的谅解和认可，同时积极解决问题，做到有始有终，是化危机为生机的不二法宝。本次"青岛困难户家中摆高档酒"案例中，城阳区棘洪滩街道和纪委监委的响应都算及时迅速，并且在通报中分别就茅台酒瓶、高档茶叶、高档跑步机、高档电视机、良好的居住环境、慰问老人身份等民众关切慰问对象是否真困难的问题进行了详细的解答。但是相关部门针对民众关注的另一焦点，前后两个部门的通报内容不一致以及针对当事人女儿身份的质疑等慰问程序是否合规问题却未能做出正面回答，这些都为本次事件中舆论失控埋下了第三颗"地雷"。并且，针对以上疑点，相关部门未做任何回应，仅靠春节来

临及其他舆情事件覆盖而落下帷幕，未能及时弥补之前调查工作出现的过失，此法不可取。

（四）多次通报回应质疑，却自乱阵脚，忽视当事人声誉问题

当负面舆情出现之时，有关部门积极响应，介入调查，为还原事件真相调动多个部门众多人手的现象常有之。像本案例中，青岛市城阳区棘洪滩街道、阳城区纪委、阳城区民政局就积极参与到了调查工作中并为还原事件真相做出了相当大的贡献。但是，在这个过程中极易出现部分政府部门面对民众的百般质疑和发酵，未能很好地区分谣言和真正的民众诉求，从而导致手忙脚乱，无法保持自己的独立思考，从而在舆论"压迫"之下，做出错误的应对或者过度应对，最终造成更加不可挽回的结果，导致政府部门的公信力丧失。如本次事件中，慰问对象的声誉受损这一问题就暴露了有关部门急于解释自身问题而忽视慰问对象声誉的问题，有被舆论绑架自乱阵脚的现象存在。而有街道工作人员将这户老人在得知网民恶评后，气得直哆嗦、哭着喊着要丢掉酒瓶这一细节透露给媒体，也有试图反绑架舆论，为街道办事处洗白、过度应对的嫌疑。

因此在这个过程中，政府部门需要明确"执政为民"的理念，以我党的精神作为指导思想，具备独立思考的能力，用最科学和合理的方式来处理危机。

四、通过"青岛困难户家中摆高档酒"事件吸取如何做好正面宣传的经验和教训

在正面宣传的过程中，我们需要尽量去规避可能出现的舆情风险，但是一旦出现了正面舆情变为负面舆情的情况，又该如何应对呢？

我们依然以前文所述"青岛困难户家中摆高档酒"事件为例，试图剖析政府部门在正面宣传时应注意的事项及应对建议：

（一）明确自身定位，强化宣传队伍建设

本案例中，题文报道为走访困难户，而配图在事后的通报中称其仅仅为走访慰问对象而非困难户，用一张非困难户的图片报道走访困难户的新闻，暴露

出宣传部门相关工作人员不专业、审核工作不到位的问题。而宣传的本意是体现街道部门对困难老人在节日中的温情探望，但是因为在内容审核的过程中没有站在人民群众的角度来看待宣传内容的每一个细节，违背了群众常识和认知，导致诱发了接二连三的质疑，归根结底就是意识形态出现了问题，最终变成了的"低级红"。

本案例说明对于政府部门来说，做好正面宣传工作既需对自身有一个清晰的角色定位，也需加强对宣传工作队伍建设的重视。

宣传工作的核心宗旨是在社会层面，让百姓能够通过政府部门宣发的内容，了解政府部门的日常工作状态和工作方式、方法，增强百姓对政府部门和我党的信心，同时通过有效精准的沟通和传播，对外输出政府部门的执政理念，强化公众对政府部门的了解，获取公众对政府部门的支持，使其最终参与到社会事务的管理中去。因此，政府部门需要通过多种多样的媒体平台和渠道，通过常态化的传播机制，有态度、有温度地去树立政府部门在社会公众心目中的良好形象。准确、及时地反映党的路线、方针、政策，反映我党和政府对社会公众的关怀和重视，反映社会热点问题，增强公众的信心和认可，增强公众团结一心、努力拼搏，为中华民族伟大复兴而奋斗的精神和信念。

而关于宣传队伍的建设，习近平总书记在全国宣传思想工作会议上强调：宣传思想干部"要不断掌握新知识、熟悉新领域、开拓新视野，增强本领能力，加强调查研究，不断增强脚力、眼力、脑力、笔力，努力打造一支政治过硬、本领高强、求实创新、能打胜仗的宣传思想工作队伍"。

政府部门做好正面宣传工作，需要政治觉悟较高、专业素质过硬、服务意识较强的宣传工作者；需要懂得理论结合实际、懂得深入群众、懂得规避舆情风险；需要懂得"以人民群众为中心"，既能够真正站在政府部门的角度创造内容，又能够让社会公众理解和接受的宣传工作者。

（二）完善各项预警、审核、发布机制

首先，很多政府部门的宣传工作者并不是专业的新闻工作者出身，对于新闻内容的敏感度不足，容易导致内容生产上出现方向性问题。其次，很多地方政府部门的信息发布机制还没有完全成熟，而输出信息的渠道又很多，加之人员结构上不合理，导致宣传信息的输出链条上做不到层层把关和专业审核，也较容易出现正面变负面的情况。

"青岛困难户家中摆高档酒"案例中，青岛市城阳区棘洪滩街道办事处发布《关于网上质疑"棘洪滩街道困难户家中摆放高档酒"的情况说明》称慰问对象目前居住在社区建设的解困房中这一细节与纪委监委调查结果不相符就暴露了信息审核把关存在漏洞的问题。

因此，首先建议政府部门进一步完善信息的审核发布流程，力求做到每一个模块都有专业人士进行审核和把关。其次，在技术层面应该加大投入，提高信息内容的生产、储存、管理、审核、修正、发布、筛选能力，从信息技术上解决人力漏洞可能造成的隐患。

另外，建立信息预警机制，实施跟踪舆情分析，随时关注宣传内容的传播脉络，了解正面宣传发布后民众的即时反馈和关注焦点，判断是否有可能出现负面舆情问题并及时应对，尤其涉及社会热点事件和敏感话题的宣传，需要重点关注，时刻保持危机意识和预警意识。

（三）加强与媒体沟通，尊重传播本质

正面传播的本质是将政府部门需要社会公众了解的工作内容和信息通过不同的媒介形式，在适当的节点和热点进行发布、转载和讨论的一种宣传手段，这其实是一种新闻形式的传播。而主流媒体作为公众日常接收信息的主要平台，在媒体受众中具备足够的影响力和公信力。因此，除了政府部门通过自身媒体进行正面宣传以外，可以加强与主流媒体的沟通，将传播内容的公信力实现最大化，保证良好政府形象的塑造。同时利用媒体进行舆论引导，指引民众关注需要宣传的方向，同时达到或辟谣或造势的目的。

另外，正面宣传应该坚持信息公开和信息互动，以社会公众的视角看待正面宣传的内容，同时满足受众的需求，全面拥抱社会，接受公众监督，切忌自说自话、脱离实际。利用媒体在政府和百姓之间建立起直接有效的联系，在潜移默化中把正面宣传做到极致，达到政通人和的目的。

本次"青岛困难户家中摆高档酒"事件，官方前后通报信息不一致导致当地有关部门形象受损，最终通过中央纪委国家监委网站刊文《"困难户家中摆高档酒"：实事求是调查回应关切》和央视新闻发表评论文章《热评｜"困难户家中摆茅台"调查公布 经得起质疑就没毛病》平息群众质疑，并通过

中国新闻网、光明网、《北京青年报》、半岛新闻等主流媒体的正面报道和详细的数据公布以及春节来临和其他负面事件的覆盖，逐渐平息和终止这次舆情事件的发酵。由此可见，积极保持与媒体的良性沟通，尊重事件传播的规律和本质，有利于强化政府公信力，较好地引导舆论和平息负面事件的进一步发酵。

现下，很多负面事件发生后，部分政府或主流媒体官方账号习惯于关闭官微评论区，可这一做法极易引来网民更为猛烈的抨击。堵不如疏，疏不如引，一概禁止与排斥，无疑会使情况更糟糕。

（四）倾听民声民意

正面宣传虽是对民众进行信息输出，但所有的内容建设应是基于实践进行挖掘的。"知屋漏者在宇下，知政失者在草野"，常态化地倾听民声民意，想民众之所想，对民众的情绪进行引导，对民众的需求进行满足，不顾左右而言他，进行正面的回应和传播，会让政府部门的正面宣传变得更加实际和有意义。

（五）积累政府信用

政府形象的好与坏，直接关系到民众对政府、政策信任和支持与否。因此，一个好的政府形象，对正面宣传的赋能是举足轻重的，政府形象的建设，是正面宣传公信力和影响力的基础，同时一个好的政府形象，可以有效地规避正面宣传可能带来的风险，通过足够的积累，最终形成政府的品牌形象。

品牌意识是市场化的概念，政府部门在受众心目当中也同样具备品牌概念。一个好的政府形象就如同一个具备品牌影响力的机构，能够让民众第一时间想到、第一时间信任、第一时间联络。因此在正面宣传的过程中，政府部门应该具备品牌意识，从一言一行和细节上共同去打造和维护政府的品牌力、公信力和形象。

五、经验总结

综上所述，政府部门在正面宣传报道的工作中，需要建立具备极高政治素养和专业能力的团队，从群众中来，到群众中去，明确自身定位，尊重新闻传播规律，秉承实事求是的信念和倾听民声的态度，以严谨的作风、健全的内容审核机制以及创新的内容生产方式和民众进行积极有效的互动，使得正面宣传的效果最大化和最优化，让政府通过正面宣传树立起让人信赖的良好形象。与此同时，积极应对舆情，敢于直面公众质疑，及时做出有针对性的回应。只有这样，政府部门的正面宣传才不会沦为被民众质疑的负面传播。

文化旅游

疫情下文旅的舆情风险及应对

——以八万旅客因疫情滞留三亚为例

南方舆情分析师：单嘉雯

一、前言

疫情进入第三年，考验着城市管理的"双统筹"能力——统筹社会经济发展与疫情防控。对旅游城市而言，需要做好疫情防控与旅客服务保障工作。2022年8月疫情突袭三亚这个重点文旅城市，大量旅客滞留。本文以三亚"08·01"疫情为例，探讨疫情下文旅城市的舆情风险及应对。

2022年8月初，受境外输入疫情影响，正值旅游旺季的海南宣布静态管理，近20万旅客滞留海南、8万旅客滞留三亚。"八万旅客因疫情滞留三亚"等话题一度受到舆论高度关注。尽管三亚启动紧急预案，但因为各种因素，一度陷入疫情与舆情的困局，并因此引发次生舆情：滞留旅客大量在社交平台吐槽滞留期间遇到的问题、澎湃新闻与海南本地媒体"争论"、海南致函某省放开航班接受滞留旅客等。8月下旬，随着疫情出现拐点，海南逐步解除全域静态管理，逾16万滞留旅客先后返程。

有鉴于三亚8月疫情的舆情应对情况，本文对文旅城市的舆情应对提出以下建议：一是提高文旅系统应对处置涉旅舆情的能力；二是加强本地媒体管理引导，以正确的方式应对舆论；三是关注疫情形势对旅游业的影响，做好舆情正面引导，加强文旅行业的信心。

二、舆情概述

（一）三亚疫情时间梳理

2022 年 8 月 1 日，受境外输入疫情影响，三亚疫情持续扩散。海南全省 13 个市县发生疫情，其中包括三亚在内的 7 个市县出现了疫情的社区传播。从 8 月 1 日到 6 日中午，三亚阳性感染者已经快速突破 500 关口，达到 558 例。

8 月 6 日凌晨 6 时起，三亚全市实行临时全域静态管理，约 8 万游客滞留当地。当日新闻发布会介绍，三亚已成立订单退订工作专班，酒店为滞留在住游客提供半价优惠续住服务，游客在完成 7 天风险排查后经评估可安全离岛。其时约有 8 万名游客滞留三亚，其中 3.2 万人滞留在酒店、约 3 800 人因航班取消滞留机场。自 8 月 9 日起，三亚按计划安排旅客有序离岛。

8 月 15 日，海南召开第 50 场海南省新冠疫情防控新闻发布会，会上发布《关于做好三亚凤凰国际机场离岛人员服务保障工作的通告》，明确自 8 月 15 日零时起，有序恢复凤凰国际机场国内客运航班商业化运行，满足疫情防控条件人员均可登录海南健康码"离岛申请"小程序申报"离琼码"，持购票记录和"离琼码"前往机场，经查验后离岛。

8 月 23 日，据发布会信息，海南疫情出现拐点，三亚累计报告感染者破万，逾 16 万名滞留旅客已返程。

（二）舆情数据

2022 年 8 月 1 日 00：00—9 月 1 日 00：00，全网共 423 384 条相关信息，其中微博信息最多，达 157 875 条，客户端 151 138 条，微信 43 152 条，网站 32 469 条，视频 28 050 条，互动论坛 9 242 条，数字报 1 458 篇。微博信息占比 37.29%、客户端占比 35.7%。舆论高峰出现在 8 月 7 日。

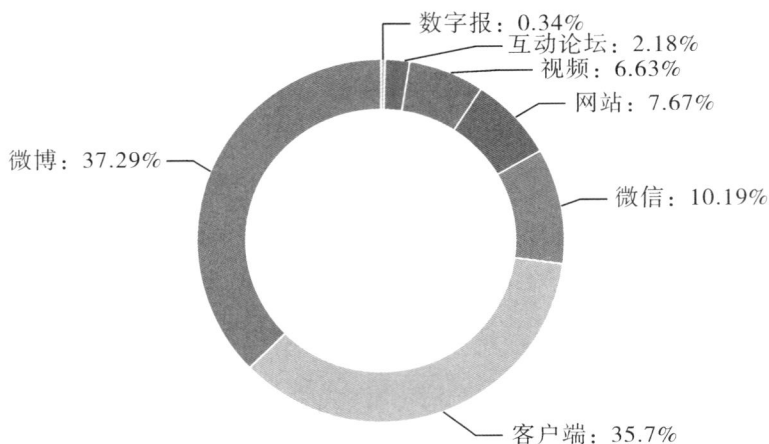

图1 信源分布

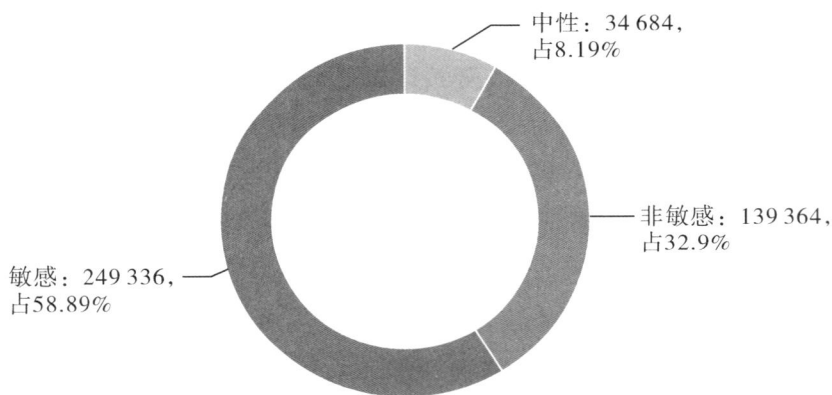

图2 敏感信息占比

三、舆情分析

(一) 八万滞留旅客安置问题多,旅客在社交媒体发帖引关注

1. 当日由于大面积航班临时取消,旅客滞留机场

8月6日宣布静态管理的三亚,航班大面积取消,有大批旅客滞留凤凰国际机场,包括已登机旅客被劝下。据网络流传的视频,滞留机场旅客情绪激动。媒体跟进报道,据央视报道,8月6日受航班取消滞留机场的3 800余名

旅客，三亚市已及时将滞留游客分 89 批次安全地转运，并妥善安置到提前协调好的市区 11 家酒店。澎湃新闻采访并刊登的滞留旅客的经历自述《撤离三亚 48 小时：人在囧途，回家不易》，每日经济新闻的《有游客花上万元抢到票，还是被劝下飞机》等报道受到一定关注。后续也有网民发帖表示滞留机场的已被安置妥当。

2. "半价优惠续住" 政策下，部分酒店存在价格乱象，舆论质疑三亚 "关门宰客"

三亚防疫新闻发布会提出的 "半价优惠续住" 能帮游客节约不少成本，但政策执行过程中出现了不同程度的问题。由于酒店、民宿等良莠不齐，价格乱象等问题涌现，"关门宰客" "高房价" 的批评声此起彼伏。

游客通过社交平台反映部分酒店执行半价套路多，包括先涨价后打折、个别酒店涨价超 4 倍、半价仅按官网价执行、部分滞留旅客不能享受到半价续住政策等情况。

网络有声音质疑三亚此举是为了拉动当地经济、"关门宰客" 等。也有声音表示，对三亚的政策表示理解与支持，认为这是三亚阻止疫情进一步外溢的担当，同时指出网络及部分媒体的表述不实。媒体报道如环球网的《因疫情滞留海南的游客近况如何？游客反映三亚有酒店先提价再打折》、《环球时报》的《武汉一家 11 人滞留三亚，回武汉的机票疯狂涨价》。针对这类现象，三亚旅文主管部门回应将发布细则方案并提供投诉热线电话。

分析：

疫情初期研判不足，对旅客的预警措施仍未到位。8 月 2 日晚，三亚通报 8 月 1—2 日累计发现确诊病例 13 例、无症状感染者 1 例。从发现首例病例起仅一天，累计发现确诊病例突破 2 位数。在 "旅游服务" 方面提出，管控区域各涉旅部门、协会和企业要努力为游客做好服务。需离开本市的游客，做好个人防护，凭 48 小时内两次核酸检测阴性证明办理乘机、乘车手续。且对未发生疫情的海棠湾区域、亚龙湾区域等重要旅游区域，未升级防控措施。在 6 日之前，三亚市并未针对在岛游客发布紧急预警措施或启动跨省游 "熔断" 机制。但是 6 日凌晨，三亚（第 67 号通告）提出，当前三亚市疫情防控形势十分严峻，自 2022 年 8 月 6 日凌晨 6 时起，全市实行临时性全域静态管理。

从宣布全域静态管理到实行仅 6 小时，导致出现旅客滞留机场、部分旅客情绪失控、部分酒店政策落实不到位等乱象，也让防疫工作突然变得非常紧张。尽管 "08·01" 疫情发生后，三亚市第一时间启动了应急预案，但对初始疫情研判的危机感不强，跟进疫情发展实案化准备措施和经验不足才导致以上的局面。

与本地居民被封控不同，旅客因疫情滞留，需要考虑的问题包括基本食宿、差旅日期延长影响后续时间安排等问题。再者，这批滞留旅客不少是自由行旅客，应急能力比跟团游旅客差一些，问题也多，遇到事情无法解决，比如打投诉热线无法及时有效得到跟进，则选择通过网络申诉求助、投诉发声。

到访三亚的旅客，本是为了度假休闲，在有限可预期的停留日期，或许会选择价格偏高的酒店，然而，因疫情滞留，住宿日期变长，住宿费用超出预算，若遇到部分政策执行不到位的酒店，旅客的不满情绪越发明显。2022 年也有不少城市因为疫情受过管控，部分旅客在经历了各自所在城市的疫情管控后，来三亚度假，不料遭遇疫情在当地被封控，负面情绪更为激烈。

（二）澎湃新闻报道"一家 13 口滞留三亚 7 天将花 18 万"舆论哗然，海南本地媒体与之舌战引发次生舆情

相比于前期旅客安置出现的"混乱"，舆论中后期的关注点则转移到了"《海南日报》与澎湃新闻之间的论争"。

澎湃新闻发布《一家 13 口滞留三亚 7 天将花 18 万　每顿饭 700 元一人》报道，采访了滞留在三亚某酒店的游客，由此引申话题"一家 13 人滞留三亚酒店住一晚万元""一家 13 人滞留三亚花费 18 万"引发舆论热议。这篇报道因为其夸张的价格引起大量关注，舆论反应非常复杂，有热烈的讨论度。8 月 8 日凌晨，《海南日报》客户端原文刊载自媒体"职场观识局"文章：《对三亚疫情防控带节奏，某媒体澎湃得太"离谱"!》。从疫情中衍生出的两地媒体大战，是疫情的进一步"裂变"。

舆论解读：一是认为海南拒绝舆论监督，猜测是否为宣传部门的意思。网民评论称这是使用委婉手法表达对岛外舆论监督的抗拒。二是认为澎湃新闻等媒体的报道不实、夸张、有"污名化"之嫌。而海南主流媒体转引怒斥澎湃新闻的网帖反映了很多海南人的真实感受和情绪。三是将其解读为上海与海南城际之间的骂战，认为海南可以采用更好的处理方法正确对待舆论监督。

后续，澎湃新闻、中新社采访当事人对此前报道作回应，如澎湃新闻《一家13口滞留三亚7天要花18万？当事人回应》、中新社《中新社独家对话"一家13口滞留三亚"，当事人：传言吓人》，不久后该舆情热度降低，告一段落。

（三）组织滞留旅客返程舆情再现：海南致函江苏放开航班接收滞留旅客，江苏回应"被限制的航班为临时增加的班次"

8月15日，一份"关于紧急协调放行航班的函"在网络流传。文件中，海南省人民政府表示，江苏省部分城市不愿接收滞留旅客，导致航班无法起飞，大量滞留旅客聚集在海口机场。"恳请贵省紧急协调有关城市放行航班并将协调结果反馈我省。"

江苏省政府值班人员确认文件属实，但并非江苏不接收，被限制的航班为临时增加的班次，人员组织上存在问题，所以未能起飞。

网民分析，在海南海口机场想要上飞机的滞留旅客中还有相当多非江苏籍的，而且海南政府和当地机场甚至允许了他们进入，所以才会造成文件中所说"大量滞留旅客聚集在海口机场"。

一是认为需要明确责任主体，搞清楚具体情况是由于海南省不让滞留旅客离开，还是江苏省不愿接收游客，抑或是双方就接收对象是否都为江苏籍问题争执不下；二是认为海南省政府发布的文件内容与江苏省拒收态度同样有损内部团结；三是认为江苏省政府的做法可被视为逃避责任，容易使得当地居民以及部分网民产生失望的情绪，需要及时给出解决对策化解此次负面舆论事件，使民众得到满意的答复；四是认为江苏省此次态度和做法傲慢，容易影响政府形象与公信力，应当向其他省份的防疫做法进行学习参考；五是认为江苏省的做法不无道理，为防止疫情外延，拒收游客也有理可依。

（四）滞留旅客遭网暴，疫情防控常态化之下出游的舆论压力

纵观全网，滞留三亚旅客不同程度上遭受网络暴力，在一些社交媒体软件

和相关新闻的评论区，有不少指责这些旅客"恶意旅游""不老实""自作自受""非得乱跑"，有类似"去三亚哪有穷人"的攻击性发言。借由三亚旅客滞留话题，网络针对疫情当前是否还要旅行、疫情封控滞留导致各种问题如何解决、文旅行业未来何去何从等话题展开讨论。

《半月谈》对网络攻击滞留旅客的言论表示反对：在"奥密克戎"的威胁下，许多地方先后经历了或长或短的封控防疫阶段，解封后民众有旅游意愿很正常。疫情对旅游业造成了不小的打击，文旅业也需要复苏。在这种情况下，游客跨省旅游绝不是什么不负责任、损人利己的坏事，而是"双赢"。

旅客遵守防疫规定出行但突遭疫情滞留，本不该受到这样的冷嘲热讽。以旅游为经济支柱产业的地方，在做好防疫工作的同时也需要发展经济，不断呼唤文旅业复苏，需要游客拉动当地经济。疫情防控常态化出游，旅客还将面临一定的舆论压力。

（五）国内文旅行业信心、文旅城市如何做好"双统筹"

2020—2022年，因为疫情及国内防疫政策，客观上出国旅行人数锐减，旅行需求在一定程度上向国内旅游目的地转移，比如三亚、大理，因此这些地方变得越来越热门。于旅客而言，疫情防控常态化之下，旅行面临更高成本、更大的压力。出行者的内心矛盾挣扎更甚，一方面是被压抑许久的出行需求和旅行放松需求；另一方面是防疫存在诸多不确定性，且一旦发生会很"麻烦"。于文旅业提供方而言，因为遭受隔三岔五的疫情、跨地旅行游客数量不稳定，叠加经济预期、文旅行业投资锐减，部分陷入流动性危机的地产企业也倾向于出售文旅资产，从业者失业转行比比皆是。疫情防不胜防，于文旅目的地而言，极度容易因为一例确诊而瞬间封锁。但旅游城市既然享受到了旅游资源带来的红利，也必须认识到可能面临的疫情风险和应对疫情暴发时所要采取的措施。在做好防疫的基础上，文旅业能有效地拉动经济、吸纳就业。

四、经验总结

做不好舆情应对，对城市形象带来负面影响，影响旅客对该地的信心与好感，会给支柱产业为文旅业的城市带来较大打击。疫情防控常态化之下，文旅城市构筑防疫体系需要充分考虑文旅行业的舆情情况。三亚有其特殊性，除了三亚，这也给国内其他的旅游城市，如近期在努力发展文旅的大湾区提供了一些启示。

（一）提高文旅系统应对处置涉旅舆情的能力

树立重视舆情意识，树立防控舆情意识，建立全面、全员、全过程、全方位的舆情风险控制体系，完善监测、处置、总结、研判、预警的舆情管理机制，维护当地良好的旅游形象和社会环境。针对文旅行业的特殊性，应特别关注一些文旅信息发布平台的互动帖，如小红书、飞客、携程飞猪等，及时针对舆论反馈的情况、结合实际做好调整。

相关部门应提高加强初始疫情研判与应急水平，做好信息发布工作，细化文旅城市防疫紧急预案，尤其是做好自由行旅客的服务指引工作。相比于跟团旅客，自由行旅客组织性和计划性更弱，在发生突发状况时，自由行旅客会更加缺乏安全感，会产生过度反应，而且问题点也更多。因此，针对疫情等突发事件，需要特别关注自由行旅客，将问题点逐一梳理。

（二）加强本地媒体管理引导，以正确的方式应对舆论

一是完善舆情发现机制，做好预判。发现问题及时处理，线上问题线下处理，众多问题同时出现时，唯有根本问题解决，线上问题才得以解决。同时，做好"技术性回应"，及时向公众表达已经留意到相关问题并介入处理等。有关部门应做好舆论引导，先发制人、抢占先机，发布正面信息对冲负面影响，发现投诉苗头信息及时发布指引，避免更大面积的投诉。

二是正确面对舆论监督。敢于接受监督、正视问题，又要适时回应发声。面对舆论监督，有则改之无则加勉，更能争取赢得舆论的认可与支持。对于其他地方媒体的监督报道，若要回应，需做到不偏不倚、摆事实讲道理、敢于发声、正确发声。

三是做好本地媒体管理。做好三审三校，对于转载文章的稿源、文风都需要做好把关，避免因为个人意志转载情绪化的文章，从而带来不必要的舆论争端。做好属地媒体管理，切勿因转载文章不当引发舆论骂战，给城市形象带来负面影响。

三亚疫情防控期间的舆情应对并非完全消极。民间舆论有出彩之处，可圈

可点。部分游客因滞留三亚不满，在网络发布"如果没有我们来旅游，你们还在山上砍树，还在吃烂鱼烂虾"等不友善言辞。面对这些，海南人并没有与之论争，反而自嘲"海南人是骑雷公马"，海南人因为文化认同而自发传播，随后"雷公马"系列表情包、短视频、核酸贴纸在网络迅速"出圈"，还借此机会进行正向的文化输出，也传达了海南人的乐观自嘲精神。此番柔性处理比"硬刚"的效果来得好。

（三）关注疫情形势对旅游业的影响，做好舆情正面引导，加强文旅行业的信心

随着疫情长期化并进入了第三个年头，加上此次突如其来的海南"八月疫情"，海南旅游业遭遇自建省以来前所未有的最大的挑战。纵观全国，无论是文旅业从业人员还是旅客，都受影响，文旅行业信心受挫，"文旅业难做"的论调再起。8月24日，文化和旅游部提出，跨省团队旅游"熔断"区域进一步精准到县域。有网民称"文化和旅游部说精确熔断，各地指挥部全域静默"，态度并不是很乐观。

2022年12月7日，国务院联防联控机制综合组发布《关于进一步优化落实新冠肺炎疫情防控措施的通知》，其中的各项优化措施都寓示着新冠疫情防控开始出现明显的转变，对文旅行业的恢复也是利好。对于某些旅游资源丰富、文旅行业是支柱产业的地方而言，做好"双统筹"意味着需要结合防疫大局及当地实际情况，进一步探索如何科学防疫及保障当地文旅业正常运作，包括出台纾困扶持政策、做好文旅企业帮扶、优化旅游发展环境、精准实施疫情防控措施等。文旅部门需持续关注疫情形势对旅游业的影响，跟踪研判旅游企业恢复情况，针对旅游企业的新诉求，研究提出有针对性的政策建议，为文旅企业纾困恢复发展、行业复苏提供强有力的政策支撑。

党建活动

如何避免党建活动陷入误区

——以党史学习教育的一些错误方式为例

南方舆情分析师：蔡少颖

一、前言

基层党建工作是党的组织建设的重要环节，关系到我国社会主义现代化建设的兴衰成败。现阶段国际国内形势复杂多变，在国家治理和基层管理中会遇到更多风险与挑战，这就更需要充分发挥党史学习教育的作用和价值，以党史为鉴，从党史教育中汲取工作的方法和思路，为基层治理和工作开展提供有效的参考和依据，增强党的创造力、凝聚力和战斗力。近两年，在基层党建工作开展中出现了一些错误的党史学习教育方式。一是党史学习过程中存在形式主义；二是个别活动表现形式不当，存在娱乐化、庸俗化倾向；三是党徽党旗、国徽国旗等图案使用不规范；四是强制性参加党史学习教育有关活动；五是干部作风方面仍存在一些突出问题；六是"我为群众办实事"实践活动被泛化滥用；七是活动涉及争议性人物、争议性群体，对象过度泛化；八是发布涉革命烈士、历史人物不实信息，传播党史谣言等；九是个别文艺作品、出版物存在问题给群众造成误导；十是借党史学习教育之名搞商业化、庸俗化行为；十一是基层党建宣传风险意识不到位，出现文字性、常识性的错误。对此，各级基层党组织要结合本地实际党建工作，完善广大党员干部党史学习教育机制，引导广大党员坚定理想信念，从党史学习教育中汲取养分，确保党史教育与广大党员干部工作实际结合得更为紧密。一是警惕和旗帜鲜明地反对历史虚无主义；二是强化节日期间正风肃纪工作与党风廉政建设；三是巩固"我为群众办实事"实践活动成果，走好新时代党的群众路线；四是警惕敌对势力利用重要时间节点进行炒作，坚决维护意识形态领域安全；五是深刻总结党史学习教育的成功经验和教育成果，推动党建工作高质量发展。

二、党史学习教育错误方式示例与分析

（一）党史学习过程中存在形式主义

为增强党史学习教育针对性和实效性，各地因地制宜进行方式方法创新，值得鼓励，但是在学习教育的过程中也存在注重表象、不看实质，只看形式、不重结果等现象，如强制学生抄写党史、参加党史知识竞赛；单位对学习强国排名作出不合理的硬性规定；将党史学习与个人工作考核等直接挂钩；强制全体员工"转发""点赞"单位领导开展专题组织生活会报道文章，并填表统计考核；修改、拼接、伪造用于宣传报道、应付检查的组织生活会和专题党课照片等。相关组织机构在开展主题教育时，要时刻牢记"坚决克服形式主义、官僚主义，注意为基层减负"的要求，注重活动的教育效果，谨防形式主义在党史学习教育中"钻空子""变花样"引发负面炒作。

（二）个别活动表现形式不当，存在娱乐化、庸俗化倾向

随着学习教育深入党员群众工作生活的方方面面，各地结合实际，拓展丰富多彩的党史学习形式的同时，有个别单位因形式把握不当，在表现形式上陷入误区，出现了一些娱乐化、庸俗化及迎合低级趣味的表演和活动。如组织革命历史体验时出现不规范、不严肃的恶搞行为；用较为夸张的方式教授参会人员唱入党誓词；在中小学和幼儿园活动中随意编排"打土豪、分田地"等敏感题材节目；在传唱红歌活动中故意篡改经典红歌，舞蹈舞姿轻佻、穿着暴露；发布红色主题街舞视频，多个节目舞蹈人员身穿红军服装表演扭腰、扭胯、抖胸、倒立等动作；部分地方部门和单位尝试用短视频、网络直播等形式展示党史学习教育成果，但活动中有不少小问题引发网民群众误读、误解等。党史学习的目的始终明确，应以正确党史观开展党史学习教育，而不能将形式创新作为依赖手段，必须和娱乐化、庸俗化划清界限。

表现形式不当还涉及宣传失误等方面的问题，如某地报道重大灾难事故采用红色主题排版；宣传学生在餐前朗诵感恩词；开展党员干部、学生点蜡烛学

党史等明显不当的形式创新；宣传将党旗悬挂在无人机上开展消毒工作等。这些舆情隐患具有一定代表性，反映了个别地方部门对党旗党徽及其图案、有关标识使用不规范、不严肃，对党的重大历史事件、历史人物的认识不深入、不全面等不足，各单位需始终保持思想上、理论上、政治上的清醒和坚定，在学习中把握主流主线。

（三）党徽党旗、国徽国旗等图案使用不规范

在组织活动和日常工作中，个别组织机构、企事业单位在开展相关活动时存在滥用误用党徽党旗等特殊图案标志的情况，如在部分庆祝活动会场、办事大厅使用白色党徽；将党徽与民间元素混用形成图片；使用旭日旗作为党课的课件背景；开展红色"旗袍秀"，模特身穿绣有五星红旗的鲜红色旗袍；在非党员、非正式活动上使用党旗合影；合影照片中出现党徽党旗朝向错误；国旗五星位置错误等。此类舆情发生主体多为政府机构，各地基层党组织需严格遵守《中国共产党党徽党旗条例》，把党徽党旗知识作为党史学习教育的重要内容，使用特殊标志时应对其尺寸、颜色、使用场合等进行严格把关，加强指导检查，警惕使用不规范被敌对势力捕捉和放大炒作，影响党和人民政府的形象。

（四）强制性参加党史学习教育有关活动

各地持续推动党史学习教育常态化、长效化，推动党史学习教育深入群众、深入基层、深入人心。干部积极性、主动性值得高度肯定，但其中也发现了一些强制性参加党史学习教育的现象。如强制规定党史相关学习软件的打卡使用次数；强制要求参与党史答题竞赛；强制基层党员干部购买党史学习教育资料；以党史学习教育、学习六中全会精神等名义强制组织捐款；强制群众和学生群体学党史，面向幼儿园学生开展党史学习教育；以开展主题团日活动等方式，硬性要求学生参加活动、撰写学习笔记，布置的学习任务过重等。开展党史学习教育有关活动有助于激发人民的爱党爱国热情，发挥党员参与的先锋模范作用，但强制性参与一方面会加大群众的工作、生活压力，另一方面也容易使参与者产生不满情绪，并在舆论场传播负面声音。建议各地以鼓励、倡议等形式积极引导，以自主自愿原则为主，不宜以强制方式要求群众参与。

（五）干部作风方面仍存在一些突出问题

当前互联网高度发达，党员干部的一言一行时刻受到社会监督。宗旨意识淡薄、工作作风不实、漠视群众利益等仍为目前干部作风方面存在的突出问题。包括面对群众言语和行为不当、服务意识欠缺、威胁上访者；生活作风不检点、违反社会公德；弄虚作假走过场，如用现金奖励引导群众评价"满意"、要求基层职工给领导代写党支部学习心得等。党的作风建设是一项长期性、艰巨性任务，又是一项现实而紧迫的工作。以上舆情事件的发生，反映出一些党员领导干部宗旨意识淡化，群众观念淡薄，如个别地区在落实党史学习教育、筑牢作风建设等方面还存在不足。各地需重视和加强作风建设，对内防止制度不完善、监督不及时等情况导致党员干部松懈，对外警惕西方价值观以及社会不良风气的侵蚀削弱党员党性修养。党员干部的一举一动都代表着党和政府的形象，要严密防范因个别基层干部工作方式不当引起群众不满，从而对党群关系、干群关系造成影响。

（六）"我为群众办实事"实践活动被泛化滥用

在推动党史学习教育常态化、长效化过程中，各地将党史学习教育与实际工作相结合，深入开展"我为群众办实事"实践活动，切实帮助群众解决了一大批困难和问题，群众的获得感、幸福感、安全感大有提升。但个别地方为民办事依然存在部分基层干部不作为乱作为、形式主义、官僚主义、活动内容与主题不符、形式存在争议等"花架子""假把式""走过场"问题。如以"办实事"为名行群体特权之实、对群众搞区别对待；以"我为群众办实事"名义组织捐款活动；将日常本职工作随意套用"我为群众办实事"的名义开展；将开办少数民族班、落实民族优惠政策、慰问少数民族党员等事项随意列入"我为群众办实事"实践活动范围等。"我为群众办实事"实践活动事关人民群众的切身利益，党员干部应发挥好表率作用，以扎实的工作作风讲好为民谋福祉的公仆情怀，严防"我为群众办实事"主题被泛化滥用引起舆论争议。

（七）活动涉及争议性人物、争议性群体，对象过度泛化

基层党组织开展党建系列活动，有助于增强党员干部在工作中的使命感、

责任感和荣誉感。然而，近年来有部分活动因邀请争议性人物参与，以及涉及宗教、少数民族、外籍人员等特殊群体，引发外界关注和负面炒作。如个别监狱组织在押犯人进行党史学习教育；过度宣传外籍人员参加唱红歌活动；邀请曾发表争议性言论体育明星录制献礼视频；邀请争议性网络大 V 讲党史；在佛学院、佛教协会、清真寺等宗教场所讲党课、开党史讲座等。鉴于党建活动对象泛化可能产生的负面影响，建议有关部门一方面对活动参与者做好摸底调查工作，确保内容安全、导向正确，避免因其言论或立场不当而引发群众反感。另一方面，各部门要切实加强对相关活动的组织策划，严格审核活动形式和活动内容，不邀请敏感人物讲党课，并对舆论场保持高度关注，积极做好舆情处置和舆论引导工作，尽可能避免舆情风险。

（八）发布涉革命烈士、历史人物不实信息，传播党史谣言等

具体表现为以下四个方面：一是过度娱乐化甚至虚构历史人物的生平经历，如某红色文化宣传活动将电视剧虚构情节作为历史真实事件；二是传播党史谣言；三是随意修改重要标志性建筑和标志性革命文物图片、重要历史称谓，如贴发缺失毛主席画像的天安门城楼图片；四是革命旧址、纪念馆、博物馆等展陈内容不符合历史，涉及敏感性、争议性历史人物，如某地烈士故居烈士简介被指违背历史；推出涉北洋军阀代表人物的纪念产品等。正确认识党史与历史人物事件是党史学习教育的内容之一。过度消费革命烈士、诋毁历史伟人的现象，本质上是历史虚无主义。基层党组织工作者应不断提高自身党性修养，有关部门应不断改进新闻宣传和言论引导，同时完善网络领域法治建设，以事实还原历史真相和英雄本色，警惕过度娱乐化贬低或否定历史人物，并防止过度拔高及美化历史人物的报道导致"低级红""高级黑"。

（九）个别文艺作品、出版物存在问题给群众造成误导

主旋律作品可以传递正能量，弘扬民族精神，传承红色基因，激励更多青年立志为中国发展奉献力量。在涉及文艺作品、出版物、文艺展演展映活动等方面，需防范以下情况对党员干部和人民群众造成误导，包括革命题材影视作品存在重大历史事件不够突出、不符合史实、人物刻画脱离实际、剧情奇葩等问题；重大革命和历史题材影视剧的故事情节，特别是关于重要历史人物气节

的编排方面，与历史实际和党的权威刊物描述等不符的问题；红色题材电影演员与出演角色的外形、气质和精神内涵等不相称的问题；选用曾有不当言论等问题的负能量演员出演革命历史人物；出版物的政治观点、政治倾向错误，使用的国家地图和描述的重大历史事件出现明显错误等问题。警惕个别单位强制要求群众观看献礼电影并打满分等现象。不可否认，政策支持在一定程度上能给予创作者信心和动力，但仍应警惕强制观看、强制好评等形式主义问题破坏主旋律作品的创作环境，违背党史学习初衷。

（十）借党史学习教育之名搞商业化、庸俗化行为

推动党史学习教育常态化、长效化是建设马克思主义学习型政党的一项长期重要任务。在全党开展党史学习教育、巩固拓展党史学习教育成果过程中，各地各单位需防范并制止借党史学习教育之名搞商业化、庸俗化行为。如借党史学习教育、爱国主义教育名义开展商业化活动、高收费的红色研学活动来牟取利益，或在礼品商品上滥用泛用党徽、国徽等标识，引发"低级红""高级黑"炒作。建议有关部门细化规则，明确社会各界纪念行为与商业活动的界限，让活动组织方有章可循。

（十一）基层党建宣传风险意识不到位，出现文字性、常识性错误

目前国际舆论局势复杂多变，一些境外组织、媒体在对我党和政府形象进行攻击时，往往擅长从基层着手，通过将基层的一些错误做法赋予更复杂的政治寓意，以此达到吸引眼球、扩大传播、歪曲抹黑的效果。而基层组织在组织党史学习教育和宣传时，一旦没有绷紧风险意识这根弦，一些小错误往往会被境外组织发现、利用。比如部分单位宣传稿件将"庆祝中国共产党成立100周年"错写成"庆祝中华人民共和国成立100周年"，将现阶段"喜迎二十大"表述为"喜迎十二大"，将"党史学习教育"写成"当时学习教育"，将"中华人民共和国"错误表述为"中国人民共和国"等，不少基层组织屡屡出现此类错误。又如某地推出"红色菜""忆苦思甜饭"活动，此类迎合低级趣味与形式主义的活动也屡见不鲜。面对日趋激烈的舆论斗争，基层组织建设更需要突出政治意识，绷紧风险意识的弦，以扎实的工作作风抵抗境外势力的舆论围攻。

三、经验总结

（一）警惕和旗帜鲜明地反对历史虚无主义

党的历史是与党的前途命运紧紧连在一起的。新时期历史虚无主义并未退出意识形态战场，它们改头换面、颠倒黑白，"逢喜必闹"，打着"还原历史真实"的旗号歪曲党史军史，美化反动统治，企图抹黑中国历史上的革命领袖和英雄烈士，否定中国共产党的领导，欺骗和误导广大人民群众。当前互联网已经成为意识形态斗争的主战场、主阵地、最前沿，反对历史虚无主义尤其具有重大而紧迫的现实意义，我们绝不能任由历史虚无主义瓦解人们对党的领导，对中国特色社会主义道路、社会主义核心价值观的信心和信念，与历史虚无主义的斗争将是长期的、艰巨的、复杂的。习近平总书记指出，要警惕和抵制历史虚无主义的影响，坚决抵制、反对党史问题上存在的错误观点和错误倾向。应当通过党史学习教育，通过大力宣传正确党史观，以正确的立场、观点、方法对待党的历史，筑起在意识形态领域抵制历史虚无主义的铜墙铁壁，不给历史虚无主义任何可乘之机。

（二）强化节日期间正风肃纪工作与党风廉政建设

节日期间"四风"问题易发多发，违规吃喝、违规收受礼品礼金、公车私用、借操办婚宴敛财等是反复出现的"常见病""节日病"，不收敛、不收手、顶风违纪问题仍然突出。相关单位需加强对党员干部的教育管理监督，密切关注苗头性、倾向性、潜在性问题，对顶风违纪行为严肃查处、予以痛击，并强化警示教育，督促党员领导干部严守党的政治纪律和政治规矩，严格执行廉洁自律准则、党内政治生活的若干准则，严格落实中央八项规定及其实施细则精神，提升党员干部党性修养。广大党员干部应牢记自身身份，以学习党的十九届六中全会精神为重点巩固党史学习教育成果，自觉反对铺张浪费、公款吃喝、封建迷信不良习俗，严肃惩治违规收受各类钱财的行为，同时聚焦疫情防控、安全生产、灾害监测预警、应急处置、民生保障、政务服务等方面，及时做好节日期间与人民群众生产生活密切相关的应急保障准备，将党史学习教育成果落实到各项工作中。

（三）巩固"我为群众办实事"实践活动成果，走好新时代党的群众路线

扎实开展"我为群众办实事"实践活动，是检验广大党员干部初心使命的"试金石"，也是广大党员干部提升为民服务本领的"磨刀石"。为民办实事是党的优良传统，是密切党同群众血肉联系的重要渠道。要发挥基层党组织战斗堡垒作用和党员先锋模范作用，用心、用情、用力解决群众的操心事、揪心事、烦心事，增强人民获得感、幸福感、安全感。广大党员干部要立足本职工作，以解决人民群众急难愁盼问题为导向，坚决反对形式主义、官僚主义，不开空头支票，不应付了事，防止"摆盆景""假把式"，切实把群众的实事办好、好事办实。

（四）警惕敌对势力利用重要时间节点进行炒作，坚决维护意识形态领域安全

在重要时间节点前后，敌对势力会兴风作浪、变本加厉，防范化解重大风险隐患的任务艰巨繁重。临近敏感节点，各地、各部门需提高警惕，防范重点人的错误言论和各种噪声杂音，严密防范部分网络账号以评价重大历史事件、重要会议和历史人物为名，在网上公共信息平台散布历史虚无主义有害信息以及政治谣言，借机攻击我国政治制度，煽动对立情绪、误导人民群众的行为。要健全重大舆情和突发事件舆论引导机制，提高对突发热点舆情的发现力、研判力和处置力，争取把风险消灭在萌芽状态，避免舆情事件衍生为意识形态问题。各部门要强化忧患意识、风险意识，警惕疫情防控、个人利益受损维权事件、社会热点敏感话题等与党的二十大、党史学习教育强行关联，严密防范经济、社会、民生领域热点问题向意识形态领域传导。

（五）深刻总结党史学习教育的成功经验和教育成果，推动党建工作高质量发展

近两年在创新基层党建工作、深入开展党史学习教育过程中，全国各地涌现了诸多党史学习教育的成功实践，也有个别地方在开展有关活动时暴露了一些问题。为进一步推动全党深入学习贯彻习近平新时代中国特色社会主义思想

和党的十九届六中全会精神，巩固拓展党史学习教育成果，建议各地各部门能够发挥我党善于总结经验的优良传统，结合各地实际情况，选树党史学习教育的典型经验做法和特色亮点工作，汇集成案例库，同时总结错误和挫折教训，为推动党史学习教育常态化、长效化添砖加瓦。将各地在党史学习教育中探索形成的好经验、好做法进一步提炼固化下来，建立常态化、长效化制度机制，总结好、巩固好、拓展好党史学习教育成果。将党史学习教育取得的成效和经验，切实转化为推进新时代党的建设、推动高质量发展的强大力量，让学党史、知党史、用党史的精神在全社会蔚然成风。